레프 비고츠키

21세기 교육 혁신의 뿌리

Lev
Semenovich
Vygotsky

이 도서의 국립중앙도서관 출판시도서목록(CIP)은 e-CIP홈페이지(http://www.nl.go.kr/ecip)와
국가자료공동목록시스템(http://www.nl.go.kr/kolisnet)에서 이용하실 수 있습니다.
(CIP제어번호 : CIP2013007242)

레프 비고츠키

21세기 교육 혁신의 뿌리

글쓴이 르네 반 더 비어

옮긴이 배희철

솔빛길

차례

옮긴이의 말 ······ 6

추천사 ······ 10

Continuum 출판사 서문 ······ 15

저자 서문 ······ 18

들어가는 글 ······ 20

지적 전기

1. 레프 비고츠키 ······ 36

비고츠키 업적에 대한 비판적 고찰

1. 초기 저작들 ······ 68

2. 문화역사적 이론의 태동 ······ 93

3. 근접발달영역 ······ 142

4. 비교문화적 교육 ······ 183

비고츠키 업적의 수용, 영향, 그리고 관련성

1. 동시대 교육 연구 ······ 200

2. 결론 ······ 242

참고 문헌 ······ 250

옮긴이의 말

이 책을 한국에 내놓는 까닭이 무엇인지 이야기하는 것으로 옮긴이의 말을 대신하고자 합니다. 이 책이 국내에서 비고츠키를 연구하고자 하는 연구자들에게, 비고츠키를 좀 더 체계적으로 알고자 하는 분들에게, 비고츠키의 교육 이론을 교육 현장에 적용하고자 하는 교사들에게 도움이 될 것이라 확신했기 때문입니다. 너무 일반적인 이유입니다. 좀 더 구체적으로 이야기하겠습니다.

무엇보다도, 이 책은 국내에 처음 소개되는 비고츠키 전기입니다. 국내에 소개된 비고츠키 관련 서적들이 여럿 있지만 그것들은 어려운 그의 저작이거나 특정 영역에 초점을 맞춘 서적입니다. 그의 37년 생애를 균형 있게 소개한 책은 이 책이 처음입니다. 그의 10여 년에 걸친 연구 과정을 체계적으로 조망한 책도 이 책이 처음입니다. 이 사실만으로도 비고츠키를 알고자 하는 독자라면 이 책을 구입하여 서재에 구비해야 할 이유로 충분합니다.

다음으로, 이 책은 국내 독자들이 읽기 쉬운 책입니다. 저자는 사회적 구성주의 입장을 견지하고 있습니다. 국내에 알려진 비고츠키 관련 내용들이 단편적이었습니다. 그래서 편협한 이해가 넘쳐났습니다. 이제 이 책을 통해 좀 더 종합적이고 체계적인 내용 파악을 할 수 있을 것입니다. 게다가 저자는 사회적 구성주의 입장을 지닌 연구자들 중에서 최고 수준에 있는 분으로 평가받고 있습니다. 비계, 근접발달영역, 사회적 상호 작용, 언어를 통한 매개 등을 유기적으로 설명해 내는 저자의 서술은 독자들에게 많은 도움이 될 것입니다.

세 번째로, 이 책은 학교 혁신에, 진보 교육에 대한 세계사적 안목을 제공해주는 책입니다. 최근 한국에 불고 있는 혁신 학교를 어떻게 이해해야 하는지에 대해 좀 더 포괄적인 대답을 구하고자 하는 독자에게 많은 도움이 될 것입니다. 이 내용은 3부에 집중되어 있습니다. 게다가 비고츠키의 이론으로 교육 현장에서 행해졌던 혁신적이고 진보적인 교육 실천의 내용을 조목조목 잘 정리하고 있습니다. 새로운 실험을 하고자 하시는 교사들에게 많은 도움이 될 것입니다. 비고츠키가 얼마나 많은 영역에 영향을 미쳤는지 확인하는 것도 즐거운 시간이 될 것입니다.

마지막으로, 제가 아는 한, 이 책은 2007년에 쓰여진 책으로, 국내에 소개된 비고츠키 관련 서적 중에 21세기에 쓰여진 유일한 책입니다. 비고츠키 연구가 세계적으로 활성화되면서, 20세기 연구 성과와 21세기 연구 성과는 확연히 구분되고 있습니다. 사회적 구성주의 입장의 세계적 대가인 저자도 2007년에는 비고츠키를 사회적 구성주의자라고 하지 않습니다. 2부 2장에서 이야기하고 있듯이, 저자는 문화역사적 이론의 창시자로 비고츠키를 위치시키고 있습니다. 최근의 연구 동향이 국내에도 반영되기를 희망합니다.

저자에 대한 소개, 책 내용에 대한 소개는 이 책에 있습니다. 그래서 생략하고자 합니다. 대신 이 책과 함께 출판된 비고츠키 관련 책들에 대해 이야기하는 것으로 이야기를 마무리하겠습니다.

비고츠키를 연구하는 학자들의 학문 경향을 크게 세 부류로 나눌 수 있습니다. 하나는 사회적 구성주의입니다. 다른 하나는 활동 이론입니다. 마지막이 문화역사적 이론입니다. 이것은 제가 인위적으로 나눈 것입니다. 국내에 비고츠키를 소개하는 작업을 하는 데 편협하면 안 된다고 생각했습니다. 실제 흐름을 생생하게 전달해야 한다고 믿고 있습니다. 그래서 2013년 상반기에 이러한 세 흐름을 전달할 수 있도록 세 권의 책을 기획하고 준비했습니다.

이 책은 당연히 사회적 구성주의 흐름의 연구 동향을 보여주는 책입니다. 그렇지만 2007년에 쓰여진 이 책에서 우리는 비고츠키가 사회적 구성주의자라는 표현을 찾을 수가 없습니다. 명백하게 비고츠키를 문화역사적 이론을 정립하고자 한 학자로 기술하고 있습니다.

활동 이론의 연구 동향을 보여주기 위해 선택한 학자는 다비도프입니다. 내용은 교수학습에 관한 것입니다. 제가 강연을 다니며 많이 들었던 부탁을 해결하기 위한 책입니다. 『발달 중심 교수학습』이라는 이 책은 러시아에서 행해졌던 활동 이론에 근거한 교수학습 방법을 보여주고 있는 책으로 미국에서도 호평을 받았습니다.

마지막은 문화역사적 이론에 관한 책입니다. 교육과 관련된 내용을 찾다보니, 쉽게 읽을 수 있는 루리야의 책을 선택했습니다. 책 제목은 『비고츠키와 인지 발달의 비밀』이며 부제는 '문화역사적 이론의 탄생'입니다. 이 책은 문화역사적 이론을 검증하기 위한 우즈베키스탄 조사 결과를 모아낸 책으로, 학습자의 발달 상태와 인지 과정의 진척 정도를 파악하는 데 도움이 될 것입니다.

한편, 매년 소개되고 있듯이 올해도 비고츠키의 책이 나왔습니다. 전집에 있는 『고등정신기능 발달사』라는 책입니다. 두꺼워 앞부분만 먼저 묶어내 세상에 나오게 되었습니다. 제목은 『어린이 자기 행동 숙달의 역사와 발달』입니다.

매듭을 짓기 전에, 솔빛길 출판사 대표님과 직원 여러분에게 고마움을 표하고자 합니다.

2012년 12월 23일
어둠 속에 잠든 도시의 적막 속에서
비고츠키연구회회장 배희철

추천사

비고츠키가 20세기 소비에트 심리학의 자연적 산물이든 인위적 산물이든 간에, 비고츠키는 현대 심리학의 지형에 의심할 것도 없이 심대한 영향을 미쳤습니다. 『비고츠키의 교육적 생각(Vygotsky's Educational Thinking)』에서 르네 반 더 비어(René van der Veer)는 시대적 인간과 시대를 역행한 인간, 이 두 측면에서 비고츠키에 대한 자신의 해석을 독자에게 상세하게 기술하고 비고츠키가 심리학에 행한 심오한 공헌을 개괄하면서 사상가에 걸맞게 비고츠키의 지적 근원과 정서적 근원을 점검했습니다.

반 더 비어가 지적했듯이, 과학사를 다루는 학자들은 서구에서 누리는 비고츠키 사상의 인기를 "결코 완벽하게 설명할 수 없을지도 (p. 4)" 모릅니다. 그 이유는, 적어도 부분적으로는 비고츠키 저작에서 무엇이 그렇게 매력적이냐는 것과 관련되어 있습니다. 풀리지 않는 신비처럼, 비고츠키의 창조성은 서구와 러시아의 많은 연구자들을 매혹하고 있습니다.

새로 나온 이 책에서, 반 더 비어의 종적인 연대기적 관점은 비고츠키의 전기(1부 1장)로 시작해서, 서구에 거의 알려지지 않은 그의 초기 저작을 탐구하고(2부 1장), 비고츠키의 문화역사적 이론의 기원을 조사하고(2부 2장), 근접발달영역이라는 개념에 특별한 관심을 보이고(2부 3장), 문화심리학에 대한 비고츠키 사상을 제시하고(2부 4장), 현대 심리학에 미친 비고츠키의 충격을 요약하는 것(3부 1장)으로 마무리됩니다. 이 책은 무엇보다도 우선 교육에 비고츠키가 어떤 공헌을 했는가에 초점을 맞추고 있지만, 저자는 비고츠키의 작업에 대해 개관하면서 비고츠키 저술에 드러난 일반적 화제들(예를 들면, 고등정신기능과 문화적 도구 같은 개념들)을 폭넓게 다루고 있습니다. 반 더 비어의 책은 비고츠키 저작에 대한 소중한 설명이기에 심리학과 교육 분야의 학자뿐만 아니라 두 분야의 학생, 연구자, 종사자에게도 도움이 될 것입니다.

비고츠키가 러시아 학문 분야에서 워낙 저명한 학자이다 보니, 이 책은 당연히 비고츠키의 윤곽을 그려낸 최초의 책은 아닙니다. 좀 간추려본다면, 안드레이 브루실린스키(Андрей Брущлинский), 알렉산드르 옛킨트(Александр Эткинд), 발레리 페투호프(Валерий Петухов), 안드레이 푸지레이(Андрей Пузырей), 이리나 시롯키나(Ирина Сироткина), 블라디미르 움리힌(Владимир Умрихин), 미하일 야로솁스키(Михаил Ярощевский) 같은 러시아인 저자는 모두 비고츠키에 대한 설명을 제공했습니다. 서로 좀 다르긴 하지만 그들의 설명은 비고츠키의 창조성을 20세기 초 '러시아 사상', '공유된 의식'의 한 부분으로 제시하면서 좀 더 폭넓은 수평적 전망을 제공합니다. 그렇지만 이 저자들은 주로 러시아어로 글을 썼습니다. 이렇기 때문에 이들 저작에 서구의 심리학자나 교육학자들이 접근하기가 다소 어렵습니다. 반 더 비어의 이 책은 비고츠키의 창조성에 대한 러시아와 서구의 관점을 연결해 주기 때문에 매우 중요합니다.

역사적 인물에 대한 저작이 다 그렇듯이, 비고츠키의 삶에 대한 다른 설명은 세세한 부분에서 약간 모순되기도 하지만, 그런 사소한 세부 사항은 그렇게 중요하지 않을 것입니다. 이런 모순은 우리가 살고 있는 세계가 얼마나 복잡한지를 보여주는 한 지표일 뿐입니다. 그 나라는, 소비에트 연방 공화국하에서 사회주의를 70년 이상 경험했고, 아직도 무슨 일이 있었는지, 왜 그 일이 발생했는지, 왜 그렇게 오랫동안 사회주의가 지속되었는지, 그리고 가장 중요한 것으로 그 세월을 통해 어떤 교훈을 배워야 하는지에 대한 통일된 해석이 없습니다. 그럼에도 불구하고 비고츠키 제자들 모두를 하나로 묶어내는 어떤 공통된 특징들은 있습니다. 여기에 세 가지를 선별하여 제시하겠습니다.

첫째, 비고츠키의 독자들은 인간을, 영감을 준 그리고 주고 있는 지식의 창조자이고 수정자로 바라보는 비고츠키의 관점에 동의합니다. 비고츠키에게 있어 어린이는 발달 단계를 밟아가면서 어떤 프로그램에 의해 처방된 대로 작동하는 기계적 구조가 아닙니다. 오히려 어린이는 자신의 고등정신기능들의 능동적 '창조자'입니다. 왜냐하면 어린이는 성인에 의해 주어진 정신적 도구와 문화적 지침을 활용하고 선천적인 구성 요소를 사용하면서 스스로를 구성해가기 때문입니다. 이런 구성 행위가 본질적으로 인간적인 것이고 모든 어린이에게 독특한 것입니다. 어린이의 발달에 대해 '물질적'인 천성과 '지침'이 되는 양육, 두 요소를 모두 중시하는 비고츠키의 인문주의적 해석은 두 요소(천성과 양육)의 융합과 통일이 개별 어린이에게 매우 독창적이라 마법과 같은 일이라고 말합니다. 비고츠키는 전형적으로 발달하든 개성적으로 발달하든 스스로가 '독특한 자기(self)'를 구성하기 때문에 하나하나의 어린이에게 갈채를 보냅니다.

둘째, 인간의 심리와 사고를 다루는 많은 세부 학문 분야에 비고츠키가 새겨놓은 창조적 업적과 공헌의 폭에 대한 공통적 인식이 있습니다. 비고츠키에 관한 어떤 책도 필연적으로 제한적일 수밖에 없습니다. 이는, 그가 다양한 주제들에 대해 수천 페이지의 내용을 기술했을 뿐만 아니라 사상가로서 비고츠키가 연대기적으로도 공시적으로도 보여준 이질성 때문입니다. 그의 저술 여기저기서 보이는 모순과 '심리학의 위기'에 대한 그 스스로의 반성은 자신의 내적 긴장과 학문 안에서의 긴장이 반영되어 있습니다. 심리학이 하나의 체계적인 학문으로 발전하기 위한 이런 긴장은 필연적이고 절대적으로 필요한 것이기도 합니다. 심리학은 비고츠키 이전에도 위기였고, 비고츠키가 살고 있는 동안에도 위기였고, 비고츠키 사후에도 위기이며, 예측 가능한 미래에도 위기에 처해 있을 것입니다. 비고 츠키에 따르면, 위기가 끝나면 과학으로서의 심리학도 죽게 됩니다.

셋째, 비고츠키의 창조성이 돋보이는 곳은 광범위한 경험적 연구가 아니라 눈부신 실험적 착상들입니다. 비고츠키는 자신의 착상들을 도입하고 평가할 기회를 가지지 못했지만, 다른 연구자들이 이를 했으며 지금도 하고 있습니다. 비고츠키 저술에서 독특한 점은 검증해야 할 가설들이 매우 풍부하다는 것입니다. 그는 많은 착상들을 제시했지만 검증한 것은 거의 없습니다. 이렇기 때문에 비고츠키를 읽는 것은 매우 창조적인 일입니다. 독자는 언제나 자신이 시도해볼 한두 가지를 챙기며 책을 덮을 수 있습니다.

이렇기 때문에 언제나 비고츠키를 따르는 분들이 있을 것입니다. 비고츠키와 그의 사상에 대한 반 더 비어의 설명은 그런 분들에게 많은 도움이 될 것입니다. 본질적으로 반 더 비어가 비고츠키의 창조성에 대해 행한 것은 비고츠키 자신이 셰익스피어의 햄릿에 대해 행한 것과 같습니다. 반 더 비어는 "작품의 신비한 성격을 보존하면서도 작품에 대한 누구나 공감할 만한 주관적 해석으로 독자의 관심(1부 1장, 햄릿 부분 참고)"을 끌어들였습니다.

미국의 예일 대학교

러시아의 모스크바 국립대학교

엘레나 그리고렌코(Elena L. Grigorenko)

Continuum 출판사 서문

교육은 때때로 본질적으로 실천적 활동으로 드러납니다. 제가 보기에 교수와 학습, 교육 과정, 학교에서 진행되는 일이 그렇습니다. 교육은 어떤 목표를 달성하는 것이고, 어떤 방법을 사용하는 것입니다. 그 목표와 방법들은 종종 교사들에게 처방됩니다. 교사들의 의무는 그것들을 엄격하고 충직하게 전달하는 것입니다. 그런 선명한 목적에서 보면 이론은 어떤 가치를 지닐까요?

최근에 우리는 교육 이론에 있는 어떤 가치 혹은 필요를 명백하게 부정하는 다른 나라들의 정치가들과 정책 결정자들을 많이 보고 있습니다. 왜 이런 일이 벌어졌는지를 알 수 있는 단서가 1990년대 영국 교육부 장관이 했던 주목해야 할 논평에 담겨 있습니다. 그 내용은 이렇습니다. "어린이가 어떻게 배우는가 혹은 발달하는가 혹은 느끼는가에 대해 (교사들이) 어떤 생각을 가진다는 것은 체제를 전복하고자 하는 활동으로 간주해야만 합니다." 이 간결하고 함축적인 표현은 이론의 문제를 정확하게 포착하고 있습니다. 이론은 교육 실천이 근거하고 있는 그 가정들을 전복하고, 그 가정들에 도전하고, 그 가정들을 훼손합니다.

그래서 교육 이론가들은 관념의 영역에서 문제만 만드는 사람들입니다. 그들은 현상 유지(status quo)를 위협하고 우리가 상식에 기초하여 교육 실천의 전제들에 질문을 하게 만듭니다. 그러나 정확하게 말하면 이것이 바로 교육 이론가들이 해야 할 일입니다. 겉보기에는 단순해보이는 학교와 학교생활의 언어들이 다르게 사용되어 교육의 목표, 가치, 활동들과 근본적으로 불일치합니다. 이러한 언어들이 우리가 저항해야만 하는 수많은 개념들을 감추고 있습니다.

교육적 사고의 연속 총서(Continuum Library of Educational Thought)의 시리즈에는 이론들과 이론화가 교육에 결정적으로 중요하다는 단정이 함축되어 있습니다. 이 시리즈를 통해 고대 그리스부터 동시대 학자까지 가장 영향력 있는, 중요한, 관심 있는 몇몇 교육 사상가들의 사상을 함께 모아냄으로써, 학생과 교육 종사자들에게 접근하기 쉬우면서도 권위 있는 자료를 제공하겠다는 야심 찬 과제를 해결하고자 합니다. 이 시리즈의 각 권은 해당 분야의 공인된 지도자들이 썼습니다. 교육 사상가의 학문적 성과와 복잡한 관념을 다양한 독자들이 접근할 수 있게 만드는 능력을 잣대로 저자들을 선별했습니다.

이 시리즈에 등장한 핵심 사상가들의 목록에 의문을 제기하는 것은 언제나 가능한 일입니다. 일부는 어떤 사상가들을 포함한 것에 의

문을 제기할 수 있고, 일부는 다른 사상가들을 배제한 것에 동의하지 않을 수도 있습니다. 세상일이란 필연적으로 그렇게 될 수밖에 없습니다. 이 시리즈에서 제시한 사상가들의 목록이 어찌되었든 결정적인 것이라는 의견은 아닙니다. 논박의 여지가 없는 사실은 이 사상가들이 교육에 대한 매력적인 사상을 지녔다는 것과 함께 모아낸 이 시리즈가 교육을 연구하고자 하는 독자들에게 정보와 영감을 제공하는 강력한 원천이 될 것이라는 것입니다.

런던의 로햄턴(Roehampton) 대학교

리차드 베일리(Richard Bailey)

저자 서문

　이 책을 쓰면서 저는 잔 발지너(Jaan Valsiner)와 제가 출판한 책들과 논문들을 폭넓게 참고했습니다. 오랜 시간 동안 우리는 문화역사적 이론과 그 외 주제들에 대해 매우 많은 작업을 함께 했기 때문에 때때로 그가 끝낸 곳과 내가 시작한 곳을 구별하기가 어렵습니다. 이렇기 때문에 저는 도움이 되는 제안들, 소중한 통찰력들, 비판적 논평들에 대해 우리 둘 다에게 감사의 말을 남기고자 합니다. 또한 스타니슬랍스키(Stanislavsky)에 대한 유용한 정보에 대해 데이비드 알렌(David Allen)에게 고마움을 표하고자 합니다. 파울 베데르(Paul Vedder)와 세스 차이클린(Seth Chaiklin)은 원고에서 제가 깔끔하게 처리하지 못한 부분들에 비판적 논평을 해주었습니다. 이에 대해 고마움을 함께 전하고자 합니다. 남아 있는 실수들은 온전히 제 몫입니다. 문제는 비고츠키가 우리 과학에 매우 파급력이 큰 많은 주제들을 다루었기 때문에 오늘날의 과학적 관점에서 그것들을 적절하게 논하려면 '또 한 명의 다른 비고츠키'가 필요하다는 것입니다. 전 그럴 자격이 없습니다. 다행스럽게도, 독자는 이 책을 읽으며 자신의 전문 지식을 활용하여 제가 빠뜨린 세세한 것을 채울 수 있고 제가 한 잘 못을 정정할 수 있습니다. 이렇게 함께 하는 노력이 좋은 결실을 맺어 교육에 대한 비고츠키의 관점을 개괄하는 저의 작업이 고무적인 일이 되기를 희망합니다.

2006년 7월

네덜란드 레이덴에서

르네 반 더 비어

들어가는 글

    1925년 7월 잘 알려지지 않았던 레프 비고츠키 박사는 런던에서 열린 청각 장애인 교육에 대한 국제 회의 석상에서 연설을 했습니다.[01] 거의 450명에 이르는 청중의 대다수는 학문적 배경도 없었던, 청각 장애인을 위한 학교에 근무하는 교사들이었습니다. 비고츠키는 거기서 사회적 고립이 청각 장애 어린이에게 가장 큰 위협이고 일찍부터 입말로 그들을 가르쳐야만 한다고 주장했습니다. 그들에 대한 교육은 노동 학교에서 이루어져야만 하고, 거기서 그들은 정상적인 사회적 삶과 격리되지 않아야 한다고 주장했습니다(Vygotsky 1925; Brill 1984 비교). 비고츠키가 했던 연설 내용을 담고 있는 서구의 출판물은 제가 아는 한 없습니다.

---

[01] 대회 절차에 따르면, 그의 이름은 Vigotsky로 적혀 있었고 거주지는 두 곳, 바르샤바와 모스크바로 되어 있었습니다.

1920년대 후반과 1930년대 초반에 스탠리 홀(G. Stanley Hall)이 편집했던 『교육학 세미나와 발생심리학 잡지(Pedagogical Seminary and Journal of Genetic Psychology)』에서는 잘 알려지지 않은 소비에트 심리학자 세 명이 「어린이의 문화 발달」이라 기술된 세 편의 논문을 연재 형식으로 게재했습니다(Leontiev 1932; Luria 1928b; Vygotsky 1929). 이 연재에 이어 소위 이 문화 발달을 연구하고자 한 중앙아시아 탐방 연구에 관한 간결한 두 편의 글이 게재되었는데 이는 그 참가자 중 한 사람인 알렉산드르 루리야(Alexander Luria 1932a; 1934)가 쓴 것이었습니다. 제가 알고 있는 한 동시대 서구 학자들은 누구도 이 논문들을 언급하지 않았습니다.

대략 비슷한 시기에 독일의 마르크스주의 계열 잡지 『마르크스주의 기치 아래(Unter dem Banner des Marxismus)』는 무명의 비고츠키 (1929)가 쓴 생각과 말의 발생적 근원에 관한 논문을 게재했습니다.[02] 문학 비평가이자 철학자인 발터 벤야민(Walter Benjamin)이 그것을 읽고 비고츠키의 장점은 "언어학의 근본적인 문제와 관련된 침팬지 연구의 의미를 입증한 것"이라고 논평했습니다(Benjamin 1935/1972, p. 472). 또한 그는 '자기중심적 말'이 사고를 선도하는 말이라는 것을 발견한 데 대해 비고츠키를 극찬했습니다(같은 책, p. 475). 제가 아는한 비고츠키의 이 논문을 언급한 사람은 벤야민뿐이었습니다.

---

[02] 비고츠키 (2011), 『생각과 말』 4장에 실린 글이 이 논문인 것 같습니다.(옮긴이 주)

루리야는 '자기중심적 말'에 관한 비고츠키와 루리야의 공동 논문과 그 요약문을 1929년 뉴 헤븐(New Haven)에서 개최된 제9차 국제 심리학 대회에서 발표했는데, 요약문을 제외하고는 그에 대한 자료가 남아 있지 않습니다. 그것은 서구 동료 학자들의 주의를 끌지 못했습니다.

서구의 독자들이 러시아 심리학의 발전 상황을 알 수 있게 해준 것은, 무엇보다도 널리 알려진 이반 파블로프(Ivan Pavlov), 블라디미르 베흐테레프(Vladimir Bekhterev)와 같은 러시아 심리학의 위대한 선배들의 저작을 다룬, 1920년대 후반에 쓰여진 여러 편의 논문들(Borovski 1929; Luria 1928a; Schniermann 1928)이었습니다. 게다가 관심은 바소프(Basov), 블론스키(Blonsky), (무엇보다도) 코르닐로프(Kornilov)와 같은 젊은 세대의 저작에 있었습니다(Van der Veer and Valsiner 1991). 비고츠키의 이름은 그저 지나가며 언급되었을 뿐이고 그의 발상은 어떤 식으로도 언급되지 않았습니다.

1934년에 『신경학과 심리치료학 도서관(Archives of Neurology and Psychiatry)』 잡지에서는 실어증 환자의 개념적 생각을 연구하는 방법에 관한 비고츠키의 논문을 게재했습니다(Vygotsky 1934b). 카사닌(Kasanin)이 번역했는데, 그는 비고츠키의 방법을 '비고츠키 검사(Vygotsky test)'로 명명했고(Hanfmann and kasanin 1937; Hanfmann and Kasanin 1938), 양적으로 점수를 내는 방법으로 소개했습니다(Hanfmann and Kasanin 1942). '러시아 심리치료학자 비고츠키'가 제안한 이 검사는 처음에는 약간 관심을 끌었지만, 서구 임상 연구자들의 도구 상자에 포함되지 못했습니다(Van der Veer and Valsiner 1991, pp. 278~283).

바꾸어 말하면, 코프카와 레빈 같은 저명한 서구 심리학자들과의 개인적 교류를 맺고(Van der Veer and Valsiner 1991 비교) 비고츠키의 사상을 확산시키려는, 그의 저작을 번역하는 등의 루리야의 능동적인 노력에도 불구하고, 재발견될 때까지 비고츠키는 서구 심리학에 실질적으로 흔적을 남기지 못했습니다. 1945년까지 현대 언어학에서 활용할 수 있는 소수의 논문을 읽었던 분들을 제외하면, 그의 이름을 들어본 서구 심리학자는 거의 없었습니다. 그래서 코프카, 왓슨, 레빈, 피아제뿐 아니라 비고츠키를 함께 강조하는 것은 불합리한 것으로 보였을 것입니다. 왜냐하면 그 당시에 비고츠키는 실체가 없었기 때문입니다.

현재와 너무도 극명하게 대조되는 장면입니다. 오늘날 비고츠키의 작업은 서구 세계에 매우 잘 알려졌습니다. 그의 책과 논문은 수십 가지 언어로 번역되었습니다. 일반심리학 입문 교재에서는 그의 이름을 심리학에 사회적 관점을 도입한 연구자로 언급하고 있고, 발달심리학에 관한 책에서는 그의 관점을 피아제의 것과 대비하고 있습니다. 사회과학과 인문학의 모든 영역의 연구자들은 그의 작업에서 영감을 받고 있으며 최근의 목록에 따르면 그는 20세기 100인의 저명 심리학자에 이름이 올라 있습니다(Haggbloom 외 2002).

    1930년대에서 현재까지 비고츠키의 인기가 이렇게 급격하게 변한 것을 설명하기는 정말 쉽지 않습니다. 가설적이고 예비적인 대답을 구하고자 한다면, 1930년대에 그가 알려지지 않은 까닭을 규명하고 20세기 후반부에 와서야 그가 인기를 끌게 된 까닭을 조명해야 합니다. 1930년대에 서구 세계에 그의 사상이 알려지지 않은 이유를 규명하기 위하여 사람들은 여러 요인을 지적할 수 있을 것입니다. 첫째, 비고츠키와 그의 동료들은 다른 수천 편의 출판물 속에서 많은 심리학자들이 쉽게 빠뜨릴 수 있을 만큼 적은 겨우 몇 편의 논문을 출판했습니다(Valsiner 1988 비교). 둘째, 그 당시에 심리학과 교육에서 지배적인 사고의 전통은 행동주의였습니다. 그들의 근본적인 기조는 비고츠키의 접근법과 양립할 수 없었습니다. 예를 들면, 비고츠키(1929)가 그의 첫 번째 영문으로 된 논문을『교육학 세미나와 발생심리학 잡지』에 게재했을 때, 그 논문의 1/3 정도가 미궁을 달리는 흰 쥐의 모험을 다루고 있었습니다. 그 잡지가 실험 연구만을 다루는 잡지가 아니었다는 것을 고려하면 이 사실은 정말 주목할 일입니다. 이렇기 때문에 사람들은 비고츠키의 사상이 시대정신(Zeitgeist)에 역행한다고, 즉 그의 사상이 그 특수한 시대와 문화에서 매우 낯설어서 제대로 인지될 수가 없었다고 생각할 수도 있을 것입니다(Boring 1950, p.3). 어쨌든, 사실은 이렇습니다. 비고츠키의 사상에 당시의 영어권 심리학계에서 귀 기울이는 사람이 거의 없었으며 그의 사상은 1960년대에야 다시 표면에 떠올랐다는 것입니다

(비고츠키 사상에 관한 영어 출판의 두 파고에 대한 상세한 분석을 알고자 한다면 Valsiner 1988, pp. 156~162를 참고).

1960년대와 1970년대에 기존 사상에 불만이 점증하면서 비고츠키의 사상은 점차 인기를 얻게 된 듯합니다. 극단적인 형태로 나아가면서, 행동주의는 이제 많은 이들에게 부적절한 것으로 간주되었고 인지심리학은 행동의 기저에 놓인 정신 과정을 연구하는 것으로 돌아가야만 했습니다. 피아제는 점차 학습하는 어린이를 외딴 섬에 있는 로빈슨크루스와 다를 바 없는, 사회적 환경과 제도로부터 격리된 고독한 존재로 파악한 이론가(Bruner 1984, p. 96)로 간주되었습니다. 비판적인 심리학자들은 인간 행동이 사회에서 기원한다거나 혹은 사회 행동에서 기원한다고 설명했던 접근법을 찾고 있었습니다. 이런 요인들이 합쳐져서 비고츠키의 이론들을 수용할 수 있는 성숙한 풍토가 만들어졌습니다. 조금 후에 이민자들이 새롭게 밀려들면서 발생한 소수 민족의 문제들을 고민하게 되면서 마침내 비고츠키의 문화역사적 이론이 유용한 분석적 도구가 되었습니다. 이러한 문제들 때문에 비고츠키의 생각은 지금도 더 폭넓게 사용되고 있는 듯합니다. 사람들은 비고츠키의 인기에 일조한 사회학적인 관련 요인들을 생각할 수도 있지만(예를 들면, 서턴(Andrew Sutton)이 영국에서 했던 것처럼, 루리야, 브루너, 콜 같은 매우 두드러진 인물들이 능동적으로 미국에 그의 업적을 홍보했다는 사실), 제 생각에 우리는 결국 그것을 완전하게 설명할 수 없을 것입니다. 의복과 모자에 유행이 있는 것처럼 과학에도 유행이 있다고 피에르 자네(Pierre Janet 1928, p. 32)가 주장했는데, 아마도 이 위대한 프랑스 심리학자가 결국에는 옳을 것입니다. 확신컨대, 내적인(이론적) 요인에 의한 설명이든 외적인(사회적인) 요인에 의한 설명이든, 어떤 역사적 설명도 우리가 규칙적으로 목격하는 패러다임의 이동을 철저하게 설명할 수는 없습니다.

비고츠키가 죽고 너무 오랜 시간이 지난 후에 그가 인기를 얻게 되었다는 바로 그 사실에 문제가 있었습니다. 우리는 20세기 초엽의 심리학에 대해 너무 많은 것을 잊고 있었기 때문에 비고츠키에서 시작되지 않은 발상들을 비고츠키의 것으로 너무 쉽게 받아들일 수 있습니다. 그렇게 되면 우리는 그가 진전시킨 이론들의 중요성을 직시하는 데 실패할 수 있습니다. 다른 이도 아니고 에드윈 보링(Edwin Boring 1950, p. ix) 같은 이도, 그의 유명한 『실험심리학의 역사』에서, 심리학자들은 올바른 역사적 지식을 필요로 한다고 주장하면서, 이런 오류의 가능성에 주의하라고 경고했습니다. 왜냐하면 "그런 지식이 없다면, 심리학자는 현재를 왜곡된 관점에서 보고, 오래된 사실들과 관점들을 새로운 것으로 착각하여, 새로운 운동과 방법의 중요성을 평가할 수 없게 되기 때문입니다." 보링은 단순하게 이론적 가능성에 대해 이야기한 것이 아닙니다. 나는 어떤 학술 대회에 참석했던 경험을 생생하게 기억합니다. 거기서 발표자는 사람은 침팬지에게 입말보다는 기호 언어로 가르칠 수 있다고 한 비고츠키(1930/1960, p. 426)의 '눈부신 통찰력'을 칭찬했습니다. 발표자는 틀림없이 『비고

츠키 이해하기: 종합의 탐색(Understanding Vygotsky: A Quest for Synthesis)』에서 제가 잘못을 범한 부분에 근거했을 것입니다. 거기서 저는 비고츠키의 제안은 "가드너(Gardner) 부부가 워쇼(Washoe)[03]와 함께 약 40년 동안 진행한 실험의 착상에 앞선 것"이라고 썼습니다(Van der Veer and Valsiner 1991, p. 203). 비고츠키의 제안이 가드너 부부의 연구에 앞섰던 것과 그것이 확실히 뛰어난 발상이었다는 것은 사실이지만, 발표자(와 저)에게 너무 불행하게도 그것은 비고츠키의 착상이 아니었습니다. 비고츠키(1934a, p. 83)가 다른 곳에 적고 있듯이, 그 착상은 여키스(Robert Yerkes 1925, pp. 179~180; Yerkes and Yerkes 1929, p. 309 비교)가 몇 년 앞서 제시한 것이었습니다. 이런 사례들은 역사적 맥락을 확실하게 알지 못한 채 어떤 연구자가 행한 업적의 가치를 평가하는 것이 얼마나 위험한 일인지 잘 보여주고 있습니다.

과학자들이 앞선 학자들과 동료들의 성과 위에 서 있다는 것과 그들의 지속적인 성공은 부분적으로 추종자들에 의해 만들어진다는 것을 우리는 절대 잊지 말아야 합니다. 보링의 말을 다시 인용하겠습니다.

지지하는 과학자들과 계승자들은 새로운 운동에 그것이 위대한 것

---

[03] 워쇼: 1965년생의 암 침팬지. 손짓과 몸짓으로 인간과 대화하도록 훈련된 최초의 원숭이 (네이버 영어사전).(옮긴이 주)

으로 간주되도록 정당화하는 중요성을 제공할 필요가 있습니다. 또한 과학이 나아갈 방향에서의 변화는 그것이 시대정신과 함께 나아갈 때만 쉽게 발생하고 시대정신에 어긋날 때는 일찍 주목받지 못하고 억압받는다는 사실에도 불구하고, 벌어지고 있는 것들을 별생각 없이 신뢰하는 일들이 벌어집니다. 역사란 실제로는 복잡한 인과 관계가 작용하지만 그러한 실재의 복잡성을 인간의 편협한 이해 능력으로도 알 수 있게 하기 위해 지나치게 단순화한 것입니다.

(Boring 1950, p. 744)

지나친 단순화의 위험을 줄이고 비고츠키가 한 작업의 중요성과 독창성을 잘못 이해할 위험을 줄이기 위하여, 저는 관련된 다른 장들에서 약간의 역사적 정보를 제공했습니다. 그럼에도 불구하고 독자는 비고츠키가 행한 작업의 역사적 배경과 소비에트 사회라는 사회적 배경이 다른 자료에서 더 자세하게 논해졌음을 알아야만 합니다 (예를 들면, Van der Veer and Valsiner 1991).

역사적 평가라는 뜨거운 감자를 별개로 하더라도, 비고츠키와 그 학파의 유산이 인상적이라고 말하는 건 별 무리가 없습니다.(2부 2장에서 개괄한) 그의 소위 문화역사적 이론은 인간의 정신적 삶에 대한 문화의 역할을 연구하는 분야인 문화심리학이라는 새로운 분야를 창조하는 데 결정적인 공헌을 했습니다(Cole 1996; 2000). 예를 들면, 연구자들은 개인용 컴퓨터와 워드프로세싱 프로그램의 발명(현대적 문화 도구들의 두 사례)이 우리의 글쓰기 방식을 얼마나 변화시켰는지를 연구하거나, 읽고 쓰는 능력을 지니는 것이 추리 과제를 얼마나 더 잘 해결하도록 만드는지를 연구했습니다(Scribner and Cole 1981). 그런 연구의 성과로, 이전에는 주로 서구의 성인이 수행한 실험에서 발견된 데이터에 근거하여 이를 보편적으로 타당한 것으로 가정했지만, 이제 현대 심리학 문헌에서는 행동 과정과 인지 과정에서 문화적 변인들에 더 많은 관심을 두게 되었습니다.

정신 검사에 관한 비고츠키의 관점은 역동적 평가(dynamic assessment)라는 새로운 분야를 만들어냈습니다(3부 1장 참고). 연구의 질을 개선하기 위하여 아직도 해야 할 것이 많지만, 이런 형태의 연구들을 통해 예비적인 몇몇 결론을 도출할 수 있습니다. 첫째, 전통적인 단일 검사 절차보다 이중 검사 절차가 더 많은 정보를 제공한다는 비고츠키의 직감은 타당해보입니다. 전통적인 IQ 검사에서 거의 같은 점수를 얻은 어린이들이, 지원을 받았을 때 이익을 얻을 수 있는 그들의 능력에서는 다소간 차이가 있었습니다. 여러 탐구 작업을 통해 연구자들은 도움으로부터 이익을 많이 얻은 어린이와 적게 얻은 어린이를 변별해냈습니다. 전자에 속하는 어린이 집단은 단순하게 문화적 결핍이 있던 것이지만 후자에 속하는 어린이 집단은 유기체적 문제를 가진 것으로 생각되었습니다. 오래된 정적인 IQ 검사에 근거하는 것보다 이중 검사 절차에 근거하는 것이 학교에서의 성취를 더 잘 예견할 수 있다는 증거도 있습니다. 둘째, 만약에 위의 내용이 사실이라고 판명된다면, 이중 검사 절차는 개별적인 어린이들에게 훨씬 더 공정할 것입니다. 예를 들면, 지원으로부터 이득을 볼 수 있는 어린이들은 특별 교육보다 정규 교육에 참여하는 것을 가능하게 하는 심화 프로그램을 제공받을 수 있습니다.

교육과 정신 발달의 관계에 대한 비고츠키의 관점은 많은 교수학습 프로그램과 이론에 접목되었습니다(Daniels 2001; Kozulin 외 2003; Moll 1990). 비고츠키는 초등학교에서의 교수학습을 통해 어린이가 자기 자신의 정신적 조작을 반성할 수 있게, 그리고 그것들을 신중하고 효율적으로 사용할 수 있게 이끌어갈 수 있다고 믿었습니다. 우리 시대의 말로 표현하면, 그는 좋은 교수가 '초인지' 기술들을 창출할 수 있다고 믿었습니다. 비고츠키의 전반적인 사상은 많은 연구자들에게 새로운 교수학습 프로그램을 계발하도록 영감을 주었습니다. 전형적인 접근 방식은 어린이를 핵심 개념들(과학적 개념들)로 인도하는 것이고, 핵심 개념들을 생생하게 묘사하는 도해(graph)와 상징(symbol)의 도움을 받는 지식 영역 내에서의 본질적 관계들로 안내하는 것입니다. 이를 적용하면, 어린이들은 그들의 생각 과정을 안내하는 문화적 도구들처럼 이들 도해와 상징을 혼자서 사용할 수 있도록 배우게 됩니다. 종종 연구자들은 인지 발달이 더 많이 이루어진 더 능력 있는 동료나 성인과의 상호 작용에 의존하는 것을 비고츠키의 발상과 연결하고, 교실 토론을 광범위하게 허락합니다(3부 1장 참고).

내적 말의 기능과 발달에 관한 비고츠키의 관념은 심리언어학

(psycholinguistics)으로 나아가는 길을 개척했습니다(Wertsch 1985). 좀 낯설게 들리겠지만, 비고츠키는 언어(그의 표현에 따르면, 말)를 가장 근본적인 문화적 도구로 간주했습니다. 최초의 말의 기능은 사람이 다른 사람과 의사소통하게 하는 기능이었지만, 조금만 지나면 말의 기능이 분화되어 사람의 내적 목적에 봉사하는 기능을 시작합니다. 이 주장은 자기중심적 말의 현상에 대한 비고츠키의 논의에 의해 좀 더 확고하게 지지를 받게 되었습니다. 피아제는 놀이하는 동안 종종 다른 어린이들이 이해할 수 없는 방식으로 어린이들이 말하는 현상을 먼저 기술했습니다. 피아제의 가설에 따르면, 그런 말은 이해할 수 없는 말이며, 이는 어린이들이 상대방의 관점을 취할 수 없기 때문입니다. 즉 그들이 자기중심적이기 때문입니다. 어린이들은 자기중심적 말을 사회적 말로 대체하는 것을 오직 점진적으로 배우게 됩니다. 그러나 비고츠키는 이러한 피아제의 주장을 비판하고 피아제의 관점을 논박하기 위하여 여러 개의 소규모 실험을 실시했습니다. 그 실험에 근거하여 비고츠키는 어린이가 혼자 있거나 농아 어린이들과 있을 때는 자기중심적 말이 없거나 있어도 확실하게 줄어든다고 적고 있습니다. 이러한 관찰은 자기중심적 말이 사회적 의사소통의 수단임을 의미하는 것입니다. 또한 어린이가 예상하지 못한 문제에 직면했을 때 자기중심적 말의 빈도가 증가한다는 것도 목격했습니다. 이러한 사실은 자기중심적 말이 문제 해결과 관련된 기능을 하고 있음을 의미하는 것입니다. 마지막으로 비고츠키는 어린이들이

나이를 먹을수록 그들의 자기중심적 말을 이해하기가 더 어렵다는 것을 알아냈습니다. 이러한 결론에 근거하여 비고츠키는 다음과 같은 결론을 도출했습니다. 소위 자기중심적 말이라는 것은 (1)정상적인, 의사소통적 말에서 기원하고 다음 단계로 분화되며, (2) 필요가 제기되면 자기 행동을 조절하는 기능을 행하며, (3) 적합한 내적 말이 될 때까지 외부인이 점점 더 이해할 수 없게 됩니다. 이렇듯 비고츠키에 따르면 자기중심적 말은 정상적이고 의사소통적 말과 내적 말 사이에 놓인 중간 단계의 말입니다. 자기중심적 말은 한편으로는 의사소통적 말처럼 소리 나는 말이고, 또 한편으로는 내적 말과 같이 어린이의 생각을 이해할 수 있는 안내자 역할을 하는 말이기도 합니다. 비고츠키의 논증은 여기에 요약할 수 없을 정도로 많은, 아직도 폭증하고 있는 연구들에 영감을 주었습니다(Lloyd and Fernyhough 1999; Zivin 1979 비교).

뇌에서 정신 기능의 편재화를 다루었던 이론들에 대한 비고츠키의 비판(2부 2장 참고)은 심리신경학(Psychoneurology)이라는 새로운 분야를 창조하는 데 활용되었습니다(Luria 1973 비교). 비고츠키가 과학 분야에 종사한 기간 내내, 그는 정신적 장애와 육체적 장애로 고통 받는 환자들과 함께 한 임상심리학자였습니다. 그 기간 동안, 그와 그의 동료 루리야는 뇌에서 정신 과정이 어떻게 조직되는지에 관심을 키워갔습니다. 자신들의 통찰력을 심화하기 위하여, (심리학 교수임에도 불구하고) 비고츠키와 루리야는 1931년에 하르코프 시에 있는 심리 정신 기관의 의과 대학에서 의학을 전공하기 시작했습니다. 그 당시에 (학계에서는) 뇌를 정적인 구조로 간주했지만, 비고츠키는 뇌가 유연하고, 역동적인 체계라고 믿게 되었습니다. 그의 동료 루리야는 이 발상을 좀 더 발전시켰습니다. 루리야와 비고츠키와 협력하여 연구하던 학자들은 뇌를 다친 수없이 많은 환자를 조사했고 심각한 장애로 고통 받는 환자를 위해 보상적인 수단들을 창안했습니다. 이런 노력이 어우러져 그들은 신경심리학이라는 새로운 분과를 발전시켰습니다. 현재 올리버 색스(Oliver Sacks)는 신경심리학의 중요한 지지자 중 한 명입니다.[04] 비고츠키의 최초 발상은 다소 전반적이고 지나치게 단순했지만, 그는 뇌가 유연하고, 역동적인 체계, 사람이 숙달한 문화적 도구들 특히 언어에 의해 결정적으로 영향을 받는 체계라는 것을 발견한 최초의 사람 중 하나였습니다(Luria 1973).

비고츠키는 또한 장애 어린이의 문제에 대한 독창적인 관점을 발전시켰고(Valsiner and Van der Veer 1991) 러시아에서는 아직도 그를 장애학(Defectology : 육체적 장애와 정신적 장애를 지닌 어린이의 문제를 다루는 심리학의 분과) 분야에서 중요한 이론가 중 하나로 간주하고 있습니다. 이러한 비고츠키의 연구 목록은 쉽게 더 확장될 수 있지만, 여기 제시된 것만으로도 충분히 인상적입니다. 분명하게도, 우

---

[04] 국내에도 이 분야에 대한 대중적인 책이 소개되었습니다. 올리버 색스의 『모자를 아내로 착각한 사나이』, 루리야의 『모든 것을 기억하는 남자』, 『지워진 기억을 쫓는 남자』가 있습니다.(옮긴이 주)

리가 비고츠키를 통찰력이라는 옛 진주들이 다시 빛을 발하도록 광택을 낸 연구자로 파악하든, 혼자서 인간 심리학에 대한 새로운 관점을 창조한 천재로 간주하든, 아니면 당시의 사상들을 어루만져 종합해낸 것으로 평가하든, 이런 것은 오늘날의 심리학에는 하등 차이가 없습니다. 현대 심리학에서는 비고츠키가 논의했고, 정교하게 다듬었고, 폐기하거나 수정했던 사상들의 가치를 인정하고 있습니다. 현대 심리학에서는 앞으로는 비고츠키가 했던 이런 일이 다시 일어날 수 없을 것이라고 확신하고 있습니다.

1부

지적 전기

Lev
Semenovich
Vygotsky

1.

레프 비고츠키

어린 시절과 청년 시절

레프 세묘노비치 비고츠키(Lev Semyonovich Vygodsky)[05]는 황제가 러시아를 다스리던 1896년에 오르샤(Orsha)라는 마을에서 태어났습니다. 그가 어렸을 때 비고츠키 가족은 백러시아에 있는 민스크와 키예프 사이에 위치한 고멜(Gomel)이라는 도시로 이사를 갔습니다. 요즘 이곳은 사람이 지내기 어려운 곳입니다만(1986년에 체르노빌 원자력 발전소에서 방사선 누출 사건이 있었음.), 당시에는 고멜과 그 주변은 지내기 편한 곳이었습니다. 젊은 비고츠키는 여가를 주변 강에서 수영을 하고 보트를 타고 말을 타면서 보냈습니다. 비고츠키의 부모는 고멜 문화계에서 다소 중요한 역할을 했던 중산층의 세속적

---

[05] 사춘기가 되어 비고츠키는 자신의 이름을 Vygotsky로 바꾸었습니다. 그 까닭은 알려지지 않았습니다. 그의 두 딸을 포함하여 그의 집안의 모든 구성원은 원래 이름을 계속 사용했습니다.

인 유태인이었습니다. 그의 부친, 세몬 리보비치 비고츠키(Semyon L'vovich Vygodsky)는 은행에 다녔고 보험 회사의 대표이기도 했습니다. 모스크바에 있는 산업은행의 지점장으로 직업 생활을 마무리했습니다. 세몬 비고츠키는 적극적으로 사회생활을 했고, 지역 공립 도서관 건립을 지원하는 등의 일을 했습니다. 비고츠키의 모친, 세실리아 모이세예브나 비고츠카야(Cecilia Moiseyevna Vygodskaya)는 교육을 받은 교사였고 평생 가정일과 여덟 명의 자식을 양육하는 데 헌신했습니다. 그녀가 가족의 감정적이고 지적인 분위기를 주로 결정했던 것으로 보입니다. 책을 읽는 것과 연극 공연을 관람하는 것은 적극 권장되었고 매일 밤 부모와 아이들은 모여서 차를 마시고, 책을 소리 내 읽고 시나 산문에 대해 토론하고, 최근 공연되는 연극에 대해 토론하고, 주변에서 벌어진 다른 일들에 대해 이야기하곤 했습니다 (Vygodskaya and Lifanova 1996).

이런 모임과 일반적 가족 분위기가 젊은 비고츠키에게 스며들어 그는 평생 문화와 연극에 강한 관심을 가지게 되었습니다. 죽을 때까지 그는 시, 산문, 연극에 매료되어 있었습니다. 어른이 된 비고츠키의 러시아 문학과 세계 문학에 대한 지식은 돋보였으며, 비고츠키는 사적 대화나 강의, 과학적 저술에 시, 소설, 연극의 일부 내용을 매우 자주 인용하곤 했습니다. 사춘기에 그는 셰익스피어의 『햄릿 (Hamlet)』에 푹 빠져들었고, 관련 문헌까지 폭넓게 읽게 되어 이것이 결국 샤냡스키 대학에서 쓴 석사 학위의 주제가 되었습니다(아래 내용 참고). 그를 매료한 궁극적인 문제는, 어떤 수단으로 셰익스피어와 그의 동료들이 독자에게 예술적 효과를 창출했느냐는 것이었습니다 (2부 1장 참고). 학생 시절에 비고츠키는 여러 잡지에 문학 평론을 썼고 대학을 다니는 동안에도 유명한 모스크바 연극 그룹들이 공연하는 최신 작품을 관람하는 기회를 놓치지 않았습니다. 사람들은 이런 '비공식적인' 문학 교육이, 공식적 교육처럼 비고츠키의 의식을 고양하는 데 어느 정도나 기여했는지 궁금해할 수도 있습니다. 그의 문학적 관심이 자신의 석사 학위와 박사 학위의 주제를 결정하게 했을 뿐 아니라, 그가 인간 정신의 복잡성에 민감하게 했으며 파블로프, 베흐테레프, 왓슨 같은 성급한 환원론자의 노력에 반감을 가지게 했습니다.

젊은 레프(그의 친구들에게는 베바라는 애칭으로 호칭됨.)는 (그리고 추정컨대 그의 형제자매도) 가정에서 개인 교사에게 첫 교육을 받았습니다. 비고츠키의 개인 교사는 민주화를 위한 학생 운동에 참여하여 대학에서 추방당한 수학자였습니다. 아시피스(Ashpiz)라는 비고츠키의 개인 교사는 학생들의 설명에서 약점을 드러내고 동시에 학생의 생각이 더 진전할 수 있도록 자극하는 질문을 던지는 재주가 비상했습니다(Feigenberg 1996). 개인 교사와 5년을 공부한 후에, 비고츠키는 지역의 유태인을 위한 사립 남자 고등학교에 입학했습니다. 거기서 비고츠키는 교육 과정의 마지막 2년을 소화했고 졸업장을 받았습니다. 여러 설명에 따르면, 그는 물리학과 수학에서부터 라틴어와 프랑스어에 이르기까지 모든 교과에서 우수한 총명한 학생이었습니다. 레프 비고츠키는 언어에 재능을 지니고 있었던 듯하며, 비록 그가 외국인 억양이 너무 강한 화자들과 대화를 피하기는 했지만, 그는 라틴어, 그리스어, 독일어, 프랑스어, 영어, 히브리어, 에스페란 토어, 이디시어(중부 및 동부 유럽 출신 유대인이 사용하는 언어-옮긴이 주)를 읽고 이해할 수 있었습니다(Vygodskaya and Lifanova 1996).

황제 치하의 러시아에서 유태인으로 산다는 것

앞서서 이미 비고츠키의 부모가 세속적인 유태인이라고 말했습니다. 혹자는 이 사실이 비고츠키의 인격 혹은 세계관을 이해하는 데 어떤 도움이 되는지, 그리고 그것이 실제로 그에게 중요했는지 질문할 수도 있습니다. 제가 이해하기로는, 그의 종교적·인종적 배경과 그런 배경에 사회가 반응하는 방식은 그가 도덕적·지적으로 발달하는 데 실제로 중요했습니다. 고려해야만 하는 여러 요인들을 제시해 보겠습니다.

첫째, 우리는 반유태주의의 기운이 러시아에서는 언제나 비교적 강했다는 것과 정부 당국이 자주 능동적으로 그런 분위기를 조성하고 공인했다는 것을 인식하고 있어야만 합니다. 이러한 분위기는 정기적으로 실재적인 대학살(pogrom)로 연결되었습니다. 비고츠키가 살아 있는 동안, 그의 고향과 같은 도시, 고멜에서 (비고츠키가 각각 일곱 살과 열 살이었을 때인) 1903년과 1906년에 대학살이 있었고 유태인들이 이러한 공격을 방어하는 데 비고츠키의 아버지도 적극적으로 참여했다고 전해집니다(Feigenberg 1996; Gilbert 1979; Kozulin 1990; Pinkus 1988). 이런 정황을 보면, 아마도 레프 비고츠키 자신이 이 대학살들의 비극적인 결과를 직접 경험했거나 적어도 들어는 보았을 것입니다.

둘째, 황제의 정부는 유태인이 사회생활에 참여하는 것을 규제(통제)하는 온갖 법률을 고안했습니다. 예를 들면, 유태인 시민은 일정 지역(유태인 거주 지역, Pale of Settlement) 밖에서 사는 것이 금지되었고,[06] 공무원 직책은 유태인에게 닫혀 있었고, (또한 국립 학교나 직업 대학에서 교사나 교수가 될 수도 없었고,) 대학은 유태인 학생에게 쿼터제를 적용했습니다.[07]

셋째, 비록 비고츠키 집안은 엄격한 의미에서 종교를 가지지 않았지만, 전통적인 유태인 관습을 고수했습니다. 그렇게 해서 레프 비고츠키는 히브리어로 탈무드를 읽을 수 있도록 교육받았고, 성인식(Bar Mitsva) 등에서 히브리어로 말을 할 수 있었습니다. 또한 그는 (학문

------

[06] 유태인 거주 지역(러시아어는 Черта оседлости입니다.)은 1791년 캐서린 대제(예카테리나 2세)가 만들었습니다. 그 지역은 경계선이 유럽과의 국경선까지 확대되었고, 거기에 폴란드, 백러시아, 리투아니아, 우크라이나, 크리미아의 일부가 포함되었습니다. 심지어 이 지역에서도 유태인은 차별을 받았습니다. 예를 들면, 과세를 두 배나 내야 했습니다. 10월 혁명으로 유태인 거주 지역은 일소되었습니다.

[07] 몇 년 전까지도 유태인은 인종 범주(소위 국적)로 간주되었고, 그것은 러시아 여권에 표기되었습니다.

적인 학습과 지적인 논쟁에 방점을 두는) 전형적인 유태인의 지적 환경에서 자랐습니다. 그는 유태인 개인 교사를 두었고, 유태인 고등학교를 다녔습니다. 이를 종합해볼 때, 이런 요소들이 유태인의 정체성과 역사에 대한 관심을 자극했음에 틀림없고, 그것들이 의심할 바 없이 특히 온갖 종류의 반유태주의와 편견에 대체로 민감하게 반응하는 능력을 지니게 했습니다. 어쨌든 우리는 이런 배경을 통해 비고츠키의 관심과 출판물을 약간은 이해할 수 있습니다. 예를 들면, 비고츠키가 열다섯 살이 되었을 때, 그는 성경과 역사책을 교재로 삼아 일단의 친구들과 한동안 유태 민족의 역사를 공부했습니다. 몇 년이 지난 후에, 대학생활을 하는 동안, 비고츠키는 유태계 잡지와 지역 신문에 책과 연극에 관한 평론을 쓰기 시작했습니다. 때때로 이 평론들은 이디시어로 유태인 집단에 의해 공연된 연극을 다루었습니다(Vygotsky 1923a; 1923b; 1923c). 그 밖에도 전형적인 유태인의 쟁점을 고심했습니다. 예를 들면 그는 러시아 문학에 나타난 유태놈(Yid: 유태인을 매우 모욕적으로 부를 때 쓰는 말-편집자 주)의 이미지를 논했고 안드레이 벨리의 놀라운 소설『페테르부르크(Peterburg)』에서 반유태주의의 흔적을 지적했습니다(Vygotsky 1916a; 1916b). 10월 혁명 후에, 비고츠키(1917)는 억압적인 권력으로부터 해방된 것을 환영했지만, 유태 민족은 이 새로운 자유를 누리지 못하고 있다는 에세이를 출판했습니다(Valsiner and Van der Veer 2000; Van der Veer and Valsiner 1991 비교). 훨씬 후에, 우리는 '유태인처럼 종교적 편견의 영향력을 받으며 발달하는 인민들'에 관한 비고츠키의 글을 발견하게 됩니다(Vygotsky 1931/1983, p. 163).

이 모두를 종합해보면, 이러한 사실은 비고츠키가 유태인의 정체성과 역사에 대한 강렬한 관심과 동일시를 비종교적 세계관과 결합했다는 것을 시사합니다. 차별로 고통 받는 유태인과 다른 집단의 사례에서 종종 그렇듯이, 대부분 외부의 적대와 괴롭힘 때문에 자신의 인종적 배경에 관심을 가지게 됩니다. 그러나 처음부터 이런 관심이 있었던 것은 아닙니다. 다행스럽게도 초기 소비에트 시절은 러시아 역사에서 노골적인 반유태주의가 훨씬 덜 감지되던, 유래가 없던 시기였습니다. 그렇지만 그때는 비고츠키가 이미 스무 살이 넘었을 때였습니다. 그 세월 동안 그는 틀림없이 그의 인생관에 영향을 미쳤을 다양한 형태의 박해를 목격하고 경험했을 것입니다(Van der Veer and Valsiner 1991).

대학생 시절

비고츠키는 고등학교를 졸업한 후에, 대학에서 교육받기를 희망했습니다. 한 번 더, 유태인이라는 그의 배경이 부정적 역할을 하며 그를 위협했습니다. 모스크바 대학의 유태인 학생을 위한 쿼터는 겨우 3퍼센트였으며 제비뽑기로 그들을 결정했습니다. 다행스럽게도 비고츠키는 운이 좋은 소수에 속했습니다. 이제 그는 자신의 전공과 미래 직업을 결정해야만 했습니다. 공무원 직책에서 배제되어 있었던 걸 고려하면, 자유직업 중의 하나를 준비하는 것이 최선으로 보였습니다. 그의 부모는 비고츠키가 의학 박사가 되기를 원했고, 1913년에 한 달간 비고츠키는 실제로 의학을 공부하기도 했습니다. 그렇지만 그는 법학으로 전공을 바꾸었는데, 법학을 전공하여 변호사가 되면 유태인 거주 지역을 벗어나 살 수 있는 기회가 제공되었습니다. 추정컨대, 비고츠키는 의학과 법학에서 어떤 특별한 매력을 느끼지 못했던것 같습니다. 실제로 그는 모스크바 국립대학과 비공식적인 샤냡스키(Shanyavsky) 대학에서 가능한 한 자신이 좋아하는 과목을 많이 수강하고 모스크바에서 연극을 관람하기도 하면서 자신의 시간을 보냈던 것으로 보입니다.

모스크바 국립대학과 샤냡스키 대학에서는 비고츠키가 특히나 흥미를 가지고 있던 강좌들을 제공했습니다. 모스크바 대학에서 그는 심리학자 게오르기 첼파노프(Georgiy Chelpanov, 1862~1936)의 강좌들을 수강했던 것으로 보이며 훔볼트 계열의 학자 구스타프 시페트(Gustav Shpet, 1897~1937)의 강좌를 수강했습니다(아래 내용 참고). 샤냡스키 대학에서 비고츠키는 첼파노프의 제자인, 파벨 브론스키(Pavel Blonsky, 1884~1941)가 개설한 강좌를 수강했습니다. 브론스키는 후에, 마르크스주의 심리학을 창조하는 데 주도적인 역할을 한 인물이 되었습니다. 비고츠키가 이러한 강좌들을 수강했다는 사실에 근거하면, 의학과 법학에 대한 그의 관심이 별로였다는 것을,

혹은 최소한 그의 관심은 훨씬 폭넓은 것이었다는 것을 알 수 있습니다. 그가 문학에 매료되어 있었기 때문에 그는 예술과 창조성의 심리학에, 그리고 최종적으로 일반심리학에 이를 수 있었습니다. 추정 컨대, 샤냡스키 대학에서 비고츠키는 심리학에 더하여 폭넓은 인문학 교육 과정이 제공한 강좌들을 공부했던 것 같습니다(Vygodskaya and Lifanova 1996). 그는 사춘기부터 매료되어 있었던 연극, 셰익스피어의 『햄릿』에 관한 석사 학위 논문을 쓰고 졸업했습니다. 모스크바 대학에서 쓴 석사 학위 논문의 주제는 아직 알려지지 않고 있는데, 그의 딸은 아버지가 두 대학을 다 졸업했다고 주장했습니다(Vygodskaya and Lifanova 1996). 그렇다면 비고츠키는 법학 공부도 끝마친 것이 됩니다.

사실이 그렇다 하더라도, 비고츠키가 미래에 변호사로 직업 생활을 하려던 계획은 대학을 졸업하던 해에 급격하게 변했습니다. 1917년은 격변의 한 해였습니다. 1917년은 러시아를 뒤흔들었고 세계에 큰 충격을 주었으며, 지금도 동유럽의 대부분 지역에 그림자를 드리우고 있습니다.

사회적 격변과 문화 혁명

10월 혁명과 그 후에 발생한 사건들은 러시아 역사에 유래가 없었던 사회적 대혼란을 야기했습니다. 소비에트 러시아에서 야만적인 정치적 억압과 '사회 개혁 조치들'에 더하여 세계 대전과 내전의 시기는 러시아가 원상회복하는 데 수많은 시간이 걸릴 대파괴를 낳았습니다. 비록 우리가 상세하게 이런 사건들을 논의할 수는 없지만, 이런 배경을 제외하고 비고츠키의 삶과 이론들을 논하는 것은 의미 없는 일이 될 것입니다. 예를 들면, 대격변의 결과 중 하나는 수백만의 어린이(소위 거리의 아이, bezprizorniki)가 부모와 가정을 잃었고, 거리를 배회하며 구걸, 도둑질, 매춘을 하여 사회 불안을 초래한 것입니다(Stevens 1982). 비고츠키는 이런 중요한 사회 문제를 해결하는 방책을 찾는 일에 종사했습니다. 또 다른 문제는 10월 혁명과 내전의 결과로 약 이백만의 러시아인이 조국을 등졌다는 것입니다. 그 외에도 많은 이가 추방되고, 체포되거나 살해되었습니다. 자연스럽게 이런 사태는 사회의 모든 영역에 유능한 후보자를 채울 수 없는 진공 상태를 만들었습니다. 그 결과로 혼란과 즉흥적 조치가 난무했습니다. 비고츠키는 다양한 학교와 기관에서 많은 강좌를 제공하여 이런 사회 문제를 해결하는 데에도 참여했습니다.

그러나 모든 사회 혁명은, 심지어 가장 끔찍한 사회 혁명조차도 대다수 사람에게 어떤 이익을, 혹은 일부 사람에게는 많은 이익을 줍니다. 그리고 때때로 균형을 찾는 게 어렵습니다. 황제가 러시아를 계속 지배했다면, 비고츠키는 유능한 법률가나 사랑받는 유능한 변호사가 되었을지도 모르지만 학문적 성취를 이루는 것은 아마도 불가능했을 것입니다. 소비에트 러시아에서, 학문적 직책이 유태인에게도 열려 있었지만 학문적 삶 자체는 공산주의 정권의 전체주의적 분위기 때문에 매우 불안정했습니다. 이런 분위기 때문에 비고츠키는 10월 혁명에 대해 생각했던 것에 의문을 제기했습니다. 제가 판단컨대, 그는 새로운 공산주의 정권이 위기를 극복하고자 취한 많은 사회 개혁 조치를 환영했습니다. 유태인이었기 때문에, 비고츠키는 유태인을 탄압하는 규제들이 폐지되는 것과 이제 미래가 그에게 열려 있었던 것을 매우 기뻐했음에 틀림없습니다. 게다가 그가 새로운 자유 교육 체제가 이제까지 억압받던 농부, 노동자, 소수 민족의 해방에 기여할 것이라고 믿었던 것도 분명해보입니다.[08] 혁명 직후에, 다른 많은 지식인들과 마찬가지로 비고츠키는 교육받지 못한 성인을 위한 야간 수업을 책임져야 하는 교사의 역할을 매우 열정적으로 해냈습니다. 또한 그는 (아마도 러시아에 마르크스주의 세계관을 '적용'하는 것을 넘어 새로운 내용을 더하는 수준으로) 마르크스주의 세계관을 받아들였음에 틀림없습니다. 그의 저작들을 보면, 우리는 당시 지성인에게 요구되었던 마르크스, 엥겔스, 레닌의 '표준적인' 구절들을 발견할 수 있는데, 그는 이를 넘어서서 마르크스주의의 전제에 근거하여 진정한 이론을 모색하고 있음을 확인할 수 있습니다. 그가 한 일을 보면, 비고츠키는 교과부 장관인 루나차르스키(Anatoly Lunacharsky)와 레닌

---

[08] 비고츠키는 존 리드(John Reed 1919)의 다소 일면적인 10월 혁명에 대한 책(『세계를 뒤흔든 10일』)에 우호적인 평론을 썼습니다(Vygotsky 1923d).

의 아내인 크룹스카야(Nadezhda Krupskaya) 같은 고위 당 관료들과 잘 알고 지냈습니다. 그렇지만 엄밀한 의미에서, 당 정책은 외관상 그렇게 보이기도 했지만 비고츠키가 가장 관심을 두고 있던 것은 아니었습니다. 비고츠키의 친한 친구는 10월 혁명 후에 비고츠키가 심지어 객관적으로 봐도 다른 정당들의 기조에 바탕하고 있는 여러 편의 소책자를 썼다고 주장하고 있습니다(Valsiner and Van der Veer 2000). 이러한 사실에 근거하면 비고츠키는 특정 정당에 대한 열정적인 지지와는 완연히 결이 다른 초연한 관점을 견지했습니다. 간단히 말하면, 최소한 최초에는 비고츠키가 새로운 소비에트 사회에 대한 믿음과 마르크스주의 이론에 대한 능동적인 관심을 결합하려 했다고 추정하는 것이 무난한 듯합니다. 그가 이후 벌어진 사건들로 환멸을 느꼈는지, 느꼈다면 어느 정도였는지는 알려지지 않고 있습니다.

1917년 혁명의 결과인 혹은 결과에 뒤따르는 일련의 사건들이 비고츠키의 개인적 삶과 경력에 엄청난 영향을 미쳤습니다. 10월 혁명뿐만 아니라 그는 1차 세계 대전, 독일군과 우크라이나 백군의 점령, 내전, 기근, 정치적 억압을 경험했습니다(Valsiner and Van der Veer 2000). 대학 졸업 직후에 그는 그의 부모와 형제자매가 살고 있는 고멜로 돌아갔고, 개인 교수를 하면서 생계를 꾸리려 했습니다. 거기서 곧 죽어버린 동생을 간호하는 동안 비고츠키는 결핵에 감염되었고, 그 질병은 그의 삶 동안 그를 괴롭혔고 궁극적으로 그를 죽게 했습니다. 이런 일이 벌어지고 있는 동안에 고멜은 다른 군대와 군지도자들에게 점령당하고 약탈당했습니다. 적군(Red Army)이 고멜을 최종적으로 해방한 1919년이 되어서야 겨우 정상적인 생활로 복귀할 수 있었습니다.

사회적 대격변은 어떤 기준에서 봐도 놀라운 문화적 창조성의 분출과 함께 진행되었습니다. 모스크바와 상트페테르부르크에서, 베를린, 파리, 프라하의 망명자 서클에서(Raeff 1990), 러시아 미술가들, 음악가들, 시인들, 소설가들은 우리가 현재 시점에서 봐도 뛰어난 성취로 간주할 수 있는 예술 작품들을 창조했습니다. 소위 '사회주의적 사실주의(Social Realism)'라는 것을 정부 당국이 강요하는 조치들에도 불구하고, 20세기 초 러시아 소설가들의 수와 질은 매우 놀라운 수준이었습니다. 비고츠키의 동시대인 중에서 우리는 바벨(Babel), 벨리(Belyj), 불가코프(Bulgakov), 부닌(Bunin, 1933년 노벨 문학상 수상), 나보코프(Nabokov), 파우스톱스키(Paustovsky), 플라토노프(Platonov), 레미조프(Remizov), 숄로호프(Sholokhov), 자먀틴(Zamyatin)과 같은 재능 있는 작가들을 발견할 수 있습니다. 아흐마토바(Akhmatova), 블로크(Blok), 예렌부르크(Erenburg), 예세닌(Esenin), 호다세비치(Khodasevich), 마야콥스키(Mayakovsky), 만델시탐(Mandel'shtam), 파스테르나크(Pasternak, 1958년 노벨 문학상 수상), 츠베타예바(Tsvetaeva)와 같은 주목할 만한 시인들이 이미 풍부한 러시아의 문화유산에 잊을 수 없는 시들을 더했습니다. 프로코피예프(Prokofiev), 쇼스타코비치(Shostakovich), 스트

라빈스키(Stravinsky)와 같은 음악가들은 매우 비상한 새로운 음악을 작곡했습니다. 샤갈(Chagall), 엘 리싯키(El-Lissitzky), 칸딘스키(Kandinsky), 말레비치(Malevich)와 같은 미술가들은 그들의 새로운 화법으로 세계적 수준에서 파문을 일으켰습니다. 영화감독 예이젠시테인(Eisenstein)은 그의 영화『전함 포템킨』(Battleship Potemkin, 1926)에서 근본적으로 새로운 방식의 영화를 제작했습니다. 메이어홀드(Meyerhold), 스타니슬랍스키(Stanislavsky), 타이로프(Tairov)와 같은 무대 감독들은 고전적인 연극들을 독특한 작품으로 각색하여 무대에 올렸습니다. 건축, 조각, 발레에서도 새로운 발전이 있었습니다. 그러한 사례는 끝없이 이어집니다. 총괄하면, 러시아의 전위(avant-garde) 운동은 동시대 관객을 눈부시게 하고 충격을 주는 예술 작품을 눈사태처럼 쏟아냈습니다.

이런 예술가들의 어지러운 기교를 가장 열성적으로 소비한 사람 중에 하나가 젊은 학생인 레프 비고츠키였습니다. 위에서 우리가 보았듯이, 이미 어린 시절과 청년 시절에 그는 문학, 드라마, 미술, 음악에서 일어난 가장 최근의 발전을 잘 챙겨 알고 있었습니다. 이제 대학생이었기 때문에 그는 타이로프의 챔버 극장(Chamber Theater)과 메이어홀드와 스타니슬랍스키의 예술 극장(Art theater)에서 상영되는 공연을 관람할 기회를 놓치지 않았습니다. 문화적 삶에 대한 이런 관심은 비고츠키 생애 동안 지속되었으며 그가 선택할 친구들, 종사할 직업, 열정을 쏟을 활동의 성격을 부분적으로 결정했습니다. 예를 들면, 1918년, 키예프에 머무는 동안 비고츠키는 시인 일리야 예렌부르크(Il'ya Erenburg)와 사귀었습니다. 그가 고멜에서 모스크바로 다시 돌아간 후에, 비고츠키는 만델시탐을 규칙적으로 방문했고 자신의 과학적 저작에 그의 시를 인용했으며, 그가 후에 당국에 체포된 후에도 그렇게 했습니다. 같은 시기에 비고츠키는 또한 영화감독 예이젠시테인과도 친구가 되었고 루리야와 함께 그들은 여러 프로젝트를 계획했습니다. 아마도 대학을 마친 후 고멜에서 시작한 직업을 통해, 비고츠키는 당대의 대표적인 문화적 엘리트들과 만났을 것입니다.

고멜 시기: 예술에서 심리학으로

위에서 저는 비고츠키가 1917년 고멜로 돌아온 후에 어떻게 여러 학교에서 가르치면서 그리고 개인 교습을 하면서 불안정하게 생계를 꾸렸는지를 보여주었습니다. 그렇지만 1920년에 들어서면서 그는 고멜의 문화 관련 공직자로서의 직업을 가지게 됩니다. 그 직책은 그의 삶을 아주 편하게 해주었습니다. 공식적인 역할을 수행하면서, 그는 최고의 연극배우, 시인, 소설가를 고멜로 초대하기 위하여 러시아 전역을 돌아다녔습니다. 그는 또한 지역 신문에 연극 공연에 관한 주간 평론을 썼고, 둘 다 비록 금방 문을 닫기는 했지만 문학 잡지와 출판사를 공동 설립했고, 순수 문학과 신문 읽기를 확산하기 위하여 설립된 지역 출판 박물관에서 근무했습니다(Valsiner and Van der

Veer 2000). 종합하면, 비고츠키는 엄청난 역할을 했고 직업 생활에서 놀라운 활동력을 보여주었습니다. 그것들은 높은 질의 교육과 최고의 러시아 문화와 세계적인 문화를 활용하여 대중의 문화적 수준을 고양하려는 목적과 일정 정도 관련되어 있었습니다.[09] 수많은 그의 강연과 수업에서 비고츠키가 다루었던 주제들을 살펴보게 되면, 우리는 인기 있는 주제들(예를 들면, 상대성 이론), 러시아 문학, 심리학, 철학을 만나게 됩니다. 이러한 것들은 샤냡스키 대학에서 그가 알게 되었던 분야들입니다.

1923년, 비고츠키가 지역 정규 학교에 작은 실험실을 개설하고 운영하게 되었을 때, 그의 예술에서 심리학으로의 점진적인 방향 전환이 더 분명해지기 시작했습니다. 그는 또한 그 학교, 고멜 사범대학에서 일정 기간 가르쳤으며, 그가 한 수업 내용은 후에 『교육심리학(Educational Psychology)』이라는 책으로 출판되었습니다(Vygotsky 1926; 2부 1장 참고). 그렇지만 이제 실험실이 있기 때문에 그는 제자들의 도움을 받아 작은 실험들을 수행했고, 앞선 심리학의 발견들을 재연하면서 그 자신의 연구 방법을 고안할 수 있었습니다. 1924년 레닌그라드에서 열린 제2차 심리신경학 대회에서 잘 알려진 심리학자들에 대한 그의 독창적인 비판과 혼자서 발견했던 것들을 제

---

[09] 어떤 의미에서 비고츠키는 지역 도서관 건립에 도움을 주었던 부친의 사회적 활동을 이어갔습니다.

시하여 호평을 받게 되었습니다(Van der Veer and Valsiner 1991). 이 일로 인해 그는 모스크바 대학에 있는 실험심리학 연구소에 초대 받았고 거기서 일하게 되었습니다. 이는 비고츠키의 초기 연구가 정말로 두드러진 것은 아니었지만, 직전에 실험심리학 연구소에서 근무하던 사람들이 숙청당했고, 새로운 소장인 코르닐로프(Konstantin Kornilov)가 많은 빈자리를 채울 유능한 젊은 사람들을 급박하게 필요로 했기 때문이었습니다(Van der Veer 2007).

학문적 경력

당연하게도 새로운 젊은 과학자들은 마르크스주의자여야만 했습니다. 왜냐하면 코르닐로프가 소장이 된 것이 자신의 이전 스승 첼파노프(Grigoriy Chelpanov)를 척결했던 운동의 결과였기 때문이었습니다. 첼파노프는 '반마르크스주의자'와 '관념론자'라는 딱지가 붙었습니다. 그렇지만 '반마르크스주의자'와 '마르크스주의자'라는 딱지는 매우 유동적이었고, 누구도 마르크스주의 심리학에 어울리는 것이 무엇인지 몰랐습니다. 1920년대에 분명했던 유일한 것은 '당국'(예를 들면, 대학에서의 연장자, 당 활동에 적극적인 동료)은 마르크스주의 심리학을 요구했고 이를 무시하는 것이 어려웠으며 심지어 학문적 경력에 해가 될 수도 있었다는 것입니다. 그 결과는 쉽게 예견될 수 있었습니다. 일부 심리학자들은 새로운 방향 제시에 따라 자신이 하던 과거의 일을 그저 지속했습니다(코르닐로프가 그런 사람들에 속했습니다.). 다른 심리학자들은 자신의 어떤 새로운 관점을 제시하지도 못하면서 이제 '자본가적', '반마르크스적', '부르주아적'이라고 지칭되는 것들을 그저 비판만 했습니다. 또 다른 학자들은 자신들의 다소 생산적인 작업에 마르크스, 엥겔스, 레닌의 문구를 능숙하게 인용하여 멋을 내기만 했습니다. 마지막으로 비교적 극소수의 심리학자들만이 성실하게 마르크스주의 심리학이 어떠해야 하는가에 대해 생각하려 노력했습니다(Kornilov 1928).

당국이 정기적으로 철학과 심리학 영역에서 해로운 이데올로기적 교리들로 보이는 것을 일소하는 조직적인 활동에 착수했기 때문에, 상황은 악화되었습니다. 그래서 '영혼'에 대해 말하면 '관념론적인 왜곡'이라는 딱지가 붙게 되었을 때(영혼이라는 낱말을 사용하는 사람은 영혼이 물질적 실체여야만 한다는 것을 이해하지 못하거나 받아들이지 못한 것으로 추정되었습니다.), 심리학자들이 대대적으로 서둘러 모든 정신 과정은 궁극적으로 뇌에 기반을 두고 있다고 선언해야만 했을 때, 바로 이 심리학자들은 갑자기 '속류 유물론', '추상적 환원주의' 따위를 옹호한다고 비난받았습니다. 그런 급작스럽고 예견할 수 없었던 조직적 활동과 그에 따른 이데올로기 지형의 변화는 많은 혼란, 불안정, 궁극적으로 연구자들의 도덕적 해이를 낳았습니다. 이런 것이 최초에 당국이 의도한 바였을지도 모르겠습니다.[10] 소비에트 과학에서 벌어진 논쟁들이 어느 정도는 진정한 과학적 토론과 닮았지만, 중요한 것은 그것들이 정말로 무엇을 향한 것이었느냐를 보는 것입니다. 그 결과는 적절한 때에 적합한 유행에 뛰어들어 자신들의 사회적 지위와 직업을 유지하고 더 나은 지위를 얻고자 연구자들과 사회적 활동가들이 행한 절망적이며(/이거나) 기회주의적인 시도들이었습니다. 이런 사회적 압력들을 견디어내고 자신이 믿는 과학적으로 올바른 입장을 견지하는 것은 큰 용기와 도덕적 의지를 필요로 하며 매우 소수의 사람만이 그것을 행할 수 있다는 것은 조금도 놀랄 일이 아닙니다. 우리가 앞으로 보게 되겠지만 비고츠키가 그러한 사람들에 속합니다.

비고츠키가 실험심리학 연구소에서 책임 있는 직책을 맡게 된 것은 모스크바, 레닌그라드, 키예프에 있는 다른 연구소에서 수행한 직책들로 이어지는 긴 목록의 그저 맨 앞자리일 뿐이었습니다. 실제로 사람들은 그의 학문적 삶에서 그가 빠르게 우리가 고멜에서 보았던 열정적인 교육 활동과 사회 활동의 방식을 재개하는 것을 볼 수 있습니다. 비고츠키가 죽을 때까지 이 10년 동안, 그는 늘 동시에 출판사를 위해 일하고, 과학 잡지들을 편집하고, 다양한 대학과 연구소에서

---

10 핵심은 연구자들이 공적인 모임과 과학적 저작에서 당 노선에 따라 동료들을 적극적으로 비판하도록 기대되고 요구되었고(예를 들면, '그의 논문에서 이바노프 동지는 레닌의 뛰어난 통찰력을 심대하게 왜곡했고 객관적으로(효과적으로) 속류 유물론의 관점을 옹호했습니다.') 그들의 못마땅한 동료들에게 똑같이 비판을 받곤 했다는 것입니다. 결국 어떤 연구자도 이런 엄청난 압력을 견뎌낼 수 없었고 이중적인 태도와 냉소적인 복종이 원칙이 되었습니다(Van der Veer 2000).

강의를 하고, 여러 진료소에서 임상심리학자로 활동하고, 논문들을 지도하고, 정부 위원회를 위해 일하고, 학술 대회를 조직하여 참석하고, 연구 계획을 고안하고, 수없이 많은 인기 있고 과학적인 논문과 책들을 저술했습니다. 만약에, 이 모든 것이 때때로 몇 달을 계속해서 정상적인 생활을 하지 못하게 하는 고통스러운 결핵을 앓고 있는 한 사람이 행한 것임을 깨닫게 된다면, 당신은 그가 한 활동의 양과 그가 이룬 작업의 질에 경탄하게 될 것입니다. 예를 들면, 1926년에 비고츠키는 더 이상 혼자서 걸을 수 없을 정도로 아팠고, 몇 개월 정도밖에 살 수 없다는 판정을 받았지만,[11] 병원에 입원해 있는 동안에, 심리학의 위기를 분석하는 글을 애써 써냈습니다.

많은 사람이 비고츠키를 아동심리학자 혹은 교육심리학자로 간주하기 때문에, 그의 모스크바 시기 내내 그의 직업과 기능의 대다수가 다른 분야, 즉 임상심리학과 장애인의 재활 분야와 연결되었다는 것이 그들에게 놀라울 수도 있습니다. 모스크바에 체류하기 시작할 때부터 비고츠키는 육체적 장애 어린이와 정신적 장애 어린이를 치료하고 연구하는 일에 관련되었습니다. 이 분야를 소비에트 연방에서는 '장애학(Defectology)'이라고 했습니다. 동시대인들은 그가 뛰어난 재치와 부드러움으로 장애 혹은 곤란을 겪는 어린이의 문제들

---

[11] 명백하게 그는 기흉(pneumothorax) 기법, 즉 폐를 살리기 위해 감염된 부위를 인위적으로 폐쇄하는 처치를 받았고 병소(lesion)를 치료하도록 허락했는데, 통상 이것은 별 효과가 없었습니다.

을 밝혀내는 위대한 진단학자였다고 주장했습니다. 얼마 되지도 않아 비고츠키는 그런 어린이들을 위한 치료와 재활에 대한 새로운 전망도 개척했고 그 일로 인해 그는 러시아 장애학의 이론적 지도자로 받아들여지게 되었습니다.

비고츠키가 1924년에서 1934년까지 맡았던 모든 직책을 나열하는 것은 지루하겠지만, 그저 이 작고 병약한 사람이 달성한 것이 얼마나 대단한 것인가에 대한 관념을 제공하기 위해 저는 그것들을 언급하겠습니다.

비고츠키는 모스크바 국립1대학과 2대학, 모스크바 예술학교, 공산주의자 교육을 위한 크룹스카야 학술원, 모스크바 아동학과 장애학연구소, 하르코프 심리신경학연구소, 레닌그라드 헤르젠 교육학연구소에서 (처음에는 조교수로 1931년부터는 정교수로) 강의를 했습니다.

비고츠키는 다양한 연구소에서 임상적 작업을 했습니다. 거기서 그는 점차 중요한 행정적 직위를 담당했습니다. 예를 들면, 그는 의학 교육학 임상연구소 산하 비정상적 어린이를 위한 심리실험실의 책임자, 장애학 실험연구소의 소장, 모스크바 국립1대학 신경병리를 위한 임상실험실의 책임자, 어린이와 청소년의 건강관리연구소의 부소장이었습니다. 죽기 직전에 그는 실험 의학을 위한 소비에트연방연구소의 심리학 분과 소장 직책을 제안받았습니다.

그가 한 실험적 작업의 일부를, 비고츠키는 실험심리학연구소, 실험장애학연구소, 예술의 실험적 지식을 위한 실험실 같은 다른 과학

연구소에서 수행했습니다. 그리고 1931년에 그는 하르코프 대학에 의대 학생으로 등록했습니다. 그와 루리야는 다양한 임상적 문제들에 대한 그들의 통찰력을 심화하기 위하여 의학을 더 알아야 한다고 판단했습니다. 그래서 심리학 교수로 재직하면서, 비고츠키는 다시 한번 의대 학생이 되었습니다(Vygodskaya and Lifanova 1996).

만약에 우리가 이러한 활동들을 잡지와 출판업자를 위해 그가 한 일과, 과학적 조직과 위원회에서 한 일과, 대학원생과 동료로 구성된 다양한 집단들과 함께 한 일과, 기차를 타고 모스크바에서 레닌그라드와 하르코프까지 정기적으로 여행을 한 일과, 다소 열악한 주거 조건〔비고츠키, 그의 아내, 두 자녀가 방 2개뿐인 아파트에 살았고 거기서 밤 동안 그의 저작들의 많은 부분을 저술했습니다.[Vygodskaya and Lifanova 1996 비교)〕과 그의 허약한 건강 상태를 함께 생각해보면, 우리는 비고츠키가 200편도 넘는 논문과 책들을 생산한 것이 정말로 인상적인 업적이라고 확신하게 됩니다. 의사의 조언을 무시하고 그는 극단적으로 열심히 연구를 지속했습니다. 그 결과로 1934년 6월 11일 37세로 죽게 만든 세 번째 결핵이 발병하여 고통을 받게 되었습니다.[12][13]

----

[12] 결핵에 대한 효과적인 치료 방법이 당시에는 없었고 환자들의 절반이 결국 사망에 이르렀습니다.

[13] 이렇게 병원에 입원하여 임종을 앞두고 있는 기간에 그는 무엇을 했을까요? 비고츠키에게 관심이 있는 독자라면 알 것입니다. 그의 최후ㆍ최대의 저작 『생각과 말』을 완성했습니다.(옮긴이 주)

비고츠키의 인간됨

앞에 제시한 전기적 언급은 비고츠키의 삶의 여정에 대한 인상을 제공했지만 비고츠키의 인격(personality)을 제대로 드러내지는 못했습니다. 그는 어떤 종류의 사람이었을까요? 그는 그의 동시대인들에게 어떤 인상을 남겼을까요? 여기에 대해서도 우리의 정보는 한정되어 있습니다. 얼마 되지 않는 우리가 알고 있는 혹은 추정하는 것들은 다양한 개인이 소장하고 있는 비고츠키가 쓴 수십 통의 편지와 그의 딸, 동료들, 제자들에 의한 회상에 근거합니다. 역사가들에게 다행스럽게도 비고츠키를 잘 알고 있는 사람들의 판단은 거의 일치하고 있습니다. 비고츠키는 매우 공손하고 친절하게 자신의 환자들, 제자들, 동료들을 대한 매우 정중하고, 관대하고, 섬세한 사람이었음에 틀림없습니다. 그는 임상 전문가로서 만난 육체적 장애나 정신적 장애를 겪는 어린이이든 그런 어린이가 아니든 특히 어린이와 잘 어울렸습니다. 다른 사람들의 이야기에 따르면 집중할 수 있는 능력과 일을 해내는 역량이 비범했습니다. 그는 군중이 모인 곳에서 제자들과 동료들과 함께 과학적 주제들을 논의하곤 했으며, 기차나 버스를 타고 여행하면서 수없이 많은 작은 수첩에 메모하곤 했으며, 짧은 강연에서 즉흥적으로 거의 인쇄해도 될 정도로 많은 쟁점들을 설명할 수 있었습니다. 사실 그의 많은 과학적 논문이 강연에 근거했으며 때때로 그러한 입말의 특색이 명백하게 남아 있습니다.[14] 비고츠키의 수업은 많은 학생을 매료했으며, 그들은 심지어 비고츠키가 종종 예정된 시간보다 훨씬 길게 수업을 할 때도 그의 인격과 말하는 방식이 너무도 매력적이라는 것을 발견했습니다. 모두에게 명백한 것은, 이 작고 병약한 사람이 과학을 위해 살았고, 그가 심리학으로 채워져 있고, 그의 단 하나의 유일한 목적이 새로운 심리학을 창조하는 것이었다는 사실입니다. 그의 불꽃과 같은 활동들, 자신의 과업에 대한 헌신, 대충대충 일하는 것과 적당히 공헌하는 것에 대한 그의 경멸, 이런 것은 오직 다음과 같은 배경을 알고 있어야만 제대로 이해할 수 있습니다. 자신의 시간이 아주 빠르게 소진되고 있다는 것을 알고, (결국, 결핵은 치료될 수 없었고, 의사는 반복해서 죽음이 임박했다고 알렸습니다.) 그런 의학적 견해들을 무시하고 자신이 몸담은 과학에 지속될 인상을 남기기로 결정한 사람이었습니다. 이런 배경에 근거해야만, 그가 그들의 공통 대의, 그들이 선택한 어려운 길, 심리학의 개혁에 자신의 일생을 바칠 필요성을 적어서 그의 동료들에게 보낸 일부 편지에 담긴 환희와 근심을 이해할 수 있습니다(Luria 1994; Van der Veer and Valsiner 1991). 이런 배경에 비추어야, 그와 함께한 가까

---

14 비록 비고츠키의 글쓰기가 매우 명료하고, 그가 뛰어난 사상가로 간주될 수 있지만, 저는 개인적으로 문학적 의미에서는 비고츠키가 가장 뛰어난 심리학 분야의 저술가 중의 하나라고 생각하지 않습니다. 저는 비고츠키가 자기 저작의 문체를 다듬기 위해 (보통 그렇게 하듯이 고쳐 쓰고 계속해서 손보는 노력에) 거의 시간을 투자하지 않았다고 추측합니다. 아마도 그럴 시간도 없었을 것입니다. 그래서 『심리학의 원리(Principles of Psychology)』를 쓴 윌리엄 제임스나 『심리 치료(Psychological Healing)』를 쓴 피에르 자네의 수준과는 비교할 수가 없습니다.

운 동료들이 정치적 혹은 다른 이유들 때문에 다른 길을 걷기로, 다른 이론 혹은 철학을 수용하기로 결정했을 때, 그가 왜 그렇게 심하게 실망했는지를 이해할 수 있습니다. 사실 그는 어느 정도는 자신의 삶에 대한 금욕적 혹은 이성적[15] 태도로 그런 절망을 넘어설 준비가 되어 있었습니다. 제자와 동료에게 보낸 편지에서 그리고 개인적 대화에서, 사람은 늘 자신의 감정을 통제하려 노력해야만 하고 자신의 감정을 이성의 통제에 굴복시켜야만 한다고 주장했습니다. 그의 삶의 끝자락에 이르러, 정치적 압력이 점증하고 (예를 들면, 당 위원회는 의혹스러운 관점과 오점이 있는 논문을 찾고자 출판된 비고츠키의 저작을 조사했습니다.) 그의 건강이 악화되었을 때, 비고츠키는 그런 곤란에서 벗어날 방법을 찾을 수 없었고 의기소침해졌습니다(Van der Veer and Valsiner 1991; Van der Veer 2000).

비고츠키가 그의 사후에도 엄청난 정치적 압력과 개인적 위협에도 불구하고 그와의 기억과 사상에 충실했던 일단의 추종자들을 남겼다는 사실도 또한 대단히 중요한 일입니다. 이런 사실에 근거하면, 개인적 매력, 도덕적 진실성, 지적 능력을 통해 비고츠키는 그의 동시대인에게 압도적인 인상을 남겼음을 알 수 있습니다. 명백하게도 비고츠키는, 그를 자신들의 과학적 그리고 무엇보다 정신적 지도자

---

[15] 비고츠키의 개인적이고 변형된 금욕주의는 스피노자의 『윤리학(Ethics)』을 계속해서 읽은 것에 강하게 영향을 받았습니다. 그 책은 사춘기가 되었을 때 부친이 선물한 것이었습니다(Van der Veer and Valsiner 1991; Vygodskaya and Lifanova 1996).

로 간주하게 될 그리고 그에 따라 그의 사상을 연구하고 향상하기 위해 모든 것을 기꺼이 행할 일단의 제자들과 동료들을 모아내는 재능을 지녔습니다. 비고츠키를 회고하면서 그의 제자들과 동료들의 대다수는 그와의 인연을 그들 삶에서의 전환점으로, 바꾸어 표현하면 비고츠키를 알기 이전과 이후로 그들 삶을 갈라놓은 분수령으로 간주했습니다(Luria 1979; 1982 비교). 이런 사실들이 이야기하는 바를 종합해보면, 낯설게도 머리를 면도하는[16] 이 사람은 사람들이 무관심하기 어려운 정신적으로도 지적으로도 주목할 만한 사람이었습니다.

정치적 압력

저는 반복해서, 1920년대와 1930년대에 소비에트 연방에서 심리학자가 된다는 것은 어렵고 때때로 위험한 일이었다고 언급했습니다. 그 시기에 직업적인 심리학자가 되고 그렇게 산다는 것은 상당한 기술, 유연성, 운이 필요한 일이었습니다. 심리학자들뿐 아니라 일반적인 인민들도 그들이 당 노선을 따르지 않았기 때문이 아니라 너무도 자의적인 근거들 때문에 체포되었습니다. 세월이 지나고 되돌아보니, 비고츠키를 체포하는 데 근거가 될 자료들은 많았습니다.

---

[16] 그 당시에는 아주 특별한 일이었지만, 비고츠키는 여름에 그의 머리를 면도하는 습관이 있었습니다. 루리야(1994, p. 39)의 책에서 영화감독 예이젠시테인이 한 이야기를 참고했습니다.

첫째, 그는 잘못된 사회적 (중간 계급의) 배경과 인종적 배경을 지니고 있었습니다. '부르주아' 배경을 가진, 특히 외국어에 능숙한 사람은 1930년대 말에 대다수가 체포되었고, 유태인은 다시 1940년대에 희생양으로 기소되었습니다(McLeish 1975 비교).

둘째, 비고츠키는 후에 '인민의 적'으로 낙인찍힌 개인들에 대해 긍정적으로 글을 썼거나 그런 개인들과 우호적으로 지냈습니다. 이런 사람들에 정치인들, (외국의) 연구자들, 시인들이 포함됩니다. 이런 사람들 중에 가장 저명한 이는 레온 트로츠키(Leon Trotsky)였습니다. 비고츠키는 그의 주요 저작을 반복적으로 찬동하듯이 인용했습니다. 잘 알려져 있듯이, 트로츠키는 스탈린의 최대 정적이 되었고, 조국에서 추방되었으며, 결국에는 1940년 8월에 멕시코시티에서 소비에트의 비밀 요원에 의해 살해되었습니다. 비고츠키가 개인적으로 혹은 긍정적으로 언급했던 연구자들 중에는, 1922년 정치적 관점 때문에 추방된 문학비평가 아이헨발트(Yuli Aikhenvald)와 철학자 프랑크(Semyon Frank)가 포함되어 있습니다(Chamberlain 2006). 비고츠키가 개인적으로 알고 지냈고 정치적으로 의심을 받던 다른 인물로는 1934년에 체포된 시인 만델시탐(Osip Mandel'shtam)과 1938년에 체포된 그의 사촌 다비드 비고츠키(David Vygodsky)가 있습니다. 둘 다 강제 수용소에서 죽었습니다.

셋째, 비고츠키는 후에 전적으로 비과학적인 것으로 여겨지게 된 과학적 조류에 대한 선호를 보였습니다. 여기에 심리 분석과 아동학이 포함되어있습니다. 1930년대 말에, 심리 분석과 아동학에 더하여 반응학, 반사학, 산업심리학, 사회심리학, 범죄심리학은 수치스러운 학문이 되었습니다(Strakhov 1930; Talankin 1931; Vedenov 1932).

그런 정황에도 비고츠키는 실제로 체포되지는 않았습니다. 왜 비고츠키는 체포되지 않았을까요? 우리는 아직 그 질문에 답할 만큼 충분히 알지 못합니다. 비고츠키의 개인적 편지들에 따르면, 그의 관점에 바탕한 주제에 대한 공적인 모임이 진행되고 있었습니다. 우리가 알고 있는 것처럼, 우즈베키스탄에서 수행한 연구 프로젝트 때문에 비고츠키와 루리야는 상당히 곤란한 입장에 처했고(2부 4장 참고), 비고츠키의 관점에 비판적인 논문들이 1931년경부터 과학 출판물에 나타나기 시작했습니다. 바로 이런 논문들이야말로, 점증했던 정치적 압력에 대한 가장 확실한 인상을 제공하고 있습니다.

이런 비판적인 논문은 비고츠키의 사상에 대해 뭐라고 말하고 있을까요? 저는 그저 몇 가지 사례만 제시하겠습니다(Van der Veer 2000; Van der Veer and Valsiner 1991 비교). 페오파노프(Feofanov 1932)는, 다른 것보다 비고츠키가 어린이의 정신 발달을 이론화하면서 계급적 환경을 경시했으며, 그의 이론은 '절충적'(그 시기의 유행어)이라고 주장했습니다. 아벨스카야와 네오피호노바(Abel'skaya and Neopikhonova 1932)는, 비고츠키의 '문화적 도구'(2부 2장 참고)라는 개념은 생산관계를 무시했기 때문에 마르크스주의적이지 못하다고 주장했습니다. 비고츠키의 작업을 조사했던 위원회의 수장인

라즈미슬로프(Razmyslov 1934)는 비고츠키와 루리야가 우즈베키스탄 인민의 정신 과정을 특징지었던 방식에 반대했습니다. 그는 또한 비고츠키와 루리야의 초기 저술이 당의 최근 원칙과 일치하지 않는다는 것도 발견했습니다. 코지레프와 투르코(Kozyrev and Turko 1936)는 여러 문제를 지적하면서, 특히 비고츠키의 생각과 말의 다른 근원에 대한 분석에 대해 엥겔스의 분석과 일치하지 않는다고 주장했습니다. 그들은 비고츠키의 추종자들을 '경계해야 할 계급(class vigilance)', '파시즘', '적', '자기비판' 같은 원색적인 말을 사용하여 공격했습니다. 마지막으로 루드네바(Rudneva 1937)는 비고츠키가 파시스트의 생각을 소비에트 심리학에 도입했다고 주장했습니다. 다른 비판과 마찬가지로, 그녀는 비고츠키의 사상은 마르크스주의 고전들, 당의 최근 원칙, 스탈린의 일상적 교시 등과 일치하지 않는다는 것을 입증함으로써 비고츠키를 비하했습니다.

종합해보면, 이러한 출판물들은 1930년대 소비에트 심리학에 대한 이데올로기적 통제가 펼쳐지던, 비고츠키를 낙담시키던, 머리털을 쭈뼛하게 하던 장면을 그려냈습니다. 분명하게, 어떤 이론이 받아들여지느냐 혹은 사실이냐는 질문은 결국에는 그 이론이 마르크스, 엥겔스, 레닌, 스탈린, 혹은 소비에트 공산당 중앙위원회의 최근 결정과 일치하느냐는 질문과 동일한 것이 되었습니다.

이러한 출판물은 또한 비고츠키가 죽음에 임박했던 시기에 비고츠키의 입장이 점차 어려워지고 있었음을 분명하게 보여주고 있습니다. 사후에 행해진 비판은 특히나 그가 1936년 이후에 연구를 지속할 수 없었을 것임을 강력하게 시사하고 있습니다. 게다가 그가 더살았다면, 그는 체포되어 수용소 군도(Gulag Archipelago)에서 생을마감했을 것입니다. 아마도 어떤 면에서 결핵으로 죽은 것이 그가 더끔찍한 죽음을 피할 수 있게 해주었다고 할 수 있습니다. 그런 측면에서 1934년의 그의 처지는 10년 전 카프카(Kafka)의 곤경을 상기시킵니다. 카프카는 결핵으로 죽어가면서 의사에게 "나를 죽여라, 그렇지 않으면 넌 살인자이다."라고 말했습니다. 비고츠키는 비슷한 선택에 직면했고, 운이 좋아서 일가친척이 보는 앞에서 자연스럽게 질병으로 죽을 수 있었습니다. 질병이 그를 죽였지만 그렇지 않았다면그는 살해되었을 것입니다.

비고츠키의
업적에 대한 비판적 고찰

Lev
Semenovich
Vygotsky

1.

초기 저작들

『햄릿』

저는 1부에서 청년 비고츠키가 문학과 연극에 매료되었다는 것과 그가 예술적 창조의 문제를 고민하면서 심리학에 이르게 되었다는 것을 보여주었습니다. 저는 2부 1장에서는 예술에서 심리학으로의 이행을 좀 상세하게 논의하고, 1915년부터 비고츠키가 모스크바로 이사 간 1924년까지 그의 생각과 글쓰기에 주제가 되었던 것들에 주목하고자 합니다. 불행하게도 이 시기에 쓴 비고츠키의 저작들은 하나도 알려지지 않았습니다. 대학에 다니는 동안에도 심지어 고멜에서 일하는 동안에도, 비고츠키는 읽은 책과 관람한 연극에 대한 평론들을 출판했습니다. 여러 잡지와 신문에서 이런 간략한 90여 개의 글들이 지금까지 발견되었습니다. 이것들은 주로 비고츠키가 고멜에 머물던 시기에 쓴 것들인데, 이 중에 극소수만이 어느 나라말이든 다시 출판되었습니다. 저는 그저 10여 편을 읽었을 뿐입니다. 이런 사실에 근거한다면, 초기 저작을 재구성하기 위해 우리가 택할 수 있는 방법은 무엇보다도 출판된 두 주요 저작을 집중 조명하는 것입니다. 그것은 비고츠키의 『햄릿』에 관한 석사 학위 논문과 그의 예술심리학에 관한 박사 학위 논문입니다. 이 두 논문은 그가 살아 있는 동안에는 출판되지 않았습니다.

비고츠키의 석사 학위 논문은 두 가지 형태가 남아 있는데, 둘 다 공책에 손으로 직접 쓴 것입니다. 첫 번째 원고는 1915년 8월에서 9월 사이에 고멜에서 쓴 것이고 최종 원고는 1916년 2월에서 3월 사이에 모스크바에서 쓴 것입니다. 논문의 제목은 『윌리엄 셰익스피어 원작, 덴마크의 왕자, 햄릿의 비극』(The Tragedy of Hamlet, Prince of Denmark, by W. Shakespeare)이었으며 프린트된 논문의 길이는 약 175쪽 분량입니다. 19세 청년이 쓴 것치고는 두드러지게 원숙한 논문입니다. 본문은 잘 쓰여졌고, 논증은 일관되고, 그의 관점에 동의하지 않는 독자라도 저자가 권위자로서 말하고 있다는 것을 인정하지 않을 수 없습니다. 수십 개의 각주에 따르면, 비고츠키는 『햄릿』과 셰익스피어에 관한 엄청난 양의 문헌을 읽었다는 것과 연극에 대한 다양한 해석들에 능숙하다는 것이 확실합니다. 게다가 영감의 직접적인 원천은 스타니슬랍스키(Konstantin Stanislavsky, 1853~1938)[17]와 고든 크레이그(Edward Gordon Craig, 1872~1966)가 1911년 12월부터 1914년 3월까지 모스크바 예술 극장에 올린 『햄릿』 공연이었습니다(Senelick 1982; Yaroshevsky 1989; 1993).

그런데『햄릿』에 대한 상세한 분석을 하면서, 비고츠키는 그가 읽었던 방대한 이차 문헌을 논문의 본문에 언급하지 않고 오직 각주에서만 언급했습니다. 이것은 그의 논문에서 채택한 문학 비평의 매우 독특한 방식과 연결되어 있었습니다.

비고츠키가 옹호한 관점은『햄릿』비평은 철저하게 주관적으로 일관할 수도 있기에 객관적으로 행한 다른 비평을 논의할 필요가 없다는 것이었습니다. 각각의 독자는 어떤 면에선 다 저자입니다. 왜냐하면 각각의 독자는 각자의『햄릿』을 창조하기 때문입니다. 셰익스피어의 연극은 각각의 독자에 의해 새롭게 실현되어 할 잠재태일 따름이며, 저자가 자신의 작품에서 말했던 것들보다 독자의 인상이 때때로 훨씬 깊고 더 사실적입니다. 연극을 다르게 읽어내는 것이 평화적으로 공존할 수 있고 다른 해석을 공격해야 할 필요도 없습니다. 게다가 러시아 문학 비평가 고른펠트(Alexander Gornfeld 1916; 1923 비교)와 아이헨발트(Yuly Aikhenvald 1910; 1922 비교)[18]의 생각을 따랐던 비고츠키에 따르면, 연극과 같은 문학 작품을 해석할 때 준수해야 할 약간의 규칙이 있습니다. (1) 해석은 검토하고 있는 바로 그

---

[17] 스타니슬랍스키(Станиславский)는 톨스토이와 체호프와 함께 작업했으며 그 유명한 '연기법(method acting)'을 개발했습니다. 연기법에서 다른 것보다 배우가 대본에 있는 말로 표현되지 않는 중요한 메시지에 주의를 기울여야 한다고 주장했습니다. 비고츠키 최후의 저작『생각과 말』의 마지막 장에서* 비고츠키는 다른 사람이 표현한 낱말을 이해하는 데 동기를 이해하는 것이 중요하다는 것을 예증하기 위해 스타니슬랍스키의 저작을 참고했습니다.(* 비고츠키(2011)『생각과 말』664쪽, 7-6-3에서 관련 내용을 확인할 수 있습니다.)

연극에 철저히 근거해야 합니다. (2) 해석은 독창적이어야만 합니다. (3) 그것은 일관성이 있어야 합니다. (4) 그것은 작품들에 대한 합리적 해석을 제공하는 것이 아니라 그저 인상을 표현하는 것이어야 합니다. 비고츠키(와 그에게 영감을 준 사람들)의 의견은 비고츠키가 '문학의 신비'라고 표현한 것을 가지고 있어야만 한다는 것이었습니다. 그가 말하는 '문학의 신비'는 말로는 표현할 수 없는 것입니다. 그런 관점에서 보면, 연극(혹은 예술 작품 일반)은 창작 동기로, 예술가가 말하고자 했던 것으로 환원될 수 없습니다. 논문의 서문에서, 비고츠키는 이 논문은 계속 써야 할 3부작에서 사실상 중간 부분이라고 언급했습니다. 첫 번째 부분은 『햄릿』에 대한 모든 학술적 비판, 셰익스피어의 연극들에 대한 연구 등을 다루는 내용입니다. 세 번째 부분이자 마지막 부분에는 연극에 대한 종교적 해석이 펼쳐집니다. 우리가 알고 있는 한 비고츠키는 이 앞뒤 부분은 쓰지 못했습니다.

비고츠키의 『햄릿』 분석은 연극을 장별로 하나하나 해석해나가는 식으로 진행되었습니다. 분석을 하면서 비고츠키는 발생한 사건들의 비현실적인, 유령 같은, 초자연적 성질을 일관되게 강조했습니다. 비

---

[18] 비고츠키는 샤냅스키 대학에서 아이헨발트(1872~1928)의 강좌를 수강했으며, 개인적으로 그를 분명히 알고 있었습니다. 1920년에 결핵이 심하게 발병하여 죽음의 위협을 느꼈을 때, 비고츠키는 아이헨발트에게 자신의 저작을 출판해달라고 부탁했습니다. 몇 년 후에 아이헨발트는 베를린으로 망명을 가지 않을 수 없었습니다. 거기서 그는 형식주의자 빅토르 시클롭스키(Viktor Shklovsky:1893~1984)와 한 집에서 같이 지냈고 소설가 블라디미르 나보코프(Vladimir Nabokov:1899~1977)와 친하게 지냈습니다(Chamberlain 2006).

고츠키는, 밤이 끝났지만 아직 낮이 시작되지 않았을 때 볼 수 있는 기묘한 빛을 기술하는 것으로 논의를 시작했습니다. 모든 것을 희뿌옇게, 신비하게, 다소 슬프게 만드는 빛. 이 빛이 이 연극과 연극의 신비스럽고 슬픈 성질을 특징짓고 있습니다. 비고츠키의 설명에 따르면, 햄릿은 낮과 밤 사이에 있으며 두 세계에 걸쳐 있는 시민, 다시 말해 지금 여기서 펼쳐지는 지상의 세계와, 살아 있는 사람이 파악할 수 없는 무시무시한 비밀을 숨기고 있는 사후의 세계에 속하는 시민입니다. 햄릿은 다른 세계의 무시무시한 비밀의 일단을 아련하게 느끼게 되고, 그의 행동은 이것에 의해 영향을 받게 됩니다. 이는 마치 그가 무아지경에 있는 듯, 자동적으로 행동하는 듯했습니다. 연극의 다른 인물들도 마치 줄로 조종당하는 꼭두각시처럼, 알지도 못한 채로, 의지도 없이 행위하는 것 같습니다. 능동적인 (왕)이나 수동적인 (다른 배역들)이나 등장인물들은 장님처럼 비극의 대단원을 예방할 수 없는 듯 연기했습니다. 근본적으로 영원히 외로운 것처럼, 그들은 서로를 이해하지 못했습니다. 그리고 이런 외로운 사람들의 명백한 행위들 뒤에 어떤 신비한 태엽 장치가 있습니다. 자, 비고츠키의 말을 직접 들어보겠습니다.

각각의 비극에서, 격렬하게 소용돌이치는 인간의 열정, 쇠약, 사랑과 증오 너머에서, 열정적인 노력과 오해의 광경 뒤에서, 우리는 고대적인, 친숙한, 그리고 사랑스러운 것에 관하여 이야기하는 저 멀

리서 울리는 신비한 교향곡의 메아리를 듣습니다.

(Vygotsky 1986, p. 487)

결론 부분에서 비고츠키는 『햄릿』의 수수께끼를 풀지 못했고 그것은 그가 하고자 한 것이 아니라고 밝히고 있습니다. 그가 이 논문에서 추구한 목표는 연극의 신비한 성격을 보존하면서 연극에 대한 가능하고 인정받을 만한 주관적인 해석으로 독자의 주의를 인도하는 것이었습니다. 비고츠키의 해석은 자신이 규정했던 규칙을 따랐습니다. 즉, 그의 해석은 독창적이고, 일관성 있고, 전반적인 인상을 보여주었을 뿐, 셰익스피어의 다른 작품을 읽은 것에 근거한 어떤 주장도 하지 않았습니다. 비록 그것이 독특한 분석이기는 하지만, 그것은 그 시대의 특징이기도 했습니다. 야로솁스키(Yaroshevsky 1987)와 다른 사람들이 지적했듯이, 신비주의적이고 종교적인 사상가들과 소설가들은 20세기 초 러시아에 아주 많았습니다. 삶은 부조리한 것이고, 사람은 정말로 서로를 알 수 없고, 모든 이는 결국 혼자일 뿐이고, 알 수 없는 무엇인가가 있을 것이라는 등의 관념은 아주 흔한 것이었습니다. 많은 지성인이 강신설의 회합에 참석했습니다. 거기서는 탁자 위에서 춤을 추며 다른 차원 세계로부터의 전갈부터 재능 있는 영매의 전언까지 별별 이야기를 나누었습니다. 다른 사람들〔예를 들면, 로자노프(V. V. Rozanov), 베르댜예프(N. A. Berdyaev)〕는 그들 자신이 만든 종교적·철학적 관점을 발전시켰습니다. 또한 동시에

최면 상태가 불러일으킬 수 있는 기이한 현상들에 열광적인 관심들이 있었습니다(Valsiner and Van der Veer 2000 비교). 인지학자인 스타이너(Rudolf Steiner)와 동종 요법을 사용하는 하네만(Samuel Hahnemann) 같은 모호한 사색가들도 어느 정도 인기를 끌었습니다. 종합해보면, 그 시기는 지성인들이 공개적으로 영적이고 초자연적인 일에 관심을 표명하던 때였습니다. 이런 시대적 배경에 비추어보면 젊은 비고츠키의『햄릿』해석은 두드러진 게 아니라, 세세한 부분에서 독특하기는 했지만, 그저 전형적인 시대정신을 보여주는 것일 뿐이었습니다. 당연하게도 이후 수십 년 동안 마르크스주의가 아닌 어떤 철학적 관점이나 종교적 입장을 표현하는 것이 점차 어려워졌고 탁자 위에서 춤추던 추억은 시간이 흐르면서 사라져버렸습니다.

예술심리학

우리는 이제 1916년에 쓰여진 석사학위 논문에서 1925년에 제출된 박사학위 논문으로 이어진 중요한 진척을 따라가고자 합니다. 1부 1장과 연결되어 있는 이 시기에 비고츠키는 고멜에서 문화적 행사들을 조직하는 자로, 문학 비평가로, 교사로 일하며 시간을 보냈습니다. 1924년 모스크바로 다시 돌아간 후에, 비고츠키는 이제 그의 시간을 우선적으로 심리학에 집중했습니다. 1924~1925년 시기에 있었던 그의 발표, 논문, 책의 내용은 오직 일반심리학과 임상심리학에 초점이 맞추어져 있었습니다. 그렇지만 1925년 비고츠키는 결핵이 심하게 발병하여 치료를 받아야 했고 몇 달간 병원 침상에 누워 있어야만 했습니다. 그는 이 기회를 이전 십 년 동안 쌓은 지식과 길렀던 통찰력을 사용하여 박사 학위 논문을 쓰는 데 활용했습니다. 그 결과가 『예술심리학(The Psychology of Art 1925)』이었습니다. 그의 건강 상태 때문에 공개적인 심사가 진행되지 못했고, 출판업자와 계약까지 했지만 비고츠키가 살아 있는 동안에 출판되지 못했습니다(Van der Veer and Valsiner 1991). 『예술심리학』을 읽는 동안 우리는 10월 혁명 이후 비고츠키의 생각에 엄청난 변화가 있었다는 것을 쉽게 확인할 수 있습니다(Ivanov 1986 비교).

박사 학위 논문의 바로 첫 부분에서 비고츠키는, 우리가 석사 학위 논문을 특징지었던 주관주의를 예술심리학에서는 회피해야만 한다고 단정하고 있습니다. 예술 작품이 궁극적으로 불가사의한 것임과 심미적 감식은 보는 사람의 눈으로 이루어진다는 것을 이제 더 이상 강조하지 않고, 비고츠키는 이제 예술적 창작은 어떤 심미적 반응을 불러일으키기 위해 주의 깊게 조직된 자극들의 체계라고 주장했습니다. 그래서 예술 작품이 불러일으키는 심미적 효과들을 이해하기 위해, 우리는 무엇보다도 먼저 예술 기법, 수용하는 자에게 감정적 갈등과 긴장 그리고 최종적으로 카타르시스를 창조하는 형식과 내용의 미묘한 상호 작용(interplay)을 이해해야만 합니다. 이런 관점을 정교하게 다듬기 전에, 비고츠키는 먼저 그가 부적절하다고 판단한 여러 이론들을 다루었습니다. 그는 포테브냐(1989), 자신의 이전 선생인 시페트(1989), 최종적으로는 빌헬름 폰 훔볼트에게서 영향을 받은 관점을, 즉 내용 혹은 자료가 예술에서 우월적으로 중요하다는 관점을 거부했습니다. 마찬가지로 시클롭스키(Viktor shklovsky), 예이헨바움(Boris Eikhenbaum), 야콥슨(Roman Yakobson), 티냐노프(Yury Tynyanov) 등의 러시아 형식주의 학파의 설립자들이 진전시킨 관점도, 즉 우월한 스타일 혹은 형식이 심미적 반응을 낳는다는 관점도 비판했습니다. 예술은 기법 혹은 방법, 시적 언어의 특별한 형식이라는 시클롭스키의 관점에 동의했지만, 비고츠키는 그럼에도 불구하고 예술에는 형식 이상의 것이 있다고 주장했습니다. 그의 견해에 따르면, 예술적 효과를 창조하는 것은 정확하게 표현하면 형식과 내용이 인위적으로 창조한 갈등이었습니다(Vygotsky 1986; 1987).

이런 관점을 논증하기 위해 비고츠키는 세 가지 형태의 예술, 즉 우화, 단편 소설, 비극을 분석했습니다. 비고츠키에 따르면, 이들 각각의 장르는 자신의 관점에 대한 믿음을 분명히 해주었습니다. 비고츠키는 크릴로프(Ivan Krylov)의 우화를 분석했는데, 우화의 특징은 우화가 모순적인 감정을 불러일으킨다는 것입니다. 이 모순적인 감정은, 비고츠키가 전기 방전(short circuit)과 비교했던 결말이나 급소를 찌르는 구절로 해소됩니다. 예를 들면, 크릴로프의 우화에서 양은 늑대의 비난에 대해 자신을 방어합니다. 양이 변론에 더 성공하면 할수록, 독자는 다가오고 있는 양의 임박한 죽음을 더 잘 느끼게 됩니다. 그리고 결국에는 (양의 성공적인 논증으로 형성된) 점점 커져가는 희망과 위험의 분위기가 창출했던 긴장감이, "너는 유죄이다, 왜냐하면 내가 배가 고프기 때문이다."라는 늑대의 판결로 해소됩니다.

비고츠키에 따르면, 유사한 일이 단편 소설에서도 발생합니다. 자기주장의 핵심을 입증하기 위해 비고츠키는 1933년 노벨 문학상을 수상한 러시아의 시인이자 소설가인 부닌(Ivan Bunin)이 쓴 단편 소설, 『가벼운 숨결(Gentle Breath)』을 분석했습니다. 이것은 고등학교 여학생에 관한 소설입니다. 그녀는 중년 지인에게 유혹을 받고, 후에는 그녀가 결혼하기를 거부하며 조롱했던 연인에게 살해당합니다. 이 극적인 사건들 와중에 그녀는 학급 친구에게 오래된 책에서 매력적인 소녀는 가벼운 숨결을 가지고 있어야만 한다는 구절을 읽었다고, 그래서 자신도 가벼운 숨결을 가져야겠다는 생각을 한다고 이야기했습니다. 이 소설의 특징은 이야기의 자료(혹은 내용 또는 구성), 즉 소녀가 유혹을 받고, 학급 친구에게 자신은 가벼운 숨결을 가져야겠다고 말하고, 다른 정분을 시작하고, 그녀의 연인을 조롱하고, 그 연인에게 살해당하는 흐름이 시간 순서대로 이야기되지 않는다는 것입니다. 즉, 자료는 특정 형태로 작가에 의해 재배열되었습니다. 부닌에 의한 이 재배열이 독자에게 특정한 심미적 효과를 제공하고자 하는 의도를 달성하는 데 결정적이었다고 비고츠키는 주장했습니다. 사건의 시간적 순서를 파괴함으로써, 부닌은 독자로 하여금 점증하는 긴장을 피할 수 있도록 하고, 이야기의 슬픈 내용과 날카롭게 대비되는 문체의 가벼움 혹은 부드러움[19]을 실현했습니다. 비고츠키에 따르면, "그리고 이제 이 가벼운 숨결은 다시 세상에서, 구름 덮인 하늘에서, 차가운 봄바람에서 사라져버렸습니다."라는 부닌의 마지막 문장은 형식과 내용의 모순을 해소해버렸습니다.

세 번째 예술 형식인 비극에 대한 분석에서 비고츠키는 자신이 애호하는 『햄릿』으로 돌아왔습니다. 그렇지만 이번에는 다른 세상에 대한, 종교적 성격에 대한 언급도 없고, 각각의 독자는 자신의 『햄릿』을 창조한다는 주장도 없습니다. 게다가 이제 셰익스피어 연극의 수수께끼와 같은 성격을 우리가 이해해야만 하는 의도적인 예술적 장치의 결과로 간주했습니다. 비고츠키에 따르면, 그것은 작가가 형식과 내용에 대해 미묘한 조치를 취함으로써 성취되었습니다. 한편으로 우리는 햄릿에 대한 단순한 이야기를 가지게 됩니다. 그는 왕을 죽임으로써 아버지의 복수를 해야만 합니다. 이것이 모든 독자가 벌어지리라 예상하는 사건들의 진솔한 구성입니다. 그렇지만 셰익스피어는 이 단순한 구성이 전개되는 것을 지연하는 흐름에서 벗어난 많은

---

[19] 비고츠키 생각의 이 단계를 특징짓는 것은, 그가 부닌의 이야기를 읽는 사람들의 호흡하는 패턴을 호흡 운동 기록기를 통해 기록했고 그들의 호흡은 밝거나 부드럽다고 주장했다는 것입니다. 그렇게 연대기적이 아닌 순서로 이야기를 풀어냄으로써 부닌은 문체의 가벼움과 그 이야기의 슬픈 내용이 대조되는 숨 쉬는 패턴을 창조했습니다. 우리는 여기서 비고츠키의 접근 방법에 엄청난 변화가 있었음을 목격할 수 있습니다. 더 이상 독자는 저자가 제공한 작업 방식에 근거하여 자신의 주관적 이야기를 창조하지 않고, 바로 작가가 특정한 기법을 통해 독자의 몸과 마음에 어떤 효과를 끌어냅니다.

사건들로 예정된 경로로부터 벗어납니다. 행위들의 경로는 지속적으로 두서없이 진행되고, 그런 구성을 통해 예상되는 경로를 비껴가고, 이를 통해 계속해서 사건들의 논리적 흐름과 실제적 흐름의 모순을 경험하는 독자에게 긴장감을 느끼게 합니다. 게다가 우화 혹은 단편 소설보다 비극에서 독자는 주인공과 자신을 더 잘 동일시하고 주인공의 눈과 심정으로 벌어지는 사건들을 보게 되는데, 이것이 다시 갈등을 창조합니다. 이에 대해 비고츠키는 다음과 같이 언급했습니다.

> 우화에서 우리는 똑같은 행위에 담겨진 두 의미를 발견했습니다. 단편 소설에서 우리는 이야기의 수준(주제)과 구성의 수준(자료)을 발견했습니다. 비극에서 우리는 또 다른 수준, 즉 주인공의 심리와 감정의 수준을 찾아냈습니다. 동일한 사건들에 대한 최종 분석에서, 세 가지 서로 다른 맥락에서 이 세 수준이 언급되기 때문에 그것들이 서로 모순되는 것은 당연합니다.
>
> (Vygotsky 1925/1971, pp. 192-193)

그래서 비고츠키는 우화와 단편 소설에서와 똑같이 『햄릿』 같은 비극이 창출한 심미적 효과들은 예술적 고안들의 결과라고 결론 내렸습니다. 독자들은 모순된 예상을 하도록 유도되고, 그것이 마지막 행에 이르러야만 해결됩니다. 이것이 신경 에너지의 방출, 흔히 카타르시스라고 하는 것으로 연결됩니다.

논문의 남은 장들에서 비고츠키는 다른 소설과 연극을 간결하게 다루면서 자신의 가설을 뒷받침하는 증거를 제시하고 사회적 삶에서 예술의 의미를 철학적으로 논했습니다. 이 장들에서 제대로 된 새로운 이론들을 제시하지는 못했지만 그럼에도 불구하고 비고츠키의 후기 저작에 근본적으로 중요한 것으로 제시될 몇몇 주제를 언급했다는 점에서 흥미를 끌고 있습니다. 이렇게 예술은 우리의 가장 친숙하고 개인적인 측면을 사회적 삶의 영역으로 이끄는 사회적 도구 혹은 기법이라고 주장했습니다. 비고츠키(1925/1971, p. 249)는 "사회적인 것은 개인적 경험과 곤경을 겪고 있는 바로 그 사람에게도 존재합니다."라고 언급했습니다. 그는 또한 '새로운 예술'은 새로운 소비에트형 인간을 창조하는 데 공헌할 것이라고 예견했습니다. 그는 사회적 혹은 문화적 도구라는 개념과 개인적 사고와 감정이 근본적으로 사회적인 것이라는 개념을 이후에 더욱 발전시키게 됩니다. 인간을 더 나아지게 하는 심리학(혹은 예술 또는 교육)의 역할에 대한 강조는 이후에 나오는 그의 책들의 최종 문장들에서도 일관되게 나타납니다.

젊은 비고츠키의 『햄릿』에 대한 분석과 그의 예술에 대한 박사 학위 논문을 비교하면서 우리는 커다란 변화가 있음을 알았습니다. 예술의 수수께끼와 같은 특성, 이후 벌어질 일에 대한 암시, 독자의 주관적 예술 창조 등에 대한 강조는 사라져버렸습니다. 그 자리에 감정을 잘 드러내지 않는 사상가들(예를 들면, 베흐테레프(Bekhterev), 다윈, 파블로프, 셰링턴(Sherrington)), (플레하노프와 트로츠키에 의해 영감을 받은) 새로운 인간을 창조하는 예술의 역할에 대한 숙고, 그리고 무엇보다도 예술 작품의 형식적 속성에 대한 분석과, 독자와 관객에게 어떤 감정을 자아내기 위해 예술 작품을 사용한다는 관념이 들어섰습니다. 의심할 바 없이 그때쯤에 이미 '이전의 비고츠키'는 사회적 사건들의 격랑과 함께 사라져버렸습니다. 1925년 무렵 지배적인 관점은, 심리학은 객관적이고 유물론적이어야만 한다는 것이었습니다. 반사와 뇌에 대한 이야기는 이전에 유행했던 영과 유령에 대한 난잡한 이야기를 쓸어버렸습니다. 여전히 종교적 가치, 영적인 것 등을 믿고 있는 사람들은 감옥으로 가거나 추방되거나 침묵을 강요당했습니다. 이제는 새로운 소비에트 국가를 건설해야 할 시대, 사회공학과 기술공학에 의한 사회적 진보가 이루어진다는 믿음이 넘치는 시대, 사회적 불평등과 불공정을 일소하는 시대, 새로운 인간을 심지어 초인을 창조해야 할 시대가 찾아왔습니다. 인민의 진보를 칭송하는 노래를 부르는 열정적인 사회주의 신봉자들의 거대한 합창에 비고츠키는 그만의 독특한 소리를 더했습니다.

교육심리학

교사와 학교는 사회적 불평등과 불공정을 일소할 수도 없고 일소하지도 못했지만, 그들은 어린이의 세계관과 인격을 창조하는 역할을 할 수 있습니다. 이런 연유로 전체주의 국가나 민주주의 국가에서도 공교육을 통제하는 데 초미의 관심을 가지고 거대한 사회 격변 후에 교육 제도를 개혁할 필요에 눈을 돌립니다. 소비에트 연방공화국도 이러한 면에서 예외가 아니었습니다. 이제 러시아 제국의 학교들은 부르주아의 가치와 종교적 관념을 확산시켰다는 점에서 해롭고 진부한 것이었습니다. 교사들은 교육 제도의 전 영역에서 해고되었고 새로운 교육 과정이 계발되었습니다. 자연스럽게 정규 학교나 사범대가 새로운 교육 체계로의 이행에서 결정적인 역할을 했습니다. 결국, 거기서 새로운 교사들이 키워졌습니다. 이러한 대학 중 하나가 고멜에 있었고 고멜 사범대학에 근무하던 교사 중 한 명이 레프 비고츠키였습니다. 바로 그 대학에서 비고츠키는 그가 설립한 실험실에서 자신의 첫 심리적 연구를 수행했고 바로 거기서 그는 제자들을 위한 심리학 교재를 썼습니다. 그 교재가 모스크바 대학으로 옮긴 후인 1926년에 『교육심리학: 단기 과정(Educational Psychology: A Brief Course)』이라는 제목으로 출판되었습니다. 이 책은 그가 살아 있는 동안에 출판된 자신이 서명한 극소수의 책 중에 하나가 되었습니다.

　『교육심리학』(Vygotsky 1926)은 10월 혁명 이후 러시아 심리학이 겪었던 엄청난 변화를 증명하고 있습니다. 그 내용 배열 자체는 일반적인 주제인, 기억, 지각, 생각, 감정 따위를 다루었다는 점에서 이제는 심리학 개론서의 전형이 되었습니다. 그 당시에는 호전적인 구절로 서술하면서 모든 인간의 행동과 사회적 진보의 개념이 물질적 토대에 근거해야 한다는 단호한 강조를 섞어내면서 글을 전개하는 방식은 새로운 것이었습니다. 비고츠키는 인간은 신경 조직, 내분비샘, 근육 따위의 물질적 재료로 만들어졌다는 것을 강조했습니다. 이런 물질적 재료는 유전에 의해 결정되는 방식으로 작동하지만, 그것들이 이전에 확립된 목적에 따라 기능하도록 주조하는 데 사회적 환경은 매우 강력하게 영향을 미친다고 보았습니다. 비고츠키는 특히 다윈, 파블로프, 마르크스의 관점을 결합하는 것이 가능하다고 확신했습니다.

비고츠키는 어떤 방식으로 이 중요한 사상가들의 개념들을 인간에 대한 일관된 그림에 녹여냈을까요? 먼저 비고츠키는 인간이 긴 진화의 산물이고 다른 영장류와 공통점이 아주 많다는 다윈의 개념을 분명히 보여주었습니다. 둘째, 비고츠키는 인간은 소위 조건 반사를 낳는 환경적 자극과 짝을 이룰 수 있는 태생적인 반사들의 집합을 지니고 태어난다는 파블로프의 개념을 명확히 했습니다.[20] 즉, 마치 (맛있는 음식을 보거나 맛보기보다는) 종소리를 듣거나 특정한 낱말을 듣고 침을 분비하도록 훈련된 개처럼, 인간은 엄마를 보거나 엄마의 이름을 들으면 미소를 짓도록 교육받을 수 있습니다. 반응을 유도하는 최초의 자극은, 최초의 자극을 대신하는 임의적인 새로운 자극을

---

[20] 파블로프가 늘 반사를 이야기했지만, 비고츠키는 『교육심리학』에서 '반사(reflexe)'와 '반응(reaction)'을 사용했습니다. 이후에 그는 전적으로 '반응'을 애용합니다. 그의 관점에서 중요한 것은 '반사'라는 용어는 순수하게 생리적 과정에만 사용되는 반면, '반응'이라는 용어는 반응의 생리적 측면과 정신적 측면을 나타낸다는 것입니다. 연구소 소장인 코르닐로프는 '반응'이라는 용어를 열성적으로 선호했습니다(Van der Veer 2007).

동물에게 충분한 횟수만큼 제시했을 때, 새로운 자극으로 대체될 수 있습니다. 파블로프의 가르침으로 유명해진 이 '고전적 조건화' 과정을 비고츠키는 철저하게 수용했습니다. 사실, 비고츠키의 경력 중에서 이 시기에 비고츠키는 파블로프의 이론이 우월적 중요성을 지닌다고 주장했습니다. 그의 관점에 따르면, 파블로프는 신중하게 만들어진 환경에서 동물들이 (그리고 당연히 인간도 마찬가지로) 새로운 환경적 자극과 그들의 태생적인 반사들을 결합함으로써, 모든 종류의 새로운 것들을 교육받을 수 있다는 것을 보여주었습니다. 비고츠키에 따르면, 이런 식으로 파블로프는 생물학과 사회학의 깊은 심연 위에 다리를 놓았습니다. 이것이 교육에 주는 중요성은 대체로 학교와 세상이 파블로프의 실험실과 실제로 비슷하다는 것입니다. 즉 교사는 어린이가 행하는 반응의 최초 목록을 근본적으로 변화시킬 수 있는 환경을 만들 수 있습니다. 그런데 도대체 어떤 종류의 환경이 그런 것일까요? 바로 이것이 비고츠키가 활용한 세 번째 중요한 사상가인 마르크스로 우리를 인도합니다. 그의 작업에서 마르크스와의 관련성은 전형적인 방식으로는, 제정 러시아 제국의 교육 체계가 지닌 계급적 특성, 그것의 부르주아적 도덕과 가치를 논하는 방식으로 나타났습니다. 그러나 좀 더 미묘한 방식으로는 인간 정신과 동물 정신의 근본적인 차이점을 논하는 방식으로 진행되었습니다. 동물에게는 상황이 아주 간단합니다. 동물의 행동 목록은 태생적인 행동들에 개별 동물들이 살아가면서 배운 새로운 행동들을 더해 만들어질 수밖에 없습니다. 비고츠키는 이러한 새로운 행동들을 조건 반사로 간주했습니다. 그렇기 때문에 우리는 동물의 정신을 간단한 등식으로 표현할 수 있습니다. 정신은 태생적인 반사들에 조건 반사들을 더한 것입니다. 여기서 조건 반사들은 본질적으로 태생적인 반사들을 환경적 자극들에 연결한 결과입니다.[21] 이에 반해 인간에게는 상황이 비교할 수 없을 정도로 복잡합니다. 어쨌든 인간은 단순하게 그들 자신의 태생적인 장치와 그들의 개인적 경험에만 의존하지 않습니다. 태생적인 반응들과 조건적인 반응들에 더해 인간들은 역사적 경험, 사회적 경험, 그리고 이중의 경험(doubled experience)도 지니고 있습니다. 비고츠키는 '역사적 경험'이라는 용어로 인간이 그들의 과거로부터 집단적으로 모아놓은 경험들로부터 이득을 얻을 수 있다는 사실을 언급했습니다. 동물과는 완연히 다르게 우리는 역사로부터 배울 수 있습니다. 비고츠키는 '사회적 경험'이라는 용어로, 우리가 개인적인 경험이 아니라 다른 사람들의 경험에 의존하여 많은 사실들을 알게 된다는 사실을 지적했습니다. 비고츠키가 제시한 사례는, 우리가 직접 사하라 사막에 가보지 않고도 사하라 사막에 대해 알 수 있다는

---

[21] 혹은, AM = IR + CR입니다. 여기서 AM은 동물의 정신(Animal Mind)이고, IR은 태생적인 반사(Innate Reflex)이고, CR은 조건 반사입니다. CR은 IR과 IP의 산물입니다. 여기서 CR은 조건 반사(Conditional Reflex)이고, IR은 태생적인 반사이고, IP는 개인적 경험(Individual Experience)입니다. 그러므로 동물의 정신에 대한 비고츠키의 공식은 AM = IR + (IR × IP)입니다.

것이었습니다. 이처럼 '역사적 경험'과 '사회적 경험'이라는 용어는 시간과 공간의 차원을 언급한다고 보아야 할 것 같습니다. 역사적 경험을 통해 우리는 시간을 넘어서서 과거로부터 배울 수 있습니다. 사회적 경험을 통해 우리는 공간을 넘어서서 다른 곳에서 쌓인 경험을 배울 수 있습니다. 마지막으로 비고츠키가 만든 것이 '이중의 경험' 혹은 의식입니다. 바로 여기서 비고츠키는 마르크스를 언급했습니다. 마르크스는 동물과 인간의 차이는 동물과 달리 인간은 미리 확립한 계획을 실현한다고 주장했습니다.[22] 최종 산물이 처음에는 정신적 이미지 혹은 정신의 의도로 존재합니다. 이것에 빗대어 비고츠키는 경험의 '이중'을 이야기했습니다. 종합적으로, 비고츠키는 인간의 정신은 태생적인 반응에 조건 반사, 역사적 경험, 사회적 경험, 이중의 경험을 더해 이루어졌다고 결론 내렸습니다.[23] 동물과 인간을 구분하려는 최초의 다소 조악한 시도를 통해 우리가 알 수 있는 것은 비고츠키가 인간을 생물사회적 존재(biosocial beings)로 규정하려 했다는 것입니다. 동물과 마찬가지로 우리는 살, 뼈, 신경 조직, 내분비샘 따위로 구성되어 있지만, 거기에 더해 우리의 역사와 문화에 의해 형성

---

[22] 『자본론』 서문에 나오는 유명한 '거미와 건축가'의 비유를 참고하면 마르크스의 주장을 이해하기 쉽습니다.(옮긴이 주)

[23] 혹은 HM = IR + CR + HE + SE + DE입니다. HM은 인간의 정신(Human Mind)이고, HE는 역사적 경험(Historical Experience)이고, SE는 사회적 경험(Social Experience)이고, DE는 이중의 경험(Doubled Experience)입니다.

된 사회적 환경과 물리적 환경 속에서 의식적으로 살아갑니다. 이후에도 비고츠키는 계속 반복해서 동물과 인간의 차이라는 문제로 돌아가곤 했습니다. 비고츠키는 결국에는 자신의 고등정신기능의 문화역사적 이론에서 결정적인 해결책이라 판단한 것에 도달했습니다.

미래에 교사가 되고자 하는 이들을 위한 책을 쓰면서 비고츠키는 필연적으로 배움의 본질과 다른 교육철학에 대해 논하지 않을 수 없었습니다. 첫 번째로 언급한 것은 일반적인 학교를 폐지하는 것에 반대한다는 것이었습니다.[24] 이것은 현실과 약간 관련이 있습니다. 10월 혁명 후에, 학교가 과거 러시아 제국의 해로운 잔재이기 때문에 모든 학교를 폐지해야 한다는 주장을 옹호하고 삶이 최고의 교사라고 주장하는 소비에트 전문가들이 있었습니다. 이것은 비고츠키의 관점과 명백하게 궤를 달리합니다. 비고츠키의 관점은 삶이 어린이에게 많은 해로운 것들을 가르칠 수도 있기 때문에 어린이는 학교에서 도덕적, 심미적, 지적 안내를 받을 필요가 있다는 것입니다. 학교는 긍정적인 방향으로 어린이의 발달에 영향을 미칠 수 있고, '생물학적 형태의 인간'에서 '사회적 형태의 인간'을 창조할 수 있습니다(Vygotsky 1930/1997, p. 58). 어떤 상황에서도 어린이는 발달하고 배웁니다. 그 과정에서 교사의 역할은 필연적으로 다소 신중해야만 합니다. 즉 (파블로프의

---

[24] 여기서 명백히 해야 할 것이 있습니다. 비고츠키는 20세기 전환기에 유행하던 진보 교육과 결을 달리하고 있다는 것입니다. 대안 교육이 아닌 공교육에서 개선책을 찾고자 했습니다.(옮긴이 주)

실험실과 마찬가지로) 교사는 어린이가 자신의 학습 과정을 촉진할 수 있는 환경을 창조해야만 합니다. 그런 환경에서 어린이는 어느 정도 근본적인 의미에서 능동적으로 스스로를 교육합니다. 비고츠키의 주장에 따르면, 우리가 식물의 줄기나 잎을 당겨서 식물의 성장을 자극할 수 없는 것처럼, 우리는 어린이들에게 강요하여 어떤 것을 배우게 할 수 없습니다. 어린이들은 교사가 활용할 수 있도록 만들어주거나 전해준 혹은 교사의 제안으로 획득한 정보를 능동적으로 처리함으로써 배우게 됩니다. 이런 맥락에서 비고츠키는 돌턴 학교(Dalton school)의 착상을 우호적으로 언급했습니다.[25] 새롭게 획득한 지식을 작업의 맥락에 적용하는 것이 지식을 심층적으로 이해하도록 보장하는 한 방법입니다. 이런 연결선상에서 비고츠키는 다양한 형태의 노동 학교를 논했고 그가 '폴리테크닉 학교(polytechnic school)'라고 명명했던 것의 개요를 그렸습니다. 그런 학교는 고도로 발전된 공장이나 농장에서의 생산적인 노동과 통합되어 있었습니다. 어린이들은 전체 생산 과정의 모든 측면을 안내받게 되고, 배운 교과를 통해 그들은 그 과정을 이해하고 새로운 발견이나 발명을 통해 그 과정을 혁신할 수 있게 됩니다. 그 학교는 과학적 교육의 이상을 즉각적인 실천적 적용으로 구현합니다. 그러나 비고츠키는 그런 학교들은 아직 구

---

[25] 위키 백과사전에 따르면, 돌턴 학교는 최초에는 어린이 대학 학교라고 호칭되었고, 대학 예비학교였습니다. 미국 뉴욕에 있습니다.(옮긴이 주)

현되지 않았고, 현존하는 학교들은 폴리테크닉 학교의 이상을 왜곡한 것이라는 블론스키(Blonsky 1919/1979)의 주장에 동의했습니다.[26]

우리가 본 것처럼 비고츠키는 사회의 이상적 전망과, 교사에 의한 지도와 학생의 능동적 참여를 강조하는 교육적 관점을 결합했습니다. 학생들은 근본적으로 스스로를 교육하고, 먼 미래에 학교는 결국 '새로운 소비에트 인간'을 창조하기 위해 사회와 융합할 것입니다. 저는 이 시기에 비고츠키의 교육철학이 철저하게 일관성이 있었거나 분명했는지 확신할 수 없습니다. 인간은 자신의 경험에만 의존하지 않는다는 일반적인 주장과 우리는 자신의 경험으로만 배운다는 그의 교육적 주장에는 약간의 긴장이 있는 듯합니다. 당연하게도 사람들은 비고츠키처럼 학생의 환경을 촉진하거나 조직하는 온건한 수준의 교사 역할을 옹호할 수도 있습니다. 또 어떤 사람들은, 마치 비고츠키가 한 것 같아 보이듯이, 만약에 어린이가 능동적인 습득 과정을 통해 지식을 습득한다면, 지식이 이해되고 잘 보유될 것이라고 강조

---

[26] 흥미롭게도 이 시기에 제임스(1920) 같은 이들과 달리 비고츠키는 개별 학생들을 검사하고 성적 매기는 것을 무시했습니다.* 그는 검사 상황은 필연적으로 다소 작위적일 수밖에 없고, 일반 지능 혹은 재능이라는 관념은 허구일 뿐이라고 주장했습니다(Vygotsky 1930/1997, p.237 비교).

(* 비고츠키가 어떤 이야기를 했는지 궁금해서, 찾아 읽어보았습니다. 핵심적으로 관련된 내용은 다음과 같습니다. "…… 성적을 매기는 것은 평가의 한 형식입니다. 이것은 학교 활동의 전체 과정과 너무 이질적이라 매우 빨리 교수학습의 자연적 관심을 지배하게 되고, 학생은 나쁜 점수를 받지 않으려고 혹은 좋은 점수를 받으려고 학습을 하기 시작합니다. 비슷한 이야기지만, 성적을 매기는 것은 칭찬과 무시의 모든 부정적인 측면을 모아놓은 것입니다. …… ")

할 수도 있습니다. 그러나 우리가 능동적인 지식의 습득이라고 의미했던 것을 강조하는 것은 매우 중요합니다. 비고츠키 본인도 인간과 동물을 구분하는 특징 중 하나가 인간은 사회적 경험과 역사적 경험을 물려받았다는 것임을 강조했습니다. 즉, 인간은 사하라 사막이 매우 건조한 지역임을, 그리고 이전에는 사막이 아니었다는 것을 직접 발견할 필요가 없습니다.[27] 이러한 지식은 교사나 책을 통해 얻을 수 있습니다. 비고츠키가 이야기하고자 하는 것은 이것은 새로운 지식을 획득하는 여러 방식 중의 하나라는 것입니다. 그렇지만 저에게 명료하지 않은 것이 있습니다. 첫째, '능동적'과 '수동적'이라는 용어들을 어떤 활동들과 등가로 놓는 것은 위험하다는 것입니다. 학생들은 강의를 듣거나 혹은 책을 읽으면서도 지적으로 매우 능동적일 수도 있습니다. 둘째, 사회적 지식과 역사적 지식을 능동적으로 습득한다는 것이 무엇을 필요로 하는지가 완벽하게 명료하지 않습니다.[28] 셋째, 학교에서 교사 역할의 중요성과 어린이 활동에 자유를 제공하는 것의 중요성에 대한 비고츠키의 일반적 주장들이 교수학습을 실천하는 데 어떻게 연결되는지 비고츠키는 자세하게 설명하지 않았습니다.

---

[27] 사회적 구성주의와 개인적 구성주의의 차이를 음미할 수 있는 대목입니다. 사회적 구성주의는 개인적 구성주의와 달리 이렇게 개개인이 스스로 모든 것을 발견하자고 주장하지 않습니다. 7차 교육 과정에서 특히나 초등 수학 교과 교육 과정에서 강조하는 발견 학습은 정말 구닥다리 개인적 구성주의의 낡은 잔재입니다.(옮긴이 주)

『교육심리학』은 비고츠키의 생각이 발전하는 과정에서 중요한 단계를 보여줍니다. 이것은 비고츠키가 파블로프의 발견에 강하게 영향을 받았고 미국의 행동주의 심리학자인 래슐리(Karl Lashley)와 왓슨(John Watson)의 저작을 긍정적으로 참고하던 시기에 쓰였습니다. 뮌스터베르크(Hugo Münsterberg, 1920, pp124~125)는 다음과 같이 주장했습니다. "우리의 반응들이 발달하는 것이 우리네 개인사입니다. …… 만약에 우리가 근대 심리학이 교사에게 제공할 수 있는 가장 중요한 진리에 대한 표현을 찾고자 한다면, 그것은 단순하게 보면 이렇습니다. 즉, 학생은 반응 장치(reaction apparatus)입니다." 이 반응 장치라는 표현은 당시에는 비고츠키 책에 격언으로도 사용되었습니다. 이러한 연구자들의 연구 방법은 유물론적 전제에 합당한 엄격한 실험적 방법의 사례를 제공한 듯했습니다. 동시에 비고츠키는 행동주의적 완고함에 절대적 적대감을 드러내는 주제들을 제기했습니다. 비고츠키는 동물과 인간은 근본적인 차이가 있어서 많은 행동주의적 연구의 가치를 엄격하게 제한해야 한다고 주장했고 의식을 쟁점으로 제기했으며, 새로운 인간을 창조하는 데 있어 사회가 행할

----

28 사람들은 당연하게도 어린이들이 책에서 혹은 인터넷에서 필요한 정보를 능동적으로 찾도록 격려할 수 있습니다. 그러나 이것이 비록 재미있기는 하지만 그리고 그렇게 찾은 정보를 비록 잘 보유하겠지만, 새로운 지식을 얻는 가장 빠른 방법도 분명 아니고, 정보의 질을 보장할 수도 없습니다. 여전히 특정 주제에 대해 일관되게 강의하는 것이 비고츠키가 명명했던 사회적 경험과 역사적 경험을 전수하는 필수적인 수단인 듯합니다.

역할을 강조했습니다. 곧 비고츠키는 파블로프, 베흐테레프, 왓슨의 저작과 거리를 두었으며, 인간 연구에 대한 그들 저작의 가치를 매우 낮게 취급했습니다. 그러나 『교육심리학』에서 언급된 다른 주제들은 그의 이후 저작에 계속해서 나타나곤 했습니다. 비고츠키는 반복해서 동물과 인간의 차이라는 쟁점으로 돌아가곤 했습니다. 반복해서 그는 인간 의식의 중요성을 강조하곤 했습니다. 그러나 그가 이러한 쟁점들을 다루는 방식은 근본적으로 변했습니다. 그의 작업에서 점차 이상향을 연상시키는 면은 사라졌습니다.

2.

문화역사적 이론의 태동

맹아 어린이와 농아 어린이

잘 알려지지 않은 이야기이지만, 학문적 경력을 쌓는 동안 비고츠키는 임상심리학자로 연구했고, 그의 이론 작업은 농아 어린이, 맹아 어린이, 정신적 장애 어린이들이 경험한 문제들을 해결하려는 그의 생각에서 촉발되었습니다. 잘 알려지지 않았음에도 불구하고 그가 모스크바 심리학연구소에서 일을 시작하던 초기부터 이 어린이들을 진단하고 치료하는 일은 그의 실천적 활동과 이론적 활동의 일부가 되었습니다. 이 어린이들과 작업하는 과정에서 비고츠키는 후에 그의 문화역사적 이론이라는 중요한 개념들의 하나가 된 문화적 도구라는 발상을 하게 되었습니다.

맹아 어린이들의 사례를 예로 들어보겠습니다. 이 어린이들을 우리 문화에 참여시켜 지적으로 발달시키기 위해서는 이 어린이들에게 읽기를 가르쳐야만 합니다. 명백하게 그들은 일상적인 의미에서 읽을 수 없습니다. 즉, 시각적으로 자료가 제시되었을 때 그들은 관습적인 기호를 낱말과 의미로 전환할 수 없습니다. 당연하게도 이 기호들을 시각적으로 제시할 필요는 없습니다. 우리는 맹아의 온전한 촉각을 활용하여 그들에게 시각적 기호 대신 점자용 문자를 가르칠 수 있습니다. 어떤 의미에서 맹아 어린이에게는 불행하게도, 우리 문화는 정보를 전달하기 위해 시각적 기호를 사용하는 것을 선호합니다. 그러나 점자용 문자가 증명하고 있듯이, 시각적 기호를 사용하는 식으로만 정보를 전달해야 할 필요는 논리적으로 존재하지 않습니다. 실제 벌어지는 일은 우리 문화가 어떤 것을 하는 방식이 그저 특정 어린이들에게 적합하지 않다는 것일 뿐입니다. 우리가 고립되어 있는 어린이를 살펴보면 우리는 어린이가 물리적으로 장애를 지니고 있다고 결론을 내릴 수도 있지만, 어린이의 문화 체제를 살펴보면 우리는 불일치가 있을 뿐이며 다른 문화적 관습을 적용하면 이 불일치를 제거할 수 있고 어린이가 별문제 없이 읽을 수 있다는 것을 확인할 수 있습니다. 달리 표현하면 수 세기 동안 문화는 대다수 사람에게 적합하고 많은 이점이 있지만 소수 집단에게는 문제가 있는 문화적 도구 혹은 관습을 발전시켜왔습니다.

농아 어린이에 대해서도 비슷한 일이 벌어진다고 말할 수 있습니다. 이 어린이들은 일상적인 대화에 참여할 수 없습니다. 왜냐하면 대화를 수행하는 관습적인 방식이 입말을 사용하는 것이기 때문입니다. 마찬가지로 (입말을 사용하는 방법이 많은 이점이 있기는 하지만) 입말만을 사용하여 대화해야 할 필요는 논리적으로 존재하지 않습니다. 왜냐하면 사람은 수화를 사용할 수도 있기 때문입니다. 그렇기 때문에 문제는 어린이가 아니라 어린이와 문화적 관습의 불일치에 있다고 주장할 수 있습니다. 우리가 이러한 것을 깨닫게 되면, 우리는 어린이에게 수화를 가르칠 수 있고 그 결과 어린이는 다른 사람에게 그의 말을 이해시키기 위해 대화를 진행하는 데 어떤 문제도 없게 됩니다. 이것은 극단적인 관점인 것처럼 보이기도 하지만 (명백하게도 맹아 어린이와 농아 어린이는 읽기와 말하기 영역에서 불일치 이상의 문제를 지니고 있습니다만), 비고츠키가 새롭게 제기한 본질적인 지점은 물리적/정신적으로 장애를 겪고 있는 어린이는 관습적인 문화적 방법 혹은 도구 때문에 어려움을 겪고 있기 때문에 다른 문화적 도구들을 고안하여 치료할 수 있다는 것입니다. 어떤 의미에서 물리적/정신적으로 장애를 겪고 있는 어린이들이 경험하는 어려움은 그들의 태생적 능력과 지배적인 문화가 불일치하여 발생한 결과입니다. 최근에 색스(Sacks 1989, p. 117)는 비슷한 관점을 옹호했습니다. 그는 "귀먹었다는 것은 고통이 아닙니다. 고통은 의사소통의 단절과 언어 때문에 시작됩니다."라고 주장했습니다.

비고츠키가 이 어린이들을 다루고 이 특정 지점을 강조한 이유 중 하나는, 그가 어린이들이 공통된 문화적 유산에 접근하는 것이 지닌 엄청난 가치를 알았기 때문입니다. 다른 사람과 의사소통할 수 없거나 글로 된 정보를 읽을 수 없는 어린이들은 근본적으로 정보를 전송하는 인간의 수단(입말과 글말)으로부터 격리될 수 있습니다. 그리고 이러한 상황은 그들의 지적 발달에 심각하게 불이익을 주게 됩니다. 비고츠키는 바로 여기서 맹아 어린이와 농아 어린이를 구별했습니다. 맹아 어린이의 경우에, 비고츠키는 극복하지 못할 문제들은 없다고 보았습니다. 즉, 점자를 읽을 수 있는 어린이는 모든 중요한 사실들에, 추상적 개념들에, 그리고 우리 문화의 이론들에 접근하게 되고 그렇기 때문에 그들의 지적 발달에 어떤 문제도 경험하지 않을 것입니다. 그렇지만 농아 어린이의 경우에, 비고츠키는 하나의 장애물을 보았습니다. 즉, 위에서 설명한 것처럼 우리가 농아 어린이에게 수화를 가르칠 수 있지만 수화가 입말의 많은 추상적 개념들을 결여하고 있다는 점에서 수화는 입말보다 열등합니다. 그래서 농아 어린이에게 수화를 가르치는 것은 어린이의 지적 발달을 방해할 수도 있습니다. 이런 까닭으로 비고츠키는 맹아 어린이에게 입말을 가르치는 것을 옹호했습니다.[29] 비고츠키가 농아 어린이에게 입말 지도를 선호한 또 다른 까닭은 오직 수화만 배우게 된다면 그들이 사회적으로 고립될 수 있다는 걱정 때문이었습니다. 사회적 고립과 (다른 문화적 수단의 도입을 통한) 문화적 보상이라는 이 주제는 당시에 물리적/정신적으로 장애를 겪고 있는 어린이에 관해 비고츠키가 했던 생각의

---

[29] 전문가들은 이제 일반적으로 다음과 같이 주장합니다. 기호 언어는 언어적 측면에서 보면 통상의 입말 언어처럼 풍부하고 복잡하고, (기호 언어는 풍부한 추상적 용어를 간직하고 있고,) 농아 어린이들이 적절한 지적 수준에 도달할 수 없다고 추정할 까닭이 없다고 주장합니다.

중심에 있었습니다. 그의 발상에 따르면, 만약에 사회가 필요한 조치를 취한다면 이 어린이들은 열등감이나 소외감을 느끼지 않게 됩니다. 이런 까닭으로 비고츠키는 가능한 한 물리적/정신적으로 장애를 겪고 있는 어린이를 주류화하는 것을 옹호하고 (심한 정신적 장애를 겪고 있는 어린이들과 같은 경우에는 필요하다는 것을 인정했지만) 특수 교육에 비판적이었습니다. 물론 우리는 이 주제에 관한 비고츠키의 생각에서 약간의 긴장을 발견할 수도 있습니다. 한편으로 청각 장애인 공동체에서의 경험은 고립감과 열등감이 그런 집단에서 실제로 매우 감소하거나 완벽하게 사라졌다는 것을 입증하는 듯합니다. 이런 사실은 고립감과 열등감은 사회에서 기원하고 물리적/정신적으로 장애를 겪고 있는 어린이들이 함께 모여 사는 것이 이익일 수 있다는 비고츠키의 단정을 실증합니다. 다른 한편으로 비고츠키도 받아들였듯이 정확하게 소수자들이 함께 모여 사는 것이 불이익과 차별적인 딱지를 공고하게 하는 경향이 있습니다. 다른 말로 표현하면 비고츠키의 생각에서 우리는 소수자 집단을 위한 주류화 교육 혹은 특수 교육에 관해 어떤 결정을 내릴 때면 여전히 매우 자주 드러나는 긴장을 목격하게 됩니다.

원시적 어린이와 정신 박약 어린이

비고츠키는 물리적 장애와 정신적 장애를 지닌 어린이들과 작업하면서, 그의 이론적 생각에 영감을 준 다른 집단과도 마주했습니다. 그들은 정신적으로 제 기능을 못하는(mentally impaired) 어린이들이었습니다. 이 어린이들은 다른 검사에 근거하여 정신적으로 제 기능을 하지 못하는 것으로 분류되었습니다. 그렇지만 좀 더 세밀하게 조사해보면, 정신적으로 제 기능을 하지 못하는 어린이들의 집단은 실제로는 두 하위 집단으로 구성되어 있습니다. 즉, 소위 '원시적' 어린이들의 집단과 선천적으로 정신 박약 어린이들 집단으로 구성되어 있습니다. 이 구분은 페트로바(Petrova 1925)에서 시작되었습니다. 페트로바는 어린이들에게 삼단 논법을 제시했고, 그들에게 대상들의 집단을 위한 총칭 용어(generic term)를 찾아보라고 요청했고, 개념을 정의해보도록 하는 등등을 요청했습니다. 어떤 어린이들은 가설적 전제에 근거하여 주장하는 것을 거부했습니다. 즉, 그들은 자신의 경험으로부터 알 수 없었던 상황을 기술한 전제로부터 결론을 도출하는 것을 거부했습니다. 또한 대상을 분류하거나 정의하도록 요청받았을 때, 그 어린이들은 추상적 속성을 포착하기보다는 구체적 속성 혹은 기능적 사용에 집중하는 경향이 있었습니다. 예를 들면, 만약에 고양이, 쥐, 말, 울새의 그림을 제시하고 함께 묶을 수 있는 세 동물을 골라보라고 요청하면, 그들은 변함없이 고양이는 쥐와 울새를 잡을 수 있기 때문에 고양이, 쥐, 울새가 함께 묶인다고 대답했습니다. 고양이, 쥐, 말을 (이것들은 조류가 아니라 포유동물이기 때문에) 함께 묶을 수 있다는 생각은 그들이 이해할 수 없는 것이었습니다.

페트로바는 추상적 속성에 따라 대상을 분류하거나 정의하지 못하는 무능력이 필연적으로 낮은 정도의 재능 혹은 정신 박약으로 인식되는 것은 아니라고 주장했습니다. 어린이들의 대답에 대한 분석에 근거하여 그녀는 일부 어린이들은 대단히 지적이지만 어느 정도의 훈련 혹은 교육이 부재했다고 결론 내렸습니다. 그녀는 이런 어린이들을 원시적(primitive)이라고 명명했습니다. 이 표현은 민속학자인 레비브륄(Lévy-Bruhl 1922/1976)과 투른발트(Thurnwald 1922)가 서구적이지 않은 생각 형태를 기술하기 위하여 사용한 용어입니다. 어린이들은 적절한 형태의 교육을 받으면 그들의 한계를 극복하게 됩니다. 원시적 어린이들은 정신 박약 어린이들과 구분되어야만 합니다. 정신 박약 어린이는 어떤 유기체적 결함의 결과로 어떤 종류의 교육을 받게 된다 할지라도 진전된 생각 양식을 습득할 수 없습니다.

비고츠키는 페트로바의 구분을 받아들였고 자신의 문화적 도구 개념으로 그것을 해석했습니다. 두 집단의 어린이들은 더 높은 수준의 추상적 생각을 하기 위해 요구되는 필요한 문화적 도구들을 습득하는 데 실패했는데 그 까닭은 달랐습니다. 원시적 어린이들의 예후(prognosis)는 좋았습니다. 왜냐하면 적절한 교육을 받으면 그들은 필요한 문화적 도구를 쉽게 익히고 정상적인 어린이들처럼 수행했기 때문입니다. 정신 박약 어린이들의 예후는 매우 나빴습니다. 왜냐하면 그들은 내재된 무능력 때문에 진전된 생각 양식을 습득하는 데 매우 어려워했기 때문입니다. 또 비고츠키는 이 상황을 불일치의 결과로 간주하고 싶어 했습니다. 대다수 사람은 생각을 위한 현존하는 문화적 도구들을 쉽게 사용할 수 있었지만 소수 집단에게는 그것을 사용하는 것이 문제로 귀결될 수도 있습니다. 글말로 읽고 쓸 수 있는 능력과 추상적 생각을 심하게 요구하지 않는 사회에서는 정신 박약 어린이들의 결함들이 훨씬 덜 보일 것입니다.

이처럼 우리는 비고츠키가 맹아 어린이, 농아 어린이, 그리고 정신적으로 제 기능을 하지 못하는 어린이와의 작업을 통해 어떻게 자신의 문화역사적 이론과 관련된 본질적인 여러 개념들의 윤곽을 그렸는지를 알 수 있습니다. 수 세기 동안 문화는 교육에 그리고 소위 상위 문화의 접근에 필요한 본질적인 문화적 도구들을 발전시켰습니다. 이러한 도구들은 대다수 사람에게는 적합하지만 특정 집단에게는 접근하기 힘든 것이었습니다. 이러한 소수 집단들은 문화적 유산 혹은 어떤 문화의 보고로 간주되는 것에 접근하지 못하는 위험으로 고통을 받았습니다. 달리 표현하면 그들은 문화 발달의 낮은 수준으로 간주되는 지경에 머물러야만 할 위험을 겪었습니다. 소위 원시적 사회에 사는 사람에 대한 유추를 통해 이 어린이들은 원시적이라 불리게 되었습니다.[30] 비고츠키의 설명에 우리가 문화라고 명명하는 것에 대한 개념, 지적으로 발달한다는 것에 대한 개념, 문화적 도구라는

---

[30] 정신 박약 어린이들의 경우에, 원시성은 일부 유기체적 결점으로 야기된 일차적 징후와 구분되어야 할 이차적 징후로 보입니다.

용어로 우리가 이해하고 있는 것에 대한 개념이 담겨 있습니다. 이후의 시기에 비고츠키는 고등심리기능의 문화역사적 이론이라고 명명된 것과 관련된 이 개념들을 정교하게 다듬었습니다.

기호와 문화

비고츠키의 문화 개념은 생각의 다른 부분들을 종합하여 도출한 것으로 볼 수 있습니다. 한편으로 그는 알렉산드르 포테브냐와 구스타프 시페트 같은 러시아 학자의 저작으로부터 영감을 받았습니다. 이 학자들은 언어학자이자 철학자인 훔볼트(Wilhelm von Humbolt)까지 거슬러 올라가는 전통을 따르는 사람들입니다. 이것은 문화를 기호로 개념화하는 것을 옹호하는 전통을 따르는 것입니다. 다른 한편으로 비고츠키는 문화와 문화적 변화를 도구, 기술, 사회적 진보라는 표현으로 설명하려는 경향이 있는 마르크스주의 사상가들로부터 영감을 받았습니다(Van der Veer 1996a; 1996b 비교).

포테브냐와 시페트는 비고츠키 저작들에 현저하게 등장했습니다. 포테브냐는 분명히 표현된 말은 의사소통의 수단일 뿐만 아니라 우리의 생각 방식 전체를 형태 짓는다는 관점을 옹호했습니다. 그의 관점에 따르면, 우리가 태어나면서부터 지니게 된 언어는 우리의 문화적이며 생물학적 유산 중에 가장 중요한 부분입니다. 말로 표현되는 개념들이 없다면 과학은 가능할 수 없을 것이며 낱말이 없다면 인간은 야만 상태에 머무를 수밖에 없을 것입니다. 왜냐하면 낱말은 '진보의 최초의 근본적인 수단'(Potebnya 1926/1989, pp. 197~198)이기 때문입니다. (훔볼트의 관점에 근거한) 포테브냐의 관점에 따르면, 낱말은 적어도 세 가지 기능을 합니다. (1) 낱말은 개인의 사적인 관념들을 이해하기 쉽게 만듭니다. 왜냐하면 이것들은 특정 언어의 관습적인 용어들로 진술해야만 하기 때문입니다. (2) 같은 까닭으로 개인의 관념은 덜 특이해집니다. (3) 일단 공식화되면, 개인의 사적인 관념을 객관적으로 활용할 수 있게 됩니다. 이런 외적 형태에서 그것들은 언어 사용자 바로 그들에게 어떤 영향을 행사하게 됩니다. 포테브냐(1926/1989, p. 127)가 진술한 것처럼, 언어는 타인을 이해하기 위한 수단일 뿐 아니라 자기 자신을 이해하기 위한 수단이기도 합니다. 마찬가지로 시페트는, 문화심리학 혹은 (그가 사용한 표현에 따르면) 민속심리학을 정의하는 과정에서, 문화를 기호 체계 속에 존재하는 것으로 기술했습니다. 그의 말에 따르면 문화심리학의 소재는 "오직 이 기호들을 해독하고 해석하는 것을 통해서만 이해할 수 있습니다. 이 기호들이 사물의 자질일 뿐만 아니라 그것들에 대한 의사소통이기도 하다는 것은 상응하는 사물들의 존재가 사물의 순수한 현상에 한정되지 않는다는 사실에 근거하면 명확합니다. 달리 표현하면, 우리는 사물을 지칭할 뿐만 아니라 어떤 의미를 표현하기도 하는 기호를 다루고 있습니다."(Shpet 1927/1989, p. 514). 그러므로 기호학은 문화심리학에 근거하고 있습니다. 기호학은 기호를 다루는 이론이며, 우리는 이것을 통해 주체가 특정 문화에서 경험하는 객관적인, 언어에 토대를 둔 기호와 의미를 해석할 수 있습니다. 포테브냐와 시페트의 저작을 읽으면 우리는 자신이 말하는 언어에 의해 조형된 인간이라는 개념화에 이르게 됩니다. 세계를 범주들로 분류하는 것, 우리 생각이 취하는 형태, 우리가 말로써 우리 자신에게 영향을 미치는 독특한 방식, 말을 하면서 의식이 사회에서 기원한다는 것, 문화에서 활용할 수 있는 객관적인 기호들의 영향을 받는 것으로 인간을 개념화하는 것, 이런 것들이 모두 포테브냐와 시페트의 언어학 저작에 있는 주요 개념들입니다. 이것들은 비고츠키가 제안한 고등심리기능의 문화역사적 이론에서 다른 형태로 다시 표면에 등장하게 되는 개념들이기도 합니다.

문화에 관한 비고츠키의 생각에 다소 다른 영향을 미친 것은 (훨씬 이전의 그리고 동시대의 마르크스주의를 따르지 않는 개념들과 중첩되었던) 당대에 우세했던 마르크스주의 개념들이었습니다. 그 중 중요한 것은 문화는 우리를 인간이 되게 만드는 것이라는 것과 도구 사용이 문화에 근본적인 것이라는 발상입니다. 마르크스와 엥겔스 둘 다 인간은 도구를 사용한다는 점에서 독특하다고 주장했습니다. 엥겔스(1925)는 협력하여 도구를 사용하는 것 혹은 함께 노동하는 것이 인간이 노동 과정 동안 서로 의사소통할 필요를 발생시켜 언어의 발전을 자극했다는 가설을 제시했습니다. 도구와 언어를 수단으로 하여 인간은 그들의 환경을 변화시킬 수 있었으며, 그렇게 하면서 자기 자신도 변화시킬 수 있었습니다. 이 관점에 따르면 문화는 도구 사용과 언어에 근거하고 인간에게만 해당됩니다. 나아가 많은 사상가들의 생각은 인간이 더 복잡한 도구와 더 복합적인 언어를 발전시키게 되면서 문화는 더 높은 수준에 이르게 된다는 생각으로 이어졌습니다. 이 관점을 입증하기 위해서는 동물은 문화가 없고, 진정한 언어를 습득하지 못하고, 진정한 도구 사용이 결여되어 있다는 것을 보여주는 것이 필요했습니다. 또한 소위 원시적 사람들은 덜 진전된 기술과 덜 발전된 언어를 소유하고 있다는 것을 보여줄 필요도 있었습니다. 수없이 많은 사상가들, 심리학자들, 민속학자들, 언어학자들 등은 19세기와 20세기 초에 이 쟁점들을 상세하게 다루었습니다. 침팬지를 대상으로 한 쾰러(Köhler 1921)의 유명한 실험은 동물도 도구를 사용할 수 있다는 것을 입증했습니다. 여키스(1916; 1925; Yerkes and Learned 1925)와 다른 연구자들은 유인원은 말을 할 수 있고 그들에게 말을 하도록 가르칠 수 있다고 시사했습니다. 많은 반복된 연구와 치열한 이론적 숙고 후에 1930년대에 도달한 합의 지점은 동물은 진정한 언어 사용을 보여주지 못했고 그들이 도구를 사용하는 경우에도 언어 사용이라는 도구는 그들 삶에 어쨌든 중요한 역할을 행하지 못했다는 것이었습니다. 쾰러와 다른 연구자들의 연구를 반복하여 논증하면서 비고츠키(1929a; 1930)는 본질적으로 동일한 결론에 도달했습니다. 이렇게 그의 관점에서 보면 마르크스주의자들과 다른 연구자들에 의해 정의된 인간과 동물을 구별하는 본질적 지점

은 명확하게 확증되었습니다.[31]

문화들 비교하기

기술과 문화의 발전은 대체로 함께 이루어지며 서구 문명은 발전의 높은 단계에 이르렀다는 역사적 주장은 덜 진전된 기술을 지닌 동시대의 비서구인들은 덜 발전된 문화를 보여주고 있다는 관점에 매우 자연스럽게 도달하게 됩니다. 실제로 인간 문화를 비교하고 서열을 매기는 것이 19세기와 20세기 초에는 인기 있는 소일거리였습니다(Jahoda 1999). 거의 변함없이 '원시적' 사람들의 문화적 산물은 정교하지 못한 것으로, 그들의 언어는 추상적 용어가 결여되어 있는 것으로, 그들의 정신세계는 어린이 같고, 마술적이고, 감정적이고, 비이성적이고, 그런 따위인 것으로 판정되었습니다. '원시적' 언어, 예술, 종교, 풍속 등에 관한 수없이 많은 책들을 연구하면서 유명한 프랑스의 대표적 민속학자인 레비브륄(1910/1922; 1922/1976; 1949;

---

[31] 요즘도 이 쟁점들은 여전히 뜨겁게 논쟁되고 있습니다. 연구가 보여준 바는, 첫째 많은 종이 식량을 얻기 위해 도구를 생산하고 사용한다는 것이고, 둘째 같은 종에 속하는 다른 집단의 동물들이 다른 관습을 그런 의미에서 문화를 가지고 있다는 것입니다(De Waal 2001). 또한 여러 연구자들은 다른 종들이 언어의 흔적을 보여주고 있다고 주장했습니다. 결과적으로 인간의 독특한 특성을 옹호하려는 사람들은(예를 들면, 동물은 도구를 만들 수 있는 도구를 사용하지 못한다거나 동물은 복잡한 문장을 생산할 수 없다고 주장하면서) 기준을 변경할 필요가 있다고 느끼고 있습니다.

1966; 1975)은 서구인의 정신세계를 그가 명명한 비서구 문화의 '논리 이전의(pre-logical)' 생각이라는 것과 대조했습니다. '논리 이전의'라는 바로 그 용어는 이미 비서구적 사람은 서구적 생각 수준에 도달해야만 한다는 것을 암시하고 있습니다. 불행하게도 사람들이 사용하는 언어에 근거하여 사람의 정신세계 혹은 지성에 관해 결론에 도달하는 것은 매우 어려운 일입니다. 어떤 언어에 색깔 이름이 부족한 것이 그 언어 화자들의 제한된 색깔 판단력을 반영하는 것일까요? 그렇지 않습니다. 프랑스 명사는 문법적 성을 가지고 있다는 사실이 프랑스어를 영어보다 덜 추상적인 것으로 만들었을까요? 확실히 그렇지 않습니다. 그 동시대 비평가들과 후의 비평가들이 지적했듯이, 레비브륄과 다른 연구자들의 생각에서 많은 부분은 순환적이었습니다. 비서구적 사람은 원시적이라는 가정으로부터 나아가면서 그들은 비서구적인 사람들의 언어, 기억, 정신세계 등등이 원시적임을 발견했습니다. 이것이 역으로 그들의 최초 가정을 강화했습니다 (Evans-Pritchard 1934; Jahoda 1999; leroy 1927; Thurnwald 1928; Van der Veer 2003).

독일의 심리학자 베르너(Heinz Werner)도 문화들의 비교에 많은 관심을 가지고 있었으며 유사한 문제들에 직면했습니다. 베르너의 책은 증거 없이 주장된 문화들의 수준에 관한 진술로 넘쳐났습니다. 예를 들면, 그는 우리 서구의 '진전된 정신적 존재', '고양된 정신적 습관(habitus)', '정신적 우월성'(Werner 1924, pp. 3~4)과 서구의 '진전된 문화적 인간'(Werner 1926, p. 99)에 관해 이야기하면서, 이들을 '열등한 인종들'(같은 책, p.42)과 '가장 빈약한 피그미 부족의 형태들'(Werner 1931, p. 86)과 대조했습니다. 베르너의 저작은 앞선 방식을 전형적으로 따랐습니다. 그는 어떤 능력의 (더 원시적인 것으로부터 덜 원시적인 것까지) 발달 단계들의 개요를 서술했습니다. 예를 들면, 운율(rhythm), 각운(rhyme), 두운(alliteration)을 사용하여 시를 쓸 수 있는 능력의 발달 단계를 서술했습니다. 그런 후에 시 쓰기에서 가장 원시적인 단계는 가장 원시적인 사회의 특징이고, 더 진전된 서정시는 가장 진전된 사회의 특징임을 보여주었습니다. 그렇지만 어디에서도, 베르너는 어떻게 총체적으로 문화들을 지구적 차원에서 평가한 결과(예를 들면, 북미 인디언은 오스트레일리아의 원주민 혹은 아프리카의 부시맨보다 덜 원시적이라는 결과)에 이르게 되었는지를 설명하지 않았습니다. 그리고 이것이 그의 생각에 심각한 문제를 제기했습니다. 왜냐하면 특정한 능력에 관한 판단과 특정한 문화의 수준에 대한 평가가 독립적이지 않다면, "원시적인 사회 X에서 시의 수준이 원시적이다."라는 그런 진술은 완벽하게 동어 반복이 되기 때문입니다. 그렇지만 사회들에 서열을 매기는 것은 약간 논쟁적인 기준에 따라 다양한 사회들의 시, 산문, 춤, 종교, 도덕, 예술, 기술, 사회 구조 등을 평가하는 것과 관련될 수 있고 그래서 이들 사회의 상대적 '가치' 혹은 '수준'에 관한 지구적 차원의 질적 혹은 양적 결론에 도달하는 것과 관련될 수도 있습니다. 그런데 그 기준은 무엇일까요? 도대체 어떤 의미에서 일신교(monotheism)가 다신교(polytheism)보다 더 진전된 것일까요? 그리고 샤머니즘이 정령 숭배보다 더 높은 수준일 수 있을까요? 사람이 하나의 특정한 문화적 현상에 관한 동의에 도달할 수 있다손 치더라도, 그것들을 의미 있는 방식으로 비교하는 정도를 넘어서서, 어떻게 총체적으로 지구적 차원에서 문화들을 평가하는 데 도달할 수 있을까요?(Van der Veer 1996a; 1996b 비교).

저는 레비브륄과 베르너에 대해 쭉 언급했습니다. 왜냐하면 그들이 (투른발트와 함께, Van der Veer and Valsiner 1991 비교) 문화와 문화들의 비교에 관한 비고츠키의 생각에 중요한 영감의 원천을 이루었기 때문입니다. 레비브륄과 베르너와 똑같이 비고츠키는 문화를 하등의 질 혹은 고등의 질을 지닌 것으로 말하는 경향이 있었습니다. 예를 들면, 우즈베키스탄에서 이슬람 문화에 관해 이야기하면서, 비고츠키는 그들의 문화는 '낮은' 혹은 '후진적인' 것이기에 우즈베키스탄인은 여전히 '문화 발달의 사다리 위에서 장엄한 도약을 해내야'만 한다고 주장했습니다(Vygotsky 1929b). 의미 있게 총체적으로 문화에 서열을 매길 수 없다는 것을 고려한다면, 제가 생각건대, 이런 것들은 자민족 중심적 주장일 뿐입니다. 당연하게도 비고츠키가 이러한 주장을 했을 때, 그는 도덕, 종교 등을 생각하지 않았습니다. 그는 오직 한 사회가 향상되어가야 할 정도와 적절한 학교 교육을 통해 이성적이고 과학적인 생각을 발전시키는 것에 대해 생각했습니다. 만약에 제가 비고츠키를 잘 이해하고 있는 것이라면, 그는 과학적 사고

방식을 발달시키지 못한 사회 혹은 여성과 같은 특정 집단들이 과학적 생각에 접근하는 것을 방해하는 사회를 후진적인 것으로 간주했습니다. 그리고 아마도 그는 근대적 서구 학교(예를 들면, 암기식 학습)와 다른 문화 적응을 사용한 사회를 마찬가지로 열등한 것으로 간주한 것 같습니다. 이것이 자문화 중심주의인지는 좀 더 살펴보아야 합니다. 그러나 우리가 2부 4장에서 보게 되는 것처럼, 1930년대 소비에트 연방공화국에서는 이것이 확실히 자문화 중심주의로 보였습니다.

온건한 자민족 중심적인 것과 인종주의적인 것은 전혀 별개의 일입니다. 비고츠키의 생각에 대한 적절한 전망을 얻기 위하여 우리는 먼저 1920년대 전후에 많은 과학자들이 여전히 비서구적 문화들에 속하는 사람들은 다른, 결정적으로 열등한 인종들이라 확신했다는 걸 깨달아야만 합니다. 버트(Cyril Burt), 터먼(Louis Terman), 여키스(Robert Yerkes) 같은 학자들은 다른 문화들에 속하는 사람들의 열등한 성취들은 생물학적 근거들로 설명될 수 있다고 믿었습니다(Gould 1981). 오스트레일리아 원주민과 아프리카 흑인의 지적 능력의 결여는 그들의 유전자 때문이었습니다. 바로 여기서 비고츠키는 문화적 도구와 기호에 관한 그의 생각과 일관되게 급진적으로 다른 관점을 옹호했습니다. 독일 민속학자 투른발트(Richard Thurnwald 1922; 1928; 1938; Melk-Koch 1989 비교)의 작업에서 이야기를 끌어내면서, 비고츠키는 지구에 현재 살고 있는 (피부색이 노란색이든, 갈색이든, 붉은색이든 혹은 하얀색이든 관계없이) 다른 인간 집단들 간에는 관련된 유전적 차이가 정말로 조금도 없다고 주장했습니다. 이 관점은 만약에 우리가 다른 인종 집단들 사이에서 인지적 기능의 차이들을 발견하게 된다면 이 차이들은 문화적 요소들의 결과 때문이라는 것을 함축했습니다. 좀 더 구체적으로 말하면 이 관점은 만약에 오스트레일리아 원주민 모두가 서구적 지능 검사에서 나쁜 점수를 얻게 된다면 이러한 결과는 그들의 태생적 우둔함 때문이 아니라 형식적 훈련을 받지 못했기 때문임을 함축했습니다. 달리 표현하면, 이 원주민들은 서구적 형태의 지적 문제들을 푸는 것을 가능하게 해 주는 특정한 문화적 도구들을 아마도 소지하지 못했을 것입니다. 우리는 바로 이런 의미에서 원주민들은 지적으로 '원시적'이라고 말할 수 있습니다. 페트로바(1925)에 의해 논의된 어린이들과 똑같이, 원주민들은 정신 박약이 아니라 특정한 훈련을 받지 못했을 뿐입니다. 적절한 훈련(읽기 교육: 서구적 형태의 학교 교육)을 받으면 그들은 점차 우리와 같은 수준의 지적 기능에 도달할 수 있습니다. 종합하면, 비고츠키는 비서구적 문화에서 살고 있는 인민은 지적으로 열등한 수준에서 기능하지만 서구 수준의 생각에 도달하는 것이 태생적으로 불가능한 것은 결코 아니라고 주장했습니다. 1920년대에 우생학 학회들이 번창하고 미국이 다른 인종 집단은 유전적으로 열등하다는 가정하에 그들에게 이민 쿼터제를 실시했을 때(Gould 1981), 이것은 지나치게 나아간 관점이었습니다. 학자들이 다른 인종 집단들의 유전적 조합에 차이가 없을 뿐만 아니라 한 인종 집단의 생각 양식이 다른 것보다 우월하다는 발상을 옹호할 수도 없다고 주장함으로써 좀 더 근본적으로 변화된 조치들을 취하게 되는 데는 수십 년의 세월이 걸렸습니다. 마찬가지로 생물학에서도 우월함의 정도에 따라 서로 다른 종들의 서열을 매길 수 없다는 발상을 늦게야 받아들이게 되었습니다. 심리학도 서구 사회가 언제나 최고인 것은 아니라는 발상을 포용하는 데 느렸습니다.

문화적 도구들과 매개적 수행: 한 사례

비고츠키가 어떤 문화는 다른 문화보다 더 진전되었다고 단정했을 때, 그가 생각하고 있었던 것은 무엇이었을까요? 비고츠키는 마음속에 어떤 문화적 도구들을 가지고 있었을까요? 그리고 우리가 어떻게 문화적 도구들 때문에 다르게 혹은 좀 더 좋게 생각할 수 있는 것일까요? 이 쟁점들을 명료하게 하기 위하여, 저는 먼저 피험자들이 지속적인 주의와 기억이 요구되는 과제를 해결하면서 문화적 도구들을 사용했던 조사 활동을 논의하겠습니다. 이 조사는 1931년에 비고츠키의 협력 연구자인 알렉세이 레온티예프(Aleksey Leontiev)에 의해 행해졌습니다.[32] 레온티예프는 그의 피험자들에게 잘 알려진 과제

---

[32] 레온티예프가 행한 실험에 대한 내용을 비고츠키(2009, pp. 63~70)의 『마인드 인 소사이어티(Mind in Society)』에서 좀 더 상세하게 알아볼 수 있습니다. 거기서 18개의 질문과 실험 결과에 대한 분석 자료도 확인할 수 있습니다.(옮긴이 주)

를 제시했습니다. 그들에게 18개의 질문을 던졌습니다. 7개는 사물의 색깔과 관련된 것이었습니다. 피험자들은 한 낱말로 즉각적으로 대답하도록 격려되었습니다. 그런데 18개의 질문을 푸는 각각의 '게임'에 레온티예프는 두 색을 '금지 색'으로 정했습니다. 또한 피험자들은 한 색깔을 절대 반복해서는 안 되었습니다. 레온티예프가 마음에 둔 관심은 이런 종류의 과제를 해결하는 데 피험자가 문화적 도구들을 사용하는 능력이었습니다. 이 능력을 조사하기 위하여, 그는 피험자에게 다소 원시적인 문화적 도구, 즉 색칠한 카드 세트를 제공했습니다(Leontiev 1931; 1932). 이 실험은 만약에 예를 들어 '파란색'과 '붉은색'이 금지 색들이라면 피험자들은 자신들의 수행을 지원하기 위해 파란색 카드와 붉은색 카드를 사용할 것이라는 발상에 근거했습니다. 전략 하나는 금지 색이거나 이미 언급한 색이면 그 색깔의 카드들을 뒤집어놓는 것일 수 있었습니다. 사람들은 자연스럽게 어린 피험자들이 어른 피험자들보다 금지 색들로 인해 더 어려움을 겪을 것이라고 예상했습니다. 그런데 레온티예프가 실제로 발견한 것은 무엇이었을까요? 무엇보다도 먼저, 그는 색칠한 카드를 제공하지 않았을 때 대다수 어린이들과 성인들은 수행을 하면서 실수를 했다는 것을 발견했습니다(Van der Veer 1994). 그런데 다른 연령 집단의 피험자들에게 색칠한 카드를 제공했을 때 흥미 있는 상황이 펼쳐졌습니다. 5세에서 6세의 가장 어린 어린이들은 카드를 지적으로 사용할 수 없다는 것을 보여주었습니다. 즉, 그들은 카드들을 조작하기는 했지만 의미 있는 방식으로는 하지 못했습니다. 실제로 카드가 도입되었지만 게임에서 그들의 실수는 감소하지 않았습니다. 좀 더 나이 많은 어린이들의 경우에는 색칠한 카드로 인해 차이가 나타났습니다. 8세에서 9세 어린이들과 10세에서 13세의 어린이들, 두 집단에서 카드가 없었던 조건보다 카드를 가지고 행한 수행은 훨씬 좋았습니다. 이 어린이들은 명백하게 카드들을 뒤집으며 수행을 해서 카드가 제시된 경우에 이익을 보았습니다. 그렇지만 가장 놀라운 결과는 성인에서 발견되었습니다. 그들은 실수가 거의 없었습니다만 그들의 수행은 카드를 도입했는데도 개선되지 않았습니다. 무슨 일이 벌어진 걸까요? 좀 더 치밀하게 검사한 후에 레온티예프는 성인들은 색칠한 카드를 전혀 사용하지 않았다는 것을 발견했습니다. 명백하게도 그들은 실수를 예방하기 위해 카드가 아닌 다른 수단에 의존했습니다.

레온티예프가 자신이 발견한 것 전부를 설명한 내용은 직관적으로 그럴듯해 보였습니다. 그의 견해에 따르면, 가장 어린 어린이들은 이 복잡한 과제를 다룰 수 없었습니다. 왜냐하면 그들은 제공된 문화적 도구들을 아직은 사용할 수 없었기 때문입니다. 그런데 레온티예프는 어떤 면에서는 자신이 문화적 도구의 지원을 받지 않는 어린이의 기억 용량 혹은 자연적인 주의의 지속을 측정했다고 느꼈습니다. 좀 더 나이 많은 어린이들은 명백하게 카드들을 효과적으로 사용하는 방법을 파악했고 그에 맞추어 그들의 수행을 끌어올렸습니다. 마지막으로, 성인들은 색칠한 카드들을 더 이상 활용하지 않았지만, 가장 어린 어린이들과 달리 그들은 자신들의 '자연적' 기억 혹은 주의에 의존하지 않았습니다. 레온티예프가 분석한 바에 따르면 그들은 오히려 내적 수단과 전략으로 전환했습니다. 짐작건대 성인들은 이 특정 과제에서 실수를 하지 않기 위하여 강력한 입말이라는 수단을 활용(예를 들면, '파란색'이 금지 색이었을 때 '하늘색'이라고 대답하는 식으로 활용)할 수 있었기 때문에 더 이상 색칠한 카드들과 같은 조악한 외적 문화적 도구들을 필요로 하지 않았습니다.

이어서 흥미로운 일이 벌어졌습니다. 비고츠키와 그의 동료들은 레온티예프의 연구를 정상적인 인간이 겪게 되는 개체 발달의 모형으로 진척했습니다. 즉, 그들은 인간의 개체 발생을 다음과 같이 추측했습니다. 먼저, 피험자들이 활용할 수 있는 문화적 수단들을 사용할 수 없었던 것처럼, 자연적 수행의 단계가 있습니다. 다음으로, 피험자들이 활용할 수 있는 외적 문화적 수단들에 전적으로 의존하는 것처럼, 외적 도구 사용의 단계가 있습니다. 마지막으로, 내적 매개의 단계가 있습니다.[33] 달리 표현하면, 어떤 연령을 넘어서면 정신 기능은 거의 전적으로 매개됩니다. 즉, 정신 기능은 외적 혹은 내적 문화적 수단의 도움을 받아 펼쳐집니다. 개체 발생 동안 대부분의 외적 수단들은 내적 수단들로 대체됩니다. 이 관점을 좀 더 논증하기 위하

---

[33] 제가 판단컨대, 비고츠키가 둘째 단계를 외적 도구 사용의 단계라고 했다면, 마지막 단계는 내적 도구 사용의 단계라고 명명했을 것 같습니다.(옮긴이 주)

여, 아동심리학과 문화인류학에서 다양한 사례들을 찾아냈습니다. 예를 들면, 비고츠키는 숫자 세기를 배운 어린이들은 자신들이 세는 것을 수월하게 하려고 손가락 같은 신체 부위들을 사용하는 것을 선호한다는 것에 주목했습니다. 시간이 경과하면 그들은 마음속으로 수를 헤아릴 수 있습니다. 역사적으로 말하면, 누구나 많은 문화에서 수세기가 십진법에 근거하고 있다는 것을 알 수 있습니다. 추측건대 이는 우리가 열 개의 손가락을 가지고 있기 때문일 것입니다. 예가 부족하다면 산수를 예로 들어보겠습니다. 대부분의 어린이들은 종이와 연필 그리고 어떤 관습적 도해 표상들을 사용하여 산수를 배웁니다. 아주 서서히 시간이 지나면서 그들은 똑같은 혹은 다른 관습적인 방식을 사용하여 마음속으로 산수를 배웁니다. 다른 사례는 특정 과제를 암기하는 것, 부연하면 전화번호를 기억하거나 식료품 가게에서 구입할 물건을 외우는 것입니다. 어린 어린이들은 그런 것들을 특히 잘 잊어버리는 경향이 있지만 자신의 손수건에 매듭을 지어 기억에 도움을 줄 수 있습니다. 이런 외적 기호의 도움으로 그들은 적절한 행위를 할 수 있습니다. 또한 우리는 인류학 문헌에서도 유사한 절차를 발견할 수 있습니다. 많은 문화들에서 성인들이 줄에 매듭을 짓거나 나무에 칼로 홈을 내서 사물을 기억하는 것을 발견했습니다. 비고츠키는 이런 사례들이, 많은 문화에서 복잡한 정신 과정을 가능하게 하는 수단을 발전시켜왔다는 것을 그리고 각 문화의 어린이들은 이것들을 새롭게 배워야만 한다는 것을 입증한다고 보았습니다. 게다가 그는 인류사[34]와 개체 발생 둘 다에서 물질적 수단을 사용하는 것은 입말을 수단으로 사용하는 것보다 선행한다고 주장했습니다. 물론 성인이어도 우리는 여전히 공책, 색인 카드 따위의 물질적 수단들을 사용하지만 우리는 많은 것을 마음속으로 할 수 있도록 배웠습니다. 이것이 의미하는 바는 우리가 한 문화적 도구에서 다른 문화적 도구로, 즉 신체 부위를 사용하여 숫자 세기를 하는 것에서 들을 수 있는 혹은 침묵의 말을 사용하여 숫자 세기를 하는 것으로 바꾸어왔다는 것입니다. 이렇게 해서 우리는 인간의 가장 강력한 문화적 도구, 언어 혹은 말을 가지게 되었습니다.

말로 표현되는 기호들

당연히 색칠한 카드들은 매우 효율적인 문화적 도구는 아닙니다. 그것들은 매우 제한된 범위의 과제에만 유익하게 사용될 수 있습니다. 인간 언어는 훨씬 더 유용한 도구입니다. 쇼핑 목록을 기억하는 것을 예로 들어보겠습니다. 구입해야 할 항목들을 기억하는 효과적인 전략은 그것들을 일정한 범주들(야채류, 유제품, 고기류 등)로 나누는 것입니다. '의미 덩이 짓기(chunking)'로 알려진 이 절차는 기억

---

[34] 여기서 그는 비서구적 문화들에서 찾은 인류학적 발견들이 마치 인류사의 초기 단계를 대표하는 것인 양 해석하고 있습니다. 이는 이론의 여지가 많은 해석입니다.

수행을 크게 개선합니다. 함께 묶을 수 있는 딱지(label)에 서로 다른 대상들을 무리 짓는 문화적 도구를 사용하여 우리는 '자연적' 기억을 명백하게 향상할 수 있습니다. 언어는 복잡한 정신 수행에서 어떤 차이를 만들까요? 언어는 어떤 기능을 할까요? 우리는 어떻게 인간의 개체 발생에서 언어의 습득과 발달을 인식할 수 있을까요? 우리가 이제 살피려는 이런 질문들은 비고츠키가 이론을 정립하는 작업을 할 때 해결해야 했던 핵심적인 질문들이었습니다.

의심할 바 없이 비고츠키는 언어를 이제까지 발명된 것 중 가장 위대한 문화적 도구로 간주했습니다. 비고츠키는 말의 습득과 습득 후에는 특정한 말로 표현되는 개념들이 총체적인 인간 정신을 구성하고 변화시킨다고 믿었습니다.[35] 입말의 최초 기능은 의사소통입니다. 어린이들과 성인들은 감정을 표현하기 위하여 그리고 세계에 관해 의사소통하기 위하여 입말을 사용합니다. 말을 하면서 부모는 환경의 두드러진 특성들에 주의를 돌리고, (예를 들면, '개'와 '고양이', 그리고 '자가용'과 '버스'를 구별해주면서) 세계를 보는 어떤 방법을 알려주고, 복잡한 과제로 어린이들을 인도합니다. 어린이들은 점진적으로 낱말을 통해 다른 대상들, 범주들 등으로 나누어지는 환경에 인도되고 점차적으로 말을 사용하여 문제를 해결하는 방법을 배우게 됩니

---

[35] 제가 판단컨대, 어쨌든 말의 습득, 개념 이런 것은 필요조건이지 충분조건은 아닙니다. 총체적인 인간 정신은 그렇게 간단하게 형성되지 않습니다.(옮긴이 주)

다. 직소 퍼즐을 해결하는 것을 예로 들어보겠습니다(Wertsch 1981 비교). 처음에 직소 퍼즐을 해결하는 것은 나이가 어린 어린이의 능력 밖의 일입니다. 그래서 부모는 전형적인 방식인 입말로 이 복잡한 과제를 해결하도록 자녀를 안내합니다. 부모는 자녀에게 이야기하는데, 예를 들면, 구석에 직소 퍼즐 조각을 놓는 것에서 시작하라고 혹은 먼저 특정 색깔의 조각들을 다 모으라고 말합니다. 퍼즐을 완성하는 것은 협력(joint) 수행입니다. 거기서 나이가 적은 어린이들은 대부분의 시간 동안 부모가 말로 하는 지시를 수행합니다. 오직 점진적으로 과제 완성의 책임이 부모에서 어린이로 넘어갑니다. 전형적으로, 어린이들은 말로 하는 지시를 스스로에게 행함으로써 문제 풀이 과정 동안 자기를 스스로 인도하는 방법을 배웁니다. 그래서 어린이들은 스스로에게 큰 소리로 "먼저 붉은 조각을 찾아야 해, 그리고 파란 조각과 바꿔야지, ……"라고 말하게 됩니다. 어떤 면에서 보면, 그들은 과거에 그들 부모에 의해 안내받았던 것과 똑같은 방식으로 이제는 문제 해결 과정 동안 스스로를 안내합니다. 흔히 표현되듯이, 타인 규제에서 자기 규제로의 이런 이동은 아주 많이 언어에 근거하여 이루어집니다. 마지막으로, 나이가 더 많거나 더 능숙한 어린이들은 해야 할 각각의 문제 풀이 단계들에 대해 고민하여 스스로에게 무언(tacit)의 지시를 하면서 직소 퍼즐을 풀게 됩니다. 비고츠키의 말을 들어보겠습니다.

엄마는 아이의 주의를 어떤 것으로 돌립니다. 아이는 지시를 따라 엄마가 지적한 것에 주의를 기울입니다. 여기서 우리는 늘 두 개의 분리된 기능을 보게 됩니다. 그 후에 아이는 자신의 주의를 스스로 행하기 시작하고, 스스로가 엄마의 역할을 행합니다. 그는 처음에는 분리되었던 기능들의 복합 체계를 발달시킵니다. 한 사람은 명령하고 다른 사람은 수행합니다. 인간은 자신에게 명령하고 스스로 복종합니다.

(Vygotsky 1930/1997, p. 96)

어떤 면에서 우리는 금지 색 과제에서 문화적 수단들을 사용한 과정과 유사한 과정(처음에는 그 사용이 보이거나 들리지만 나중에는 이렇게 표현해도 될지 모르겠지만 지하로 가버리는 과정)을 보게 됩니다. 우리는 성인이 문제를 해결하는 데, 자신의 행위를 계획하는 데 말을 사용하는 것을 더 이상 볼 수 없지만, 자기 성찰을 통해 그것을 알 수 있습니다. 우리는 우리의 생각이 주로 말로 하는 생각이라는 것을 알고 있습니다. 비고츠키는 이 전체 과정을 다양한 방식으로 기술했습니다. 첫째로, 비고츠키는 말이 도입되면 우리가 생각하는 방식이 변한다는 것을 관찰했습니다. 둘째로, 그는 말이 어떻게 사회적 말에서 시작하여 자기중심적 말을 거쳐 내적 말로 변화하는지를 논증했습니다. 셋째로, 그는 말은 사회적 상호 작용에 도입된다고 강조했습니다.[36] 다음 문단에서 저는 말이 도입되는 것에 대한 다양한 이들 관점들을 논하겠습니다.

비고츠키는 말을 습득하기 전의 어린이들도 정신이 결여된 존재가 아니라고 적고 있습니다. 유아도 얼굴을 기억하고 식별할 수 있고, 대상을 찾을 수 있으며, 동작을 흉내 낼 수 있습니다. 이것을 통해 말 이전에도 정신 기능이, 혹은 비고츠키가 명명한 말 이전의 사고가 있음을 알 수 있습니다.[37/38] 또한 그 말은 옹알이처럼 명백한 기능이 없는 말입니다. 그렇지만 어린이 발달의 특정 계기에 생각과 말의 두 기능은 어우러지고 어린이는 말로 하는 사고를 할 수 있게 됩니다. 예를 들면, 어린이는 직소 퍼즐을 맞추는 동안 이제 자신의 생각 과정을 지시할 수 있게 됩니다. 비고츠키는 이것이 중요하다고 주장했습니다. 왜냐하면 이제 어린이는 지속적으로 집중하는 노력을 할 수 있고 환경의 자극에 의해 주의가 쉽게 흩어지지 않기 때문입니다. 또한 말이 도입되면서 '의미의 장(semantic field)', '의미들의 장(a field of meanings)'이 창조됩니다. 위에서 이야기했듯이, 어린이

---

[36] 말은 신생아가 태어날 때 이미 사회 속에 존재하고 있습니다. 아니 태아일 때 이미 사회 속에 존재하고 있습니다. 2009년 실험에 따르면, 영국의 신생아와 프랑스의 신생아의 첫 울음소리에 이미 각국의 언어적 특징, 강세가 반영되어 있습니다.
사회적 구성주의에 근거한 교육 서적을 읽다보면, 중요한 지점에 이르면 '사회적 상호 작용'으로 끝납니다. 말의 도입도 변화도 사회적 상호 작용 때문입니다. 정신의 도입도 변화도 사회적 상호 작용 때문입니다. 이쪽 분야의 연구자들은 무엇보다도 먼저 사회적 상호 작용을 체계적으로 구분하는 작업에 착수해야 합니다.(옮긴이 주)

가 말을 가지고 습득하는 용어들과 의미들에 의해 환경이 구조화됩니다. 그래서 말을 습득하는 과정을 완전하게 들여다보는 방식은 발달의 두 노선, 즉 말 이전의 생각의 노선과 인지 이전의 말의 노선이 융합하여 인간만의 독특한 산물인 말로 하는 생각을 창출한다고 진술하는 것입니다.

피아제처럼 비고츠키는 다른 사람에게 이야기하는 것처럼 보이지 않는데도 어린이들이 큰 소리로 이야기하는 것을 관찰했습니다. 피아제가 '자기중심적 말'(egocentric Speech)이라고 명명한, 이 현상에 대한 비고츠키의 해석은 발달적 해석이었습니다. 어린이들은 무언의 생각을 할 수 있기 전에, 그들은 들을 수 있는 말로 스스로에게 지시할 필요가 있습니다. 이것이 나이가 적은 어린이들이 문제에 직면했을 때, 왜 종종 '자기중심적' 말에 의존하는지를 설명해줍니다. 어린이는 문제를 진술하는데, 거기에 해결책이 있고 다음에 해야 할 것도 있습니다. 이렇게 자기중심적 말은 성인과 어린이의 대화에서 나타

---

37 색스(1989, p.41)가 유사한 관점을 최근에 피력했습니다. "이것들은 매우 분명합니다. 사고와 언어는 확실하게 분리된 (생물학적) 기원들을 가지고 있습니다. 언어가 도래하기 전 인간은 오랫동안 세계를 검토하고, 발견하고, 세계에 반응합니다. 언어가 출현하기 전 오랫동안 (동물 혹은 영아에게는) 거대한 영역의 생각이 있습니다. …… 이것도 모든 부모나 애완동물 애호가에게는 명백합니다. …… 인간은 언어가 없어도 정신이 없거나 혹은 정신적으로 결함이 있는 것이 아닙니다. 단지 심각하게 사고 영역이 제한될 뿐입니다. 실제로 즉각적이고 작은 세계에 한정될 뿐입니다."

38 『생각과 말』에서 밝힌 것처럼, 비고츠키가 사용한 표현은 '말 이전의 사고(thuoght)'가 아니라 '말 이전의 생각(thinking)'입니다.

나는 사회적, 상호 작용적 말의 단계와 진정한, 사적 생각의 '지하의 (underground)' 단계의 중간 단계입니다. 그것의 기능은 문제적 상황을 헤쳐나가도록 어린이를 인도하는 것입니다. 궁극적으로, 이 관점에는 이성적 사고는 성인들 혹은 능력 있는 동료들과 특정 어린이의 대화에서 시작된다는 것이 함축되어 있습니다.

마지막으로, 말 습득에 관한 이 총체적 관점에는 모든 고등정신과정은 사회적 상호 작용에서 시작되었다는 것이 함축되어 있습니다. 실천적 문제를 해결하는 동안 어른들 혹은 능력 있는 동료들은 특정 어린이에게 언어와 같은 문화적 도구를 소개하게 됩니다. 특정 어린이는 이후에 이 도구들을 숙달하고 다른 방식으로 대처하기 어려운 상황에서 이 문화적 도구들을 사용하여 행동합니다. 그러므로 개개인의 능력은 사회적 상호 작용에서 문화적 도구를 습득하는 것에 의해 좌우된다고 말할 수 있습니다(Balamore and Wozniak 1999; Wozniak 1999 비교).

하등심리과정과 고등심리과정

이제 우리는 비고츠키의 문화역사적 이론에 대한 근본적인 개요를 진술해야 할 지점에 이르렀습니다. 그 이론에 따르면, 문화들에서는 특정 문제들을 해결할 수 있는 문화적 도구들을 개발했습니다. 이런 문화적 도구들 중에서 특히나 언어는 비교할 바 없이 가장 중요한 도구입니다. 그 문화 속에서 살고 있는 모든 정상적인 어린이는 이런 문화적 도구들을 습득합니다. 언어를 통해 어린이들은 점차 자기 자신의 행동을 제어할 수 있고 복잡한 문제들을 해결할 수 있게 됩니다. 문화적 도구를 숙달하는 것은 다른 단계들보다 앞서고 외적 매개, 혹은 도구 사용으로부터 내적 매개로의 총체적 이행으로 특징지어집니다. 다른 동시대의 비서구적 문화들이 이미 사라져버린 역사에 흔적만 남은 문화들과 유사하다고 가정해보면, 문화인류학적 증거들에 근거하여 우리는 외적 매개에서 내적 매개로의 이행이 인류사에서도 발생했다고 추정할 수 있습니다. 인류의 가장 높은 수준의 성취를 나타내는 문화적 도구들을 숙달하는 것은 결정적으로 중요합니다. 그래서 읽거나 쓰는 것을 배우지 못한 어린이들은 인류 문화의 많은 부분에 접근할 수 없습니다. 말을 습득하지 못한 어린이들(예를 들면, 농아 어린이들)은 절망적인 상황에 있고 말로 하는 생각을 발달시킬 수도 없습니다. 다른 문화적 도구들을 개발하여 그런 어린이들이 우리 문화에 접근할 수 있도록 우리는 우리가 할 수 있는 모든 것을 해야만 합니다.

여기까지 보면 이 총체적인 이론은 개별적인 차이를 부정하는 듯이 보입니다. 어떤 어린이들이 유전적으로 다른 어린이보다 더 총명하다는 것을 부정하는 듯이 보입니다. 인간 발달의 많은 부분이 성숙의 요소들, 예를 들면, 뇌의 성장, 신경 섬유의 수초 형성, 호르몬 분비 등에 의존한다는 사실을 무시하는 듯이 보입니다. 정말 그럴까요?

이런 쟁점들에 대한 비고츠키의 입장은 무엇이었을까요? 비고츠키는 정말로 발달에서 어린이의 유전적 장비들과 성숙의 역할을 무시하는 환경론자였을까요? 글쎄요. 무엇보다도 먼저 그가 물리적/정신적으로 손상을 당한 어린이들과 한 작업을 돌아보면, 우리 중 일부는 다른 사람보다 문화 적응을 시작하는 데 준비가 덜 갖추어져 있다는 것을 그는 완벽하게 인식하고 있었습니다(앞의 내용 참고). 그는 또한 특히 재능 있는 어린이들의 존재를 인식하고 있었고 그들에 대한 글도 썼습니다. 그는 태생적인 능력들의 차이에 관해 매우 잘 알고 있었습니다. 그렇지만 그의 이론은 천성과 양육을 연결하는 것, 모든 사람의 내적 잠재력이 문화에 의해 연결되고 변화되는 것에 관한 이론이었습니다. 그의 이론은 사회적으로 혜택을 받지 못한 어린이들을 해방하는 것에 관한 이론이었습니다. 이렇게 연결해보면, 비고츠키가 하등심리과정과 고등심리과정으로 나눈 구분에 주목할 필요가 있습니다. 비고츠키의 관점에 따르면, 신생아는 이 세상에 대한 준비를 잘 갖추고 있습니다. 그들은 다양한 최초의 반사들〔예를 들면, 잡는(grasping) 반사, 헤집는(rooting) 반사, 빠는(sucking) 반사〕에 잘 대처하고 , 시각적으로 패턴의 윤곽을 살필 수 있고, 얼굴들을 인식하고, 잘 발달된 후각을 가지고 있고, 소리 범주들과 인간 언어의 리듬에 멋지게 조응할 수 있습니다(Cole and Cole 1996). 비고츠키는 이런 능력들을 하등심리과정이라고 명명했습니다. 그것들은 상당한 훈련과 방대한 기억 능력 등을 요구하는 체스 게임을 하는 것

같은 '고등' 능력들보다 덜 복잡하다는 의미에서 '하등'합니다. 그것들은 '자연적'이라고 명명할 수도 있습니다. 왜냐하면 그것들은 문화 그리고 역사적 시기와 무관하기 때문입니다. 인간 역사를 통해 모든 문화의 어린이들은 추정컨대 똑같은 기본적인 반사의 목록을 보여 주었습니다. 비고츠키는 다음과 같이 말했습니다.

인간의 두뇌가 인류사에서 본질적으로 생물학적 진화를 겪었다고 추정할 근거는 없습니다. 우리의 뇌와 다른 원시인의 뇌가 열등한 뇌라고, 혹은 우리와 다른 생물학적 구조로 되어 있다고 추정할 근거는 없습니다. …… 인간의 생물학적 진화는 인간의 역사 발전이 시작되기 전에 끝났습니다. 그러므로 원시인은 생물학적 발달 수준이 다르다고 주장함으로써 우리의 생각과 원시인의 생각, 이 둘의 차이를 설명하려 시도하는 것은 생물학적 진화의 개념과 역사 발전의 개념을 노골적으로 뒤죽박죽으로 만드는 것일 뿐입니다.

(Vygotsky 1930/1997, p. 97)[39]

---

[39] 다른 곳에서 비고츠키는 생물학적 진화와 역사적 발달이 시간상 (최근 5만 년에서 10만 년 동안) 중첩된다고 주장했지만, 생물학적 진화가 역사 발달의 시간 틀 내에 어떤 관련된 효과를 내기에는 너무도 느리다고 추측했습니다. 이 시기에 엄청나게 변화한 것은 당연하게도 문화였습니다. 그러므로 네안데르탈인 혹은 크로마뇽인과 현대 인류의 거대한 차이는 전적으로 문화의, 특히나 언어와 기술의 효과일 뿐입니다. 이 관점에 따르면, 만약에 타임머신이 크로마뇽인의 어린이를 우리 시대로 데려온다면, 그 어린이의 정신 발달은 우리 어린이들과 구별될 수 없을 것입니다(Barash 1986).

신생아는 이런 기본적인 능력들의 세트를 갖추고 자신의 환경과 상호 작용하기 시작하고 이제 문화가 전적으로 관련되게 됩니다.

당연하게도 일부 기능들은 문화적 환경으로부터 온, 상대적으로 적은 입력으로도 계속해서 발달하게 됩니다. 그래서 시각적 예리함, 반응 속도, 보행 능력은 사회문화적 환경으로부터의 최소한의 개입으로도 발달하게 됩니다. 마찬가지로 어린이가 상대적으로 고립되어 자랄 때조차도 기억 능력이 어떤 형태로 향상되는 일이 벌어지는 것은 가능합니다. 이런 의미에서 우리는 비고츠키와 같이 개체 발생에서 가설적인 발달의 자연적 노선을 이야기할 수 있습니다. 당연하게도 윤리적 이유로 어린이를 그의 환경으로부터 격리할 수 없기 때문에 우리는 이 노선을 조사할 수 있는 방법도 없고, 고립되어 키워진 극소수의 불행한 사례의 어린이는 거의 입증하는 것이 없습니다.

이에 반하여, 문화적 전통들이 어린이의 발달을 자연적 요소와 함께 결정하고 형성하는 방식은 매우 많습니다. 문화마다 그들의 잠자리 배치, 자고 일어나는 방식, 정형화된 음식들, 어린이에게 바라는 것, 사회화 전략 등이 다릅니다. 이 모든 엄청난 다양성 중에서 비고츠키는 무엇보다도 문화가 의미적 수단을 통해 우리의 인지적이고 지적인 기능을 형성하는 방식에 관심을 두었습니다. 그가 고등정신과정을 이야기할 때, 그는 언어와 범주화 같은 언어에 근거한 수단들을 습득함으로써 재형성되는 정신과정을 염두에 두고 있었습니다. 이런 식으로 그는 하등지각과 고등지각, 하등주의와 고등주의, 자연적 기억과 고등기억 혹은 논리적 기억을 이야기할 수 있었습니다. 저는 마지막 구분을 예를 들어서 설명해보겠습니다. 어린이가 탁자, 숟가락, 튤립, 포크, 장미, 의자, 냄비, 침대, 과꽃, 칼, 데이지꽃, 찬장 같은 연결되지 않는 낱말의 목록을 암기해야만 한다고 가정해보십시오. 그때, 이 12개의 낱말들은 세 범주로, 즉 '가구(탁자, 의자, 침대, 찬장)', '조리용 기구(숟가락, 포크, 냄비, 칼)', '꽃(튤립, 장미, 과꽃, 데이지꽃)'으로 나눌 수 있다는 것을 알아차리는 것이 엄청나게 도움이 됩니다. 바꾸어 말하면, 우리는 이 과제에 순진한 방식으로 접근해서 그저 특정 순서대로 그것들을 끝없이 그저 반복해서 우리 머리에 그 낱말들을 퍼넣을 수 있습니다. 아니면 우리는 그것들을 범주들로 나누는 현명한 문화적 장치에 의존하여 우리 기억에서 그 낱말들을 꺼내기 위해 범주들을 사용할 수 있습니다. 후자의 비결을 사용하는 것이 기억 과정을 엄청나게 촉진할 것입니다. 비고츠키는 어린이는 성인보다 그런 기억 과제를 해결하는 데 준비가 덜 갖추어져 있고, 그런 식으로 보면 성인은 더 강력한 암기 방법을 사용할 수 있는 기억술사보다 준비가 덜 갖추어져 있다고 추론했습니다. 그런 점에서 보면, 어린이의 기억은 상대적으로 '자연적'이라 할 수 있습니다. 다른 의미에서 보면, 어린이의 기억은 철저하게 문화적인데, 이는 어린이의 기억이 당연하게도 명백하게 말로 하는 기억이고 아마도 잘 훈련된 기억이기 때문일 것입니다. 깨달아야 할 중요한 것은 정말 똑같은 과제가 다양한 문화적 수단들로 해결될 수 있다는 것과 인지 발달은 점차적으로 강력한 문화적 수단들을 연이어 습득하는 것으로 간주될 수 있다는 것입니다. 이런 흐름에서 비고츠키와 그의 협력 연구자들도 '재무장(rearmament)'이라는 용어를 사용했습니다.

발달 과정에서, 어린이는 성숙할 뿐만 아니라 재무장됩니다. 정확하게 이 '재무장'이 어린이가 문화적 성인으로 변형될 때 우리가 어린이에게서 관찰할 수 있는 엄청난 발달과 변화를 일으킵니다.

(Vygotsky and Luria 1993, p. 188)

발달하는 어린이는 더 오래된 도구들을 버리거나 계속 보유하고 새로운 도구들을 배우면서 자신의 문화적 도구의 목록을 증가시킵니다. 성인이기 때문에 우리는 이 단순한 사실을 알아차리지 못합니다. 왜냐하면 너무 많은 복잡한 인지적 조작들이 우리에게 자연스럽게 다가오는 것 같기 때문입니다. 7 곱하기 15를 계산할 때, 우리가 한때는 오랜 시간 연습해서 이해했던 그리고 처음에는 오직 물질적인 것으로, 종이와 연필의 형태로 계산했던 알고리즘을 사용하고 있다는 것을 우리는 더 이상 알아차리지 못합니다.

요약해보면, 비고츠키는 어린이들이 정신 발달을 위한 자신들의 잠재력을 문화적 도구와 함께 결정하는 어떤 태생적 능력들을 가지고 태어났음을 인정했다고 우리는 말할 수 있을 듯합니다. 그는 이러한 능력들을 하등정신과정, 자연적 정신과정이라고 명명했습니다.

어린이의 실재 정신 발달은 부분적으로 이러한 자연적 능력들과 그들의 성숙에 의존하겠지만 더 중요하게는 어린이에게 제공된 문화적 도구들과 이 도구들이 어린이의 능력을 작동하게 하는 방식에 의존합니다. 점자에 안내받지 못한 맹인 어린이는 문맹으로 남을 것이고, 이것이 그의 지적 발달을 심각하게 방해할 것입니다. 과학적 추론의 원리들을 배우지 못한 어린이는 이러한 원리들을 스스로 발견하는 데 혹독한 시간을 보낼 것이고 마찬가지로 지적 발달에 제한을 받게 될 것입니다. 마지막으로, 뇌 발달 같은 요인들은 정신 발달에 역할을 하지만 단순히 결정적이고 한 방향으로만 진행되는 방식으로 역할하지는 않습니다. 여러 동시대인들과 달리, 비고츠키는 뇌의 구조와 기능은 환경적 요소들, 특히 말의 습득에 의해 함께 결정된다고 믿었습니다. 그는 언어에 근거한, 특히나 인간적인 방식의 인지 기능은 전형적으로 인간적인, 역동적인, 체계적인 정신과 뇌의 구조를 창조한다고 주장했습니다.[40]

정신과 뇌의 역동적이고 체계적인 성질

먼저 정신과 뇌의 역동적인 성질, 즉 정신과 뇌가 인간 삶의 여

---

[40] 비고츠키의 협력자 루리야의 저작에 영향을 받은 신경학자 색스는 비슷하게 "언어는 뇌 발달을 엄청나게 변화시킬 수 있다."라고 주장했습니다(Sacks 1989, p. 110).

정에서 변화한다는 관점을 논의하겠습니다. 정신이 개체 발생 동안 변화한다는 것은 일반적으로 받아들여지지만, 뇌가 성숙의 첫 시기 후에도 변화할 수 있다는 것은 확실히 20세기 초 처음 제시된 관점이었습니다. 비고츠키는 하인츠 베르너와 마찬가지로 발달은 분화 (differentiation), 연관화(articulation), 위계화(hierarchization)를 함축한다고 믿었습니다(Van der Veer 2004). 즉, 유아가 나이를 먹어감에 따라 정신 기능들은 분화되고 더 연관을 가지고 위계적 조직을 이루게 됩니다. 예를 들면, 유아들이 흥분하게 되면, 팔과 다리를 움직이며 까르르 소리치며 웃습니다. 지각과 행위가 동시에 이루어집니다. 성인의 경우에는 상황이 매우 다릅니다. 그들은 매우 화가 날지 모르지만 그것을 어떤 식으로 표현하지 않습니다. 감정과 그것의 행동적 표현이 분리된 것입니다. 사고가 감각 운동적 행동을 지배합니다. 보는 것과 행위하는 것이 더 이상 동시적으로 펼쳐지지 않습니다. 이런 발달적 변화들을 고찰하는 특정 방식은 베르너와 비고츠키와 같이 처음에는 통일되어 있던 정신 과정들이 분화되고 위계적으로 조직된다고 말하는 것입니다. 이런 주장들에 일말의 진실이 있다면, 그것은 정신 발달은 유기체적 성장 혹은 성숙일 뿐만 아니라 역동적으로 다시 조직된다는 것을 의미해야만 합니다. 기억 흔적을 보유하는 능력이 더 강해지고, 시각적 예민함이 증가하고, 섬세한 움직임을 만들 수 있는 능력이 증가하지만, 가장 중요한 것은 말로 하는 생각의 영향을 받으며 특정 방식으로 이 모든 과정이 변형되고 조직될 수 있다는 것입니다.

그런 관점은 뇌 조직화에 관한 우리 생각에도 선명하게 영향을 미칩니다. 뇌는 일생 동안 실제로 같은 상태를 유지하는 정적인 구조일 수가 없습니다. 우리는 뇌에 대한 역동적 관점을 받아들여야만 합니다. 그리고 만약에 우리가 그런 관점을 받아들이면, 우리는 성장 측면에서뿐만 아니라 체계적 변화의 측면에서 역동적 변화를 인식해야만 합니다. 발달에서 변화하는 것은 각각의 기능에서 변화가 벌어지는 것이 아닙니다. "변화한 것은 주로 최초의 이 기능들의 연결입니다."(Vygotsky 1930/1997, p. 92). 이처럼 뇌는 문화적 환경의 영향을 받으며 체계적인 변화를 겪는 역동적이고 유연한 구조입니다. 뇌는 결정론적으로 우리의 행위와 정신 과정들을 지배하지 못하고 오히려 그것들에 의해 형성됩니다.[41]

뇌의 역동적이고 체계적인 구조를 입증하기 위하여 단순한 그리고 의심할 바 없이 단순화된 사례를 살펴보겠습니다. 우리가 냄비와 같은 대상을 볼 때, 뇌의 다른 중추들이 동시적으로 활성화됩니다.

---

[41] 색스도 이 관점을 공유했습니다(1995, pp. xⅶ~xⅷ). 그는 우리는 "뇌에 대한 새로운 관점을 필요로 한다고, 즉 뇌에 대한 의미를 프로그램된 정적인 것이 아니라 끊임없이 유기체의 필요에 적응하는 역동적이고 능동적인, 진화와 변화로 촉발된 효율적인 적응 체계로 보아야 한다고 믿었습니다. …… 뇌의 두드러진 유연성과 너무도 놀라운 적응 능력이라는 의미는 나의 환자들과 그들의 삶에 대한 나의 지각을 지배하게 되었습니다."

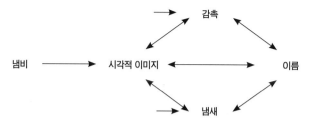

그림 3.1 단순화된 가설적인 뇌 체계

성인이 냄비를 지각할 때, 그가 빈번하게 냄비를 다루는 성인이라면, 그의 시각 중추, 후각 중추, 청각 중추, 감각 중추, 그리고 언어 중추가 동시적으로 활성화될 것입니다. 이것은 우리가 냄비를 보며 그 냄새를 맡았고, 넘치거나 무엇을 넣을 때 소리를 들었고, 그 표면을 느꼈고, 그것들이 냄비라 불리는 것을 배웠기 때문입니다. 지금은 이런 다양한 '중추들'이 뇌의 다른 부위에 있다는 것을 우리는 잘 알고 있습니다. 주요한 시각 중추는 후두엽에 있고, 다른 시각 중추들은 측두엽에 있고, 감각 '중추'는 두정엽에 있고, 다른 것들도 여타 부위에 각각 있습니다. 그리고 이 모든 다른 중추들이 특정 회로를 형성하는 다른 경로를 통해 어떤 식으로든 연결되어 있어야만 합니다. 그렇지 않다면, 냄비의 시각적 이미지는 '냄비'라는 낱말의 기억에 도달할 수 없습니다. 대상의 냄새가 대상의 시각적 이미지를 불러올 수도 없습니다. 어린 어린이들에게는 상황이 다소 달라야만 합니다. 어쨌든 그들은 냄비를 보고 아마 그 이름을 배우겠지만, 그들은 그것을 잘 처리하지 못할 수 있습니다. 그것은 냄비를 지각하는 데 관련된 뇌 중추들의 체계가 성인과 다르다는 것을 함축합니다. 이제 비고츠키의 '역동적인 뇌'라는 관점을 가장 단순하게 말하면, 정신 발달은 다른 뇌 중추들의 이동하는 체계적인 관계로 귀결되거나 그런 관계와 동등하다는 것입니다(그림 3.1 참고).

체계적 관점이 지닌 첫 번째 장점은 그것으로 우리는 뇌에서 정신 과정들의 편재화(localization)에 대한 오래된 두 관점을 극복하게 되었다는 것입니다. 첫 번째 관점, 전체론(holism)은 전체로서의 뇌가 각각의 기능과 모든 기능을 담당한다는 것을 사실로 받아들이고 있습니다. 이것은 「기억 흔적(engram)을 찾아서」라는 래슐리(Lashley 1950)의 유명한 논문에서 옹호된 관점이었습니다. 두 번째 관점, 엄격한 편재화의 관점은 엄격하게 편재된 해당 뇌 중추들이 정신 기능들을 관리한다고 보았습니다. 골상학자들이 이 관점을 옹호했습니다. 이 두 관점은 올바른 것으로 입증되지 않았습니다. 우리는 이제 신경 통로를 통해 연결된 다양한 중추들이 대부분의 정신 기능들을 관리한다고 믿고 있습니다.

체계적 관점이 지닌 두 번째 장점은 뇌가 손상된 경우에 보상이 벌어지는 현상에 대한 가설적인 설명을 제공한다는 것입니다. 색스 (Sacks 1985)가 기술한 사례를 예로 들어보겠습니다. 그의 환자 중 한 사람은 얼굴들이나 대상들을 완벽하게 기술할 수 있었지만 얼굴들 혹은 대상들을 더 이상 인식할 수 없었습니다. 장갑을 보여주면, 그는 그것을 "표면이 단절되지 않고 하나로 이어져 있어요. 주름이

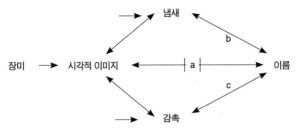

그림 3.2 가설적인 체계적 관계를 통한 보상 사례

잡혀 있군요. 음, 또 주머니가 다섯 개 달려 있는 것 같군요."라고 기술했습니다(Sacks 1985, p. 13).[42] 장미를 보여주면, 그는 "붉은 것이 복잡하게 얽혀 있고, 초록색으로 된 기다란 것"이 있으니 "혹시 꽃일지도 모르겠네요."라고 언급했습니다(같은 책, p. 12).[43] 그렇지만 장미 냄새를 맡게 하자 그는 즉시 그것이 장미라는 것을 알아차렸습니다. 마찬가지로 장갑을 만질 수 있게 하자 그는 그것이 장갑이라는 것을 알아냈습니다. 이런 발견을 해석하는 방법 중의 하나는 위에서 기술한 가설적인 뇌 체계를 참고하는 것입니다. 이런 설명이 가능할 것입니다. 시각적 이미지를 처리하는 시각 중추들로부터 대상의 이름이 보관되어 있는 언어 중추들로 이어진 신경 통로가 훼손되거나 막혔지만, 다른 경로를 통해, 즉 대상의 후각(냄새) '이미지'로부터 그

---

[42] 올리버 색스(2006), 『아내를 모자로 착각한 남자』, 이마고. 37쪽 마지막 행에 있는 번역을 참고했습니다.(옮긴이 주)

[43] 마찬가지로 36쪽과 37쪽의 번역을 참고했습니다.(옮긴이 주)

것의 이름을 간직하고 있는 중추로 인도하는 경로를 통해 대상을 인식하는 것은 여전히 가능합니다. 달리 표현한다면, 비록 시각적 이미지로부터 이름으로 넘어가는 통로 'a'가 막혀 있지만, 대상의 후각적 표상으로부터 그 이름, '장미'로 연결되는 통로 'b'를 통해 대상의 이름을 알아내는 것은 여전히 가능합니다(그림 3.2 참고).

뇌가 손상된 경우에 어떤 정신 수행의 성취를 지속하기 위하여 그렇게 우회하는 방식은 비고츠키와 더 빈번하게 루리아에 의해 반복적으로 기술되었습니다. 하지만 그들의 초점은, 언어와 같이 더 이상 자동적으로 작동하지 않는 과정들을 행하기 위한 고등과정에 더 집중되어 있었습니다. 그들이 반복적으로 논의했던 한 사례는 파킨슨병으로 고통 받고 있던 환자의 사례였습니다. 파킨슨병 환자들은 보행과 같은 움직임을 더 이상 자발적으로 시작할 수 없었습니다. 그들은 사실상 '얼어붙은' 듯했습니다. 그런데 환자들은 보상 수단들을 도입하면 여전히 걸을 수 있었습니다. 그렇게 만든 한 방식은 바닥에 백지들을 각각 한 걸음 정도씩 떨어뜨려 놓는 것이었습니다. 환자들은 이제 종이 위에 발을 내딛어 걸을 수 있었습니다(Vygotsky 1930/1997, p. 105). 다른 사례는 색스가 쓴 매력적인 책 『깨어남(Awakenings)』에 제시된 것입니다.

이 환자는 …… 자신이 움직임을 시작하거나 멈추거나 움직임의 방향을 변화시킬 수도 없다는 것을 오래전부터 알고 있었습니다.

일단 그녀가 움직임을 시작하게 되면, 그녀는 자신을 통제할 수가 없다는 것을 알고 있었습니다. 그러므로 그녀가 미리 매우 정확하게 그녀의 모든 움직임을 계획하는 것이 필요했습니다. 그래서 안락의자에서 긴 의자까지 움직이는 것은 …… 즉시 될 수가 없었습니다. T양은 이동 중에 순식간에 '얼어붙곤' 했습니다. 그리고 아마도 삼십분쯤 그렇게 얼어붙어 있었습니다. 그러므로 그녀는 행위의 두 경로 중 하나를 선택해 착수해야만 했습니다. 두 경우에, 그녀는 일어서서, 정확하게 이동할 방향의 각을 정하고 "지금!"이라고 소리치곤 했습니다. 그 결과로 그녀는 억제할 수 없는 달리기를 시작하곤 했습니다. 그것은 멈출 수도 방향을 바꿀 수도 없었습니다. …… 모든 경로와 이동할 궤적은 미리 계산되고 점검되었습니다. 긴급 사태에 대한 대책과 '안전 장치'가 미리 준비되었습니다. 요컨대 T양의 삶의 대부분은 의식적인 주의와 정교한 계산에 의존했는데, 이것은 그녀가 생존을 유지할 수 있는 유일한 방법이었습니다.

(Sacks 1982, p. 316, p. 321)

그런 환자들이 어떤 행위들을 더 이상 즉시 혹은 자동적으로 수행하지 못하고 다소간 적합한 방식으로 기능하기 위해 다른 방법을 발견할 수 있다는 것을 우리는 어떻게 설명할 수 있을까요? 설명의 핵심은 그들이 자신의 행동에 영향을 미칠 외적 기호들에 의존한다는 사실에 있다고 비고츠키는 믿었습니다. 환자는 마치 외부로부터 자신에게 영향을 주는 것 같았습니다. 비고츠키는 "그 파킨슨병 환자는 주변으로부터 자신에게 영향을 미치면서 기호를 통해 그의 뇌의 다른 지점들의 연결을 확립했습니다."라고 진술했습니다(Vygotsky 1930/1997, p. 106). 달리 표현하면, 바닥의 백지들과 "지금!"이라고 외친 낱말은 둘 다 환자들이 더 이상 자동적으로 수행할 수 없었던 행위를 수행하기 위하여 활용한 외적 기호들입니다. 그것은 마치 환자가 더 이상 내적으로 연결되지 않는 뇌의 두 부분을 외적 기호를 통해 연결하는 것 같습니다. 결과적으로 환자들의 문제들은 개체 발생적으로 선행한 작업 방식, 외적으로 매개하는 방식에 의존함으로써 해결되었습니다(Luria 1932b 비교).

그의 생애 마지막 해에, 비고츠키(예를들면, 1934/1977; 1935)는 개체 발생 동안 어떤 정신 과정들을 담당하는 뇌 체계가 겪는 역동적 변화를 설명할 몇몇 일반 법칙을 공식화하려고 시도했습니다. 만약에 우리가 역동적이고 체계적인 관점을 진지하게 받아들인다면, 우리는 똑같은 뇌의 훼손 부위가 서로 다른 연령 수준에서 서로 다른 심리적 효과를 지니게 될 것이라고 예측해야만 한다는 것을 비고츠키는 또한 깨닫고 있었습니다. 뇌 규제의 역동적 이동을 설명할 세 개의 일반 법칙은 다음과 같습니다(Vygotsky 1935).[44]

---

[44] 제가 판단컨대, 이 세 법칙은 변증법적 유물론의 3대 법칙 중 부정의 부정 법칙, 변증법적 지양을 구체적인 현상에 적용하여 설명한 것입니다. (1) 법칙은 고양을, (2) 법칙은 부정을, (3) 법칙은 지속을 특정 사례에 맞추어 구체적으로 설명하고 있을 따름입니다.(옮긴이 주)

(1) 상향 진행의 법칙, 즉 처음에 하등 중추들이 담당했던 과정들을 후에 고등 중추들이 담당하게 됩니다. 여기서 비고츠키는 일부 행동들은 처음에는 반사에 의해 이루어지지만 나중에는 자발적으로 이루어진다고 언급했습니다. 예를 들면, 유아기의 잡는 행동은 처음에는 잡는 반사에 토대를 두지만, 3~4 개월 후에는 이 반사는 자발적인 잡기 행동으로 대체됩니다.

(2) 종속의 법칙, 즉 상향으로 이동한 후에 하등 중추들은 계속 기능하지만 고등 중추들의 통제를 받습니다. 고등 중추들의 간섭 때문에 심리 과정들은 더 복잡하고 유연해집니다.

(3) 퇴행의 법칙, 즉 어떤 이유 때문에 고등 중추들이 손상되면 하등 중추들이 그들의 독립성을 유지하고 심리 과정을 담당하게 됩니다.

비고츠키는 소위 이 법칙들이 심리 과정들에 대한 뇌 규제의 복합적이고 역동적인 성격을 오직 부분적으로만 반영하는 경험 법칙일 뿐이라는 것을 깨닫고 있었습니다. 예를 들면, 그는 퇴행을 글자 그대로 받아들이면 안 된다고 부언했습니다. 성인 환자가 다시 어린이처럼 될 수는 없습니다. 비록 두 사례에서 고등 중추가 작동하지 않을지 모르지만, 이것은 다른 까닭들 때문입니다. 어린이의 미성숙한 중추들과 성인의 손상된 중추들이 비교적 유사한 징후를 보이지만, 역동적으로 이야기하면, 그들은 '서로 다른 방향에서 달려오고 있는'

두 열차처럼 서로 닮았습니다(Vygotsky 1935, p. 123). 또한 비고츠 키는 세 번째 법칙, 퇴행의 법칙은 늘 유효한 것이 아니라고 언급했 습니다. 일부 사례들에서, 뇌 중추가 손상되면, 다른 고등 중추가 그 역할을 담당할 수도 있습니다. 위에서 제시된 사례들은 이런 가능성 을 보여주고 있습니다. 예를 들면, 더 이상 자동적으로 걸을 수 없는 파킨슨병 환자는 〔추정컨대 하등의 피질하중추(subcortical center)에 의해 인도되는 과정〕 입말을 활용하여 의식적인, 신중한 보행에 의지 함으로써 〔추정컨대 피질중추(cortical center)에 의해 인도되는 과정〕 걸을 수 있습니다(Van der Veer and Valsiner 1994).

비고츠키가 공식화한 법칙들은 의심할 바 없이 지나치게 단순하고 오직 부분적으로만 옳지만, 당시에 우세했던 뇌 조직화에 대한 정적 인 관점과 비교해볼 때 확실히 결정적인 장점을 가지고 있었습니다. 첫째, 비고츠키는 심리 과정들의 뇌 조직화는 성숙 혹은 성장과 관계 없는 중대한 변화들(예를 들면, 언어 습득을 통해 많은 심리 과정들의 뇌 조직화가 재구조화됨)을 겪는다는 것을 알고 있었습니다. 둘째, 이 역 동적인 혹은 시간 발생적인(chronogenic) 관점으로 그는 뇌 손상의 충격은 환자의 연령에 좌우된다는 사실을 이해하게 되었습니다. 사 소한 사례를 제시하겠습니다. 듣지 못하게 된 유아는 자동적으로 언 어를 습득할 수 없게 됩니다. 듣지 못하게 된 어른은 그의 언어 능력 을 계속 보유하게 될 것입니다. 셋째, 비고츠키는 위계적으로 조직된 뇌 중추들의 복합적인 체계가 심리 과정들을 담당한다고 파악했습니다. 넷째, 이 관점으로 그는 환자들이 신경 손상으로 고통 받을 때 보상이 어떻게 그리고 왜 빈번하게 가능했는지를 이해할 수 있었습니다. 비고츠키의 협력 연구자인 루리야는 이 문제들을 아주 상세하게 조사했고 신경심리학이라는 새로운 분야가 확립되는 데 엄청난 공헌을 했습니다. 마지막으로, 이 원리들은 정신과 뇌 조직화는 궁극적으로 연령, 개인적 경험, 훈련, 그리고 언어와 같은 문화적 도구의 습득에 의존한다는 것을 함축하고 있습니다. 문화는 정신과 뇌에 결정적으로 영향을 미칩니다.

결론

이 장에서 우리는 고등정신기능의 문화역사적 이론이라고 불리는 것의 원리들을 개괄했습니다. 그 명칭이 연상시키는 것처럼, 이 이론은 고등정신기능은 문화적으로 역사적으로 변화한다고 진술하고 있습니다. 인간의 정신 발달은, 서로 다른 역사적 시기에 서로 다를 수밖에 없는 문화적 도구들의 습득과 불가분하게 얽혀 있습니다. 문화적 도구들의 숙달, 주목해야 할 말의 숙달은 인간이 자신을 숙달하게, 앞날을 내다볼 수 있게, 계획을 세울 수 있게, 자기를 통제할 수 있게 해주었습니다. 그 과정에서 최초의 자연적 (하등) 과정들은 고등 과정들로 변형되었습니다. 인간의 정신이 그렇게 근본적으로 문화에 의해 결정되기 때문에 우리는 다른 문화들에 사는 사람들이 인지적으로 차이가 있다고 예견할 수 있습니다. 또한 우리는 문화적 도구들의 숙달이 뇌의 조직화를 다르게 이끌었다고 예측할 수도 있습니다. 정신과 뇌의 조직화는 시간이 경과하면서 변화하고 연령, 훈련, 교육, 질병에 좌우됩니다. 정신과 뇌의 체계에 대한 체계적이고 역동적인 관점을 지니게 되어 우리는 병리학에서 연령의 결정적 역할과 보상 현상들을 이해할 수 있게 되었습니다. 문화역사적 이론의 결정적인 발상은 인간 정신을 이해하기 위하여 우리는 정신 밖으로 나와야만 하고 인간이 창조한 문화적 인공물들을 고려해야만 한다는 것입니다.

문화역사적 이론은 대략 1927년에 시작되어 5년의 시기 동안에 창조되었습니다. 그의 삶의 마지막 해에 비고츠키는 교육이라는 쟁점과 정신 발달과 교육의 관계라는 쟁점으로 되돌아왔습니다. 우리는 어떤 종류의 교육을 필요로 하는 것일까요? 우리는 우리의 아이들이 어떤 문화적 도구들을 숙달하기를 원하고 있는 것일까요? 우리가 발견할 수 있는 인지적 기능에서의 문화적 차이들은 특수한 도구들 혹은 학교 교육에 의해 초래되었을까요? 일단 숙달된 문화적 도구들은 시간이 지나도 변하지 않을까요? 이러한 질문들은 비고츠키와 그의 협력 연구자들이 고심했던 문제들의 일부였으며 문화역사적 이론의 작업 방식으로 대답하고자 했던 것이었습니다. 다음 장에서 우리는 연구 활동의 종착역에 이르러 비고츠키가 내놓은 잠정적인 대답들을 살펴볼 수 있습니다.

3.

근접발달 영역

소비에트 연방에서의 지능 검사

비네와 그의 동료 시몽이 어떤 학생이 교사의 특별한 주의를 받아야 하는지를 알아보기 위해 일련의 단순한 질문들을 개발했을 때, 그들은 이것이 심리학 분야에서 그리고 특히 사회에서 엄청난 변화를 일으킬 것이라고 예견하지 못했습니다(Binet and Simon 1905). 곧 세계 각국의 주도적인 심리학자들은 비네와 시몽의 검사를 논의하고 적용해보고 그들 자신의 지능 검사들을 개발하느라 분주해졌습니다. 영국의 버트(Burt), 독일의 스턴(Stern), 미국의 고더드(Goddard), 터먼(Terman), 서스톤(Thurstone), 여키스(Yerkes)는 지능 검사의 이론과 실제를 더 발전시켰던 많은 연구자들에 포함됩니다. 지능 검사는 다양한 목적(진단뿐만 아니라 선발과 예견)에 사용하고자 놀라운 속도로 세계 곳곳으로 퍼져나갔습니다. 그런 와중에 비네의 최초 의도의 상당 부분은 사라져버렸습니다. 비네가 그의 지능 검사 점수는 학교에서 훈련받은 과제와 유사한 것에서 어린이가 행할 성취를 반영한다고 믿었던 반면에, 새로운 연구자 대다수는 그 점수가 어린이의 태생적 지능을 반영한다고 믿었습니다. 게다가 그 태생적 지능은 거의 불변한다고 믿었고 우생학 운동을 지지하는 사람들은 지능 검사를 재생산에 적합한 자와 적합하지 않는 자를 구별하는 뛰어난 도구로 간주했습니다(Gould 1981). 비네(1911/1973, p. 126)는 그런 '야만적 염세주의'에, "개인의 지능은 고정된 양이고, 우리는 그 양을 늘릴 수 없다."라는 관념에 격렬하게 저항했지만, 누구도 그의 말을 들으려 하지 않았고, 오늘날까지도 아이큐(IQ) 검사로 측정된 지능의 성질에 관한 논쟁은 지속되고 있습니다.

지능 검사는 미국에서 1910년대와 1920년대에 절정에 달했습니다(Boring 1950; Hines 1924; Peterson 1926/1969; Wells 1927). 『교육 조사 잡지(Journal of Educational Research)』, 『교육심리학 잡지(Journal of Educational Psychology)』, 『교육학 세미나(Pedagogical Seminary)』, 『영국의 심리학 잡지(British Journal of Psychology)』 같은 잡지들은 지능 검사에 관한 수백 편의 논문들을 게재했습니다. 연구자들은 서로 다른 집단의 구성원들이 얻은 검사 점수를 비교하기 시작했습니다. 예를 들면, 죄수들과 죄수가 아닌 사람들, 정신병원 환자들과 환자가 아닌 사람들, 여성과 남성, 흑인과 백인 등을 비교하기 시작했습니다. 지능 검사가 다른 기능들 혹은 작업을 위한 사람들을 선발하기 위하여 대규모로 실시되었습니다. 그러나 대부분의 검사는 교육과 연계되어, 교수학습을 학생에게 맞추고자 혹은 학생들을 활용할 수 있는 학교에 맞추고자 집행되었습니다. 터먼과 그의 동료들(Terman 외 1923)은 검사를 모든 학교 학생에게 반복적으로 실시하라고 조언("어떤 학생이 검사를 받아야 하느냐고요? 그 대답은 모두 다입니다.")했습니다. 그들은 연령은 학급을 편성하는 기준으로는 불충분하다고 보았습니다. 어쨌든 같은 연령의 어린이들은 지능에서 매우 다양할 수 있습니다. 이런 어린이들에게 똑같은 교육 과정을 제공하는 것은 공정하지 못한 것일 수도 있습니다. 똑똑한 어린이들은 지적으로 도전 의식을 느끼지 못할 것이고 못하는 학생들은 제시된 과제들을 해결하지 못할 수도 있습니다. 터먼과 그의 동료들에 따르면, 이에 대처하는 나은 방법은 모든 어린이를 검사해서 그들을 똑같은 정신 연령에 따라 배치하는 것입니다. 터먼(1921, p. 27)은 "정신적으로 나이 먹은 어린이들과 어린 어린이들을 함께 섞어 놓아서는 안 됩니다."라고 말했습니다. 그런 발상이 가끔은 반대에 직면하기도 했지만(예를 들면, Bishop 1924; Mateer 1918), 학급 구성을 개선하기 위해, 적합한 교육 과정을 편성하기 위해, 교재 선택을 최적화하기 위해 나온 IQ 검사의 사용을 다루는 수많은 논문들을 발견하는 것은 매우 쉬운 일입니다(예를 들면, Brooks 1922; Fordyce 1921; Kallom 1922; Wilson 1926). 어린이가 제공받은 교수로부터 최적의 이익을 얻었는지를 살피기 위해 IQ 점수를 자주 ('성취 지수'로 표현된) 성취 점수와 결합하거나 연결했습니다(예를 들면, Burks

1928; Coy 1930; McCrory 1932; Popenoe 1927; Torgerson 1922; Wilson 1928). 종합해보면, 지능 검사가 학생과 교육 과정의 조화를 향상하는 데 사용될 수 있는지가 널리 논의되었고, 많은 연구자들은 그렇다고 믿었습니다.

1920년대 소비에트 연방의 상황도 본질적으로 다를 것이 없었습니다. 주도적인 연구자들 중 많은 이들이 지능 검사에 흥미를 가졌습니다. 여러 잡지에 검사에 관한 많은 논문이 게재되었습니다. 학교 학생들의 IQ는 대규모로 검사되었습니다. 직업 검사도 널리 실시되었습니다. 그리고 테스트 학자들의 협회가 설립되었습니다(Rahmani 1973, p. 54). 서구와 마찬가지로 일부 연구자들(예를 들면, Blonsky, Lange, Nechaev)은 지능 검사를 대중적으로 사용하는 것을, 그들이 개발한 검사를 옹호하는 경향이 있었습니다(예를 들면, Rossolimo 1926). 다른 연구자들(예를 들면, Kornilov)은 뒤죽박죽의 감정을 가지고 있었고, 또 다른 연구자들(Basov, Chelpanov, Krupskaya, Zalkind)은 아주 비판적이었습니다(Joravsky 1989). 이런 일이 벌어지고 있는 동안에 어린이 집단들에 대한 대대적인 검사는 일부 주목할 만한 결과를 낳았습니다. 첫째, 러시아의 어린이들은 일반적으로 예컨대 프랑스 어린이들보다 비네 검사에서 더 낮은 점수를 얻는 경향이 있었습니다. 둘째, 소수 민족 어린이들은 러시아 어린이들보다 더 낮은 점수를 얻는 경향이 있었습니다. 셋째, 지식인(intelligentsia)과 부농(kulak)의 어린이들은 다른 어린이들보다 더 높은 점수를 얻는 경향이 있었습니다. 넷째, 검사 점수에 근거하면, 너무도 많은 어린이들이 특수 교육을 받아야만 했습니다. 이렇게 되니 사람들은 이런 결과 양상에 여러 방식으로 반응했습니다. 예를 들면, 어떤 사람들은 그 결과를 받아들이고, 그 결과는 이 다양한 집단들과 사람들 간의 태생적 능력 차이를 반영하는 것이라고 주장했습니다. 그렇지 않은 사람들은 그 결과를 받아들이고, 그 결과가 서로 다른 문화적 배경을 반영하는 것이라고 주장했습니다. 그런 추리는 그 결과로 새로운 문화에 공정한 검사를 개발할 것을 혹은 다른 기준들을 사용할 것(예를 들면, 소수 민족 어린이들에게는 특정 학교에 입학하는 데 요구되는 점수를 낮추는 것을 인정하는 것)을 탄원하는 쪽으로 나아가거나 그렇지 않으면 특정 집단을 위한 특별 프로그램을 개발하는 쪽으로 나아갔습니다. 사실상 이런 모든 반응이 당시 소비에트 연방에서 목소리를 냈지만(예를 들면, 러시아인들도 자신들의 과학적 잡지를 지닌 우생학 학회를 가지고 있었습니다. Kurek 2004 비교), 결국에 어떤 것이 취해야 할 적절한 경로인지를 결정하는 것은 전적으로 소비에트 공산당의 몫이었습니다. 지능 검사는 점차 옛날부터 전해지는 계급 차별을 인위적으로 지속하려는 부르주아의 도구로 간주되었습니다. 그 검사들은 아마도 태생적 능력을 반영할 수 없었을 것입니다. 어쨌든, 러시아의 어린이들이 프랑스의 어린이들보다 덜 재능을 지니고 있다고 추정해야 할 근거들은 없었습니다. 그렇지만 낮은 검사 점수에 대한 설명으로 열악한 문화적 환경들을 지적하는 것도 또한 점차 받아들여지지 않았습니다(Bauer 1952). 어쨌든, 소비에트 정권이 10년 넘게 지배한 후에 어떻게 정직한 노동자들 혹은 소수 민족 인민들의 환경이 여전히 나쁠 수 있었겠습니까? 결론은 필연적으로 검사 결과는 잘못된 것이고 비합리하지 못한 사회적 결과를 낳는다는 것일 수밖에 없었습니다 Rudik 1 72). 농부들과 노동자들의 수백만의 어린이들이 새로운 교 체계에 어갈 필요가 있었기 때문에, 지능 검사를 열렬히 지지하 사람들이 과정을 좌절시키는 것은 허용되지 않았습니다. 1936 년 지능 는 아동학 교리(Pedology Decree)를 통해 소비에트 사 에서 되었습니다.

섭발달영역

비고츠키는 언제나 IQ 검사에 매우 비판적이었습니다(Vygotsky 1926, p. 331). 임상심리학자로서 농아 어린이들, 맹아 어린이들, 정신적으로 손상을 입은 어린이들과 작업하면서, 비고츠키는 어린이의 정신 발달을 예상할 수 있게 해주는 혹은 이 어린이들을 위한 인공적인 수단들을 고안할 수 있게 해주는 진정한 진단 도구들을 필요로 했습니다. 스탠포드 비네 검사의 명백한 점수도 이런 맥락에서는 가치가 없는 듯 보였습니다. 그는 격렬하게, 지능 검사가 순수한 유전적 재능을 측정한다고 주장하는 버트와 터먼 같은 연구자가 옹호하는 생각에 반대했습니다. 그렇지만 위에서 이야기했듯이, 소비에트 교육 체제는 매우 다양한 경제적 배경과 문화적 배경을 지닌 수백만의 학생들에 직면했습니다(예를 들면, 그들의 부모는 문맹이거나 모국어가 러시아어가 아니었습니다.). 어린이를 위한 올바른 교육 경로를 발견하는 것은 실천적 중요성이 매우 큰 쟁점이었습니다. 레닌그라드에 있는 게르첸 교육학연구소에서 작업하면서, 비고츠키는 이 쟁점을 무시할 수 없었습니다. 그래서 비고츠키가 조심스럽게 학교에서 교수학습을 개선하고 숨겨진 재능들을 발견하기 위해 지능 검사를 사용하는 것에 관한 출판물을 탐독한 것은 조금도 놀랄 일이 아닙니다. 최종적으로 교수학습과 정신 발달의 일반 관계에 엄청난 주의를 기울였다는 것도 전혀 놀랄 일이 아닙니다. 이렇게 이 질문들에 대한 대답을 찾아가다가, 비고츠키는 근접발달영역이라는 개념을 발견했습니다(Chaiklin 2003 비교).

우리가 알고 있는 것에 따르면, 비고츠키는 1933년에 처음으로 근접발달영역이라는 주제를 언급했습니다. 그 해에 몇 번이나 그는 그 개념에 관해 강연하고 글을 썼습니다. 그가 최종적으로 그 개념을 언급한 것은 『생각과 말』 6장이었으며, 그 내용은 1934년 봄에 구술된 것이었습니다. 근접발달영역이라는 주제가 언급되거나 논의된 것은 출판된 것을 다 합해보아야 겨우 8번이었습니다(Vygotsky 1933/1935a; 1933/1935b; 1933/1935c; 1933/1935d; 1933/1935e; 1933/1966; 1933/1984; 1934a). 흥미롭게도 비고츠키는 그 개념을 발명했다고 주장한 적이 한 번도 없습니다. 반대로 그는 반복해서 그 개념은 그 당시에 아동학적 실제에 폭넓게 사용되었다고 진술했고 오웰(Owell)과 매카시(McCarthy) 같은 미국의 연구자들과 독일의 교육학자 모이만(Meumann)을 그 개념의 (특정 측면의) 창시자로 언급했습니다. 불행하게도, 이런 언급들은 너무 모호해서 누구도 아직까지 그 개념의 기원과 역사를 명료하게 제시할 수 없으며, 현재까지 근접발달영역이라는 개념은 비고츠키의 것으로 말해지고 있습니다.

우리가 시간 순으로 근접발달영역에 관한 비고츠키의 진술들을 살펴보면, 우리는 쉽게 그 개념이 지능 검사의 실행이라는 맥락에서 제기되었다는 것을 그리고 오직 시간이 지난 후에야 더 일반적인 성격을 얻게 되었다는 것을 확인할 수 있습니다. 그 맥락은 무엇일까요? 여러 연구자들(예를 들면, Burt 1927, p. 178; Meumann 1914, p. 766; Stern 1920, p. 245; Terman 외 1923, p. 74)은 똑똑한 어린이들은 학교생활을 몇 년 하고 나면 총명함을 잃는 경향이 있음에 주목했습니다. 즉, 대체로 IQ가 높은 어린이들은 IQ 점수가 낮아지는 경향이 있고, IQ가 평균적인 어린이들은 그 상태를 유지하는 경향이 있고, IQ가 낮은 어린이들은 IQ 점수가 높아지는 경향이 있습니다. 바꾸어 말하면, 학교는 지능 점수에 평균화 효과(leveling effect)를 내는 것으로 보였습니다(Vytgotsky 1933/1935e).[45] 게다가 IQ가 높

---

[45] 발견한 것 그리고 비고츠키의 설명은 둘 다 의심의 여지가 있습니다. 만약에 발견한 것이 사실이라면, 단순한 통계적 설명(반복된 검사를 요구하는 수단으로의 회귀)은 먼저 배제되어야만 합니다.

은 어린이들은 또한 새롭게 얻은 지식과 기술 측면에서 보면 학교에서 이익을 덜 얻습니다. 그들이 여전히 좋은 성적을 얻고 있지만, 일 년 동안 공부하여 그들이 얻은 성공은 상대적으로 보통 혹은 처지는 어린이들보다 낮습니다.[46] 똑똑한 어린이들이 명백하게 학교 교수로부터 이익을 덜 얻고 있다는 이런 조사 결과를 우리는 어떻게 설명해야 할까요? 분명하게 대답할 수 있는 것은 똑똑한 어린이들은 충분히 고무되지 못하고 있다는 것입니다. 그들은 교수를 통해 충분한 도전 의식을 얻지 못하고 있습니다. 그들의 정신 연령이 보통의 어린이보다 더 높기 때문에, 그들의 실제 연령에 적절한 교수는 그들에게 단순하고 너무 쉽습니다. 어린이들은 그들의 지적 수준보다 낮은 과제를 하면서 배우는 게 거의 없습니다. 그들은 정확하게 그들의 지적 수준에 있는 문제를 해결하면서 역시 매우 많은 것을 배울 수 없습니다. 비고츠키는 이것은 매우 불행한 상황이라고 주장했습니다. 왜냐하면, 교수가 해야만 하는 것은 정확하게 반대이기 때문입니다. 교수는 학생의 지적 수준보다 높지만 그것보다 너무 높지 않은 과제를 제공해야만 합니다(아래 내용 참고). 그런 방식일 때만 어린이는 새로운 문제를 해결하려는 높은 도전 의식을 갖게 되고 어린이 자신의 지적 수준보다 높아지도록 충분히 자극을 받게 됩니다.

---

[46] 보통 혹은 처지는 어린이들에 비교된 똑똑한 아이들의 상대적 성공에 관한 비고츠키 (1933/1935e)의 진술은 토거슨(Torgerson1926)을 인용한 듯합니다.

만약에 우리가 이런 추리를 받아들인다면, 우리는 학교에서 두 가지 일을 할 필요가 있습니다. 첫째, 우리는 개별적인 어린이의 지적 수준을 신중하게 확정해야만 합니다. 둘째, 우리는 어린이의 지적 수준보다 높지만 그것보다 너무 높지 않은 과제들과 문제들의 범위를 확정해야만 합니다. 바로 이 지점에서 비고츠키는 어린이의 지적 잠재력을 측정할 수 있는 새로운 방법을 언급했습니다. 이전에는, 그가 말한 것처럼, 우리는 어린이의 지적 수준을 어린이가 독립적으로 해결할 수 있는 문제들의 수와 형태를 파악하여 측정했습니다. 이것을 통해 우리는 어린이의 정신 연령 지표를 얻었고 교수 수준을 그 정신 연령에 맞게 조정하려 했습니다. 그렇지만 어린이를 두 번, 즉 먼저 어린이가 독립적으로 문제를 해결할 때, 그리고 다음에 어린이가 더 능력 있는 파트너와 문제를 해결할 때, 검사함으로써 진행되는 어린이의 지적 수준을 측정하는 새로운 방법이 있습니다. 이 두 번째 절차를 통해 더 많은 것을 드러내는 것으로 입증된 점수를 얻을 수 있습니다. 비고츠키는 이렇게 언급했습니다.

저는 어린이들에게 문제를 해결하는 다른 방법을 보여줍니다. 많은 저자와 연구자는 다양한 사례에서 해결을 입증하기 위해 여러 가지 방법을 활용합니다. 어떤 경우에는 어린이들에게 문제를 해결하는 방법을 보여주고, 그것을 다시 해보도록 요청합니다. 다른 경우에는 어린이에게 문제 해결 과정의 시작 부분을 보여주고, 그것을 끝마치도록 요청합니다. 또 다른 경우에는 어린이에게 유도 질문들(leading questions)에 대답하도록 요청합니다. 한마디로 말해서 다양한 방식으로 우리는 어린이에게 우리의 도움을 받으며 문제를 해결하도록 요청합니다.

(Vygotsky 1933/1935e, pp. 41~42)

당연하게도 우리가 이 절차를 적용하면, 우리는 어린이들이 독립적으로 할 때보다 도움을 받으며 할 때 더 많은 문제를 해결하는 것을 볼 수 있을 것입니다. 그렇지만, 흥미 있는 일은 학생들이 타인들의 암시나 도움으로부터 이익을 얻는 정도가 서로 다르다는 것입니다. 일부 어린이들은 도움을 받아 정신 연령에서 1년의 이익을 얻을 수 있고, 다른 어린이들은 2년 혹은 그 이상의 이익을 얻을 수 있을 것입니다. 비고츠키의 관점에 따르면, 이런 차이가 우연적인 것이 결코 아닙니다. 자신보다 더 능력 있는 파트너의 도움으로 더 많은 이익을 얻는 어린이는 더 많은 지적 잠재력을 지니고 있는 것입니다. 이것은 자신보다 더 능력 있는 파트너의 행위를 파악하거나 모방하는 능력이 어린이 자신의 지적 이해력에 대해 적지 않은 것을 말해주기 때문입니다. 우리는 어떤 것이든 파악하고 모방할 수는 없습니다. 우리는 우리의 이해력을 넘어서는 것을 모방할 수 없습니다. 우리는 우리가 이해할 수 있는 것만을 파악하고 모방할 수 있을 따름입니다. 거꾸로 이야기하면, 우리가 이해하고 모방할 수 있는 것들이 우리의 지적 지평을 나타냅니다. 비고츠키는 다음과 같이 연설했습니다.

이제 근접발달영역이라는 개념과 그 의미를 설명하겠습니다. 이것은 동시대 아동학에서 점점 더 일반적으로 받아들여지고 있습니다. 실제적 발달 수준을 어린이가 발달 과정에서 도달한 수준이고 어린이가 독립적으로 해결한 과제를 통해 확립된 수준이라고 합시다. 결과적으로 실제적 발달 수준을 아동학에서 사용되는 일반적 의미로는 정신 연령이라고 합니다. 우리는 이제 아동학에서 바로 이것을 정신 연령이라 부르는 것을 삼가야 합니다. 왜냐하면 우리가 보았듯이 그것은 정신 발달의 특징을 제대로 드러내지 못하기 때문입니다. 어린이의 근접발달영역은 독립적으로 해결한 문제를 통해 확립된 어린이의 실제적 발달 수준과, 성인의 안내나 혹은 더 지적인 파트너와의 협력으로 어린이가 해결한 문제를 통해 확립된 어린이의 가능한 발달 수준의 차이입니다. 그런데 무엇이 실제적 발달 수준일까요? 가장 순진한 사람의 관점에서 우리가 무엇이 실제적 발달 수준이냐고 물었을 때(단순하게 말해서, 어린이가 독립적으로 해결한 문제들이 무엇을 의미하느냐고 물었을 때), 가장 일반적인 대답은 어린이의 실제적 발달 수준은 이미 성숙한 기능들, 발달의 열매들에 의해 결정된다는 것이겠지요. 어린이는 독립적으로 이것, 저것, 그리고 그것을 할 수 있습니다. 그러면 독립적으로 이것, 저것, 그리고 그것을 하는 데 필요한 기능들이 성숙해 있는 것입니다. 그런데 어린이가 독립적으로 해결할 수 없지만 도움을 받아 해결할 수 있는 문제들을 통해 확립된 근접발달영역, 이것은 무엇을 의미할까요? 근접발달영역은 아직 성숙하지 않았지만 이제 성숙의 과정에 있는 기능들, 내일 성숙하겠지만 지금은 여전히 초기 형태에 머물러 있는 기능들, 발달의 열매라 칭해질 수 없지만, 발달의 새싹으로, 발달의 꽃으로, 즉 이제 막 성숙하고 있는 것으로 칭해질 수 있는 기능들입니다. 실제적 발달 수준이 성공적인 발달 결과, 어제까지의 발달 결과를 보여준다면 근접발달영역은 내일 펼쳐질 정신 발달의 특징을 나타냅니다.

(비고츠키가 1933년 12월 23일 행한 연설.

Vygotsky 1933/1935e, p. 42)

여기서 비고츠키가 주장하는 것은 먼저 도움을 주지 않고 다음엔 도움을 제공하며 어린이를 두 번 검사하면, 우리는 적절한 학교 수업이 진행되어야 할 영역의 하한선과 상한선을 얻을 수 있다는 것입니다. 이상적으로 이야기하면, 교사는 어린이에게 어린이가 독립적으로는 아직 해결할 수 없지만, 도움을 받아 해결할 수 있는 문제들을 제공해야만 합니다. 그런 문제들은 어린이에게 새롭고 고무적일 것이며 어린이의 지적 발달을 촉발할 것입니다. 이러한 문제들을 해결하기 위해 어린이는 이제 막 성숙하고 있는 능력들을 사용해야만 합니다. 물론, 충분히 연습을 하고나면 이런 새로운 문제들과 과제들조차도 진부한 문제가 될 것이고 어린이에게 더 이상 도전적이지 않을 것입니다. 이제 어린이는 자신의 (이전) 근접발달영역을 실현했기에 새로운 것으로 넘어가야 하고 교사는 새롭고 더 어려운 과제들을 제공해야만 합니다. 이 새로운 과제들은 어린이의 다음 근접발달영역 내에 놓여야만 합니다. 이 관점에 따르면, 정신 발달은 경계선을 이동하는 과정일 따름입니다. 과거에 근접발달영역 내에 혹은 심지어 그것을 넘어선 과제였던 것이 이제는 실제적 발달 영역 내의 과제가 됩니다. 이전에는 도움을 받아야만 해결할 수 있었던 것을 이제는 독립적으로 해결할 수 있습니다. 이런 식으로 고찰하면, 근접발달영역은 우리가 특별히 살펴보아야만 할 세 가지 측면을 지니고 있습니다. 첫째, 시간의 차원과 정신 발달의 진단입니다. 둘째, 사회에서 개인으로의 이행의 차원입니다. 셋째, 교수학습은 정신 발달을 선도하는 요소라는 개념입니다(Valsiner and Van der Veer 1993).

시간의 차원과 정신 발달의 진단에 관해 우리는 다음과 같이 언급할 수 있습니다. 비고츠키 자신도 그리고 그가 참고한 연구자들도 개별적인 어린이를 위한 진단적 고안물로 정신 검사를 사용하는 데 관심을 표명했습니다. 학교에서 어린이들의 미래 수행에 관한 관념을 얻기 위해 어린이를 검사했습니다. 연구자들은 그들의 (먼저 도움을 제공하지 않고 다음에 도움을 제공하여 실시하는) 이중 검사라는 새로운 방법이 그저 정신 연령 혹은 IQ 점수를 알아보는 표준적 절차보다 어린이의 학습 잠재력 혹은 지능의 지표를 더 잘 보여준다는 것을 발견했습니다. 어쨌든 똑같은 IQ를 지닌 어린이들이 이중 검사 절차에 의해 결정되는 다른 근접발달영역을 지닐 수 있습니다. 그래서 새로운 절차를 통해 심리학자들은 어린이들을 좀 더 정교하게 구분할 수 있었고 그들의 미래 수행에 대한 좀 더 나은 예견을 할 수 있었습니다. 지능 검사를 지지하는 사람들은 그와 같은 정보가 초등학교와 중등학교에 있는 교사들에게 결정적으로 중요한 것이라 여겼습니다. 3부 1장에서 우리는 반복적 검사라는 이 개념이 부분적으로 재발견되고 우리 시대에 맞게 부분적으로 재발명되어 지능 검사 전통에 새로운 조류로 연결되었다는 것을 살펴볼 것입니다.

언급해야 할 두 번째 지점은 이중 검사 절차는 사회와 개인을 전체적으로(social-individual) 보는 차원과 관련되어 있다는 것입니다. 결론적으로 보면, 오늘 어린이가 협력을 통해 할 수 있었던 것, 그것을 내일은 독립적으로 할 수 있을 것이라는 주장입니다. 달리 표현하면, 협력적 문제 해결 행위는 개인적 문제 풀이 행동을 앞서고 부분적으로 개인적 문제 풀이 활동을 창조한다는 것입니다. 우리는 이제 근접발달영역이라는 개념이 왜 비고츠키에게 그렇게 호소력이 있었는지를 명확하게 알 수 있습니다. 이미 우리는 2부 2장에서 모든 고등정신기능들이 사회적 상호 작용에서 기원한다는 것을 보았습니다. 그는 심지어 소위 '사회발생의 법칙(sociogenetic law)'을 진술했습니다.

일반적으로 우리는 고등정신기능들의 관계가 이전에는 사람들 사

이에서 펼쳐진 진정한 관계들이었다고 말해야 합니다. …… 어린
이의 문화 발달에서 모든 기능은 두 번, 두 단면에, 먼저 사회적 단
면에 이후에 심리적 단면에, 먼저 심리들 사이의 범주로 사람들 사
이에 이후에 심리 내적 범주로 어린이 내에 출현합니다.

(Vygotsky 1931/1983, pp. 142~145)

이 사회발생의 법칙은 본질적으로 고등정신기능들과 자기 규제[47]
는 더 능력 있는 파트너와 사회적 상호 작용을 하면서 시작된다고 진
술하고 있습니다. 어린이가 지금 협력을 통해 할 수 있는 것, 그것을
내일 독립적으로 할 수 있습니다. 협력 수행의 단계는 자동적인 수행
의 단계에 앞서 펼쳐집니다. 이제 근접발달영역이라는 개념은 이 법
칙에 대한 완벽한 실례인 듯합니다. 도움을 받아 검사를 수행하는 것
은 문제 풀이의 심리들 사이의 단계를 나타냅니다. 도움을 받지 않고
검사를 수행하는 것은 심리 내적 단계를 보여줍니다. 근접발달영역
이라는 개념에서 비고츠키에게 호소력이 있었던 것은 사회발생의 법
칙이라는 개념을 진단의 영역으로 전환할 수 있다는 것이었습니다.
그런 측면에서 협력 문제 풀이 상황에서 제공된 도움과 힌트는 금지

---

[47] A와 B라는 표현을 사용할 때, A와 B는 동일 범주에 속하는 것을 병렬하고 있다는 것이
전제됩니다. 저자는, 실수이겠지만, 고등정신기능들과 자기 규제를 병렬했습니다. 비고츠키
의 관점에 따르면, 자기 규제는 고등정신기능에 포함됩니다. 그러므로 '자기 규제를 포함한
고등정신기능들은'이 적절한 표현입니다.(옮긴이 주)

색 과제에서 제공된 색칠한 카드와 비슷합니다(2부 2장 참고). 둘 다 본질적으로 어린이들이 문제를 해결하는 데 활용한, 더 능력 있는 파트너들이 제공했던 문화적 도구들입니다. 어린이가 나이를 좀 더 먹으면, 독립적으로 과제를 해결하기 위해 이 도구들을 내재화하거나 다른 도구들을 사용하게 될 것입니다. 협력적 문제 해결이 개별적 문제 해결을 앞서고 부분적으로 개별적 문제 해결을 창조하기 때문에 (사회발생의 법칙), 이 법칙을 다른 것(근접발달영역이라는 개념)을 예견하는 데 사용할 수 있습니다.

마지막으로, 우리는 비고츠키가 교육이라는 맥락에서, 특히 좋은 교수학습을 보장하기 위한 수단으로 근접발달영역이라는 개념을 논의했다는 것을 기억해야만 합니다. 이상적인 이야기이지만, 교수학습은 개별 학생에 맞게 조정되어야만, 즉 교수학습은 특정 학생의 근접발달영역에서 진행되어야만 합니다. 교수학습은 정신 발달의 뒤를 쫓는 것이 아니라 그것을 창조해야만 합니다. 비고츠키가 한 말을 살펴보겠습니다.

교수학습은 오직 발달을 앞서갈 때만 유익한 것입니다. …… 어린이를 위해 올바르게 조직된 교수학습은 어린이의 정신 발달을 선도하고, 교수학습이 없었다면 불가능했을 총체적인 일련의 발달 과정에 활력을 불어넣습니다.

(Vygotsky 1933/1935a, pp. 15~16)

이것은 당시에는 일반적으로 공유되지 못했던, 교수학습과 인지발달의 관계에 대한 관점입니다. 다음 절에서 우리는 학교 교수학습의 역할에 관한 비고츠키의 더 일반적인 관점으로 돌아갈 것입니다. 그렇지만 그렇게 돌아가기 전에 근접발달영역이라는 개념이 한 역할과 그 개념의 역사적 운명에 관해 간결한 결론적 언급을 하는 것이 도움이 될 것입니다. 위에서 언급했던 것처럼, 비고츠키는 소위 학교의 평균화 효과라는 맥락에서 그 개념을 도입했습니다. 그는 똑똑한 학생들이 왜 학교에서 그들의 장점을 제대로 발휘하지 못하는가를 설명하고자 했습니다. 그의 최종 설명은 아주 단순합니다. 학교에서의 정규 수업은 똑똑한 학생들에게 (새로운) 근접발달영역을 창출하지 못하기 때문에, 그들은 그들의 장점의 일부를 발휘하지 못하게 된다는 것입니다.

왜 높은 IQ를 지닌 어린이들은 초등학교 4년 동안 그들의 높은 IQ를 잃는 경향을 보일까요? 높은 IQ에 도달한 어린이들의 대다수는 …… 유리한 환경에서 자란 어린이들입니다. …… 어떤 어린이는 문화적인 가정에서 자랍니다. 거기에는 소책자들이 있고, 그것을 보며 어린이는 문자에 노출되고 그것을 읽지만, 다른 어린이는 한 번도 인쇄된 문자를 보지 못한 가정에서 살고 있습니다. 우리는 이 어린이들을 학교 지식에 적합한, 어린이들이 학교에서 배우게 될 능력들에 적합한 비네 검사나 다른 검사의 도움을 받아 검사합

니다. …… 더 문화적인 가정에서 자란 어린이들이 높은 IQ를 보이
는 것은 조금도 놀랄 일이 아닙니다. 우리는 그 반대의 결과에 놀라
야만 합니다. 이 어린이들은 도대체 어디서 높은 IQ를 가지게 되는
것일까요? 그들은 근접발달영역 때문에 높은 IQ를 지니게 됩니다.
즉, 그들은 훨씬 이전에 근접발달영역을 경험했고 그래서 그들은
상대적으로 발달의 영역이 적어지게 됩니다. 왜냐하면 어느 정도
까지 그들은 이미 그러한 근접발달영역을 소진했기 때문입니다.[48]

(Vygotsky 1933/1935e, pp. 51-52)

이렇게 본질을 짚으며, 비고츠키는 높은 IQ를 지닌 어린이들[심지
어 그는 '70 퍼센트 이상'이라고 언급했습니다(Vygotsky 1933/1935e,
p. 51).]의 높은 점수는 그들이 자라난 특권적 환경 때문이라고 주장
했습니다. 그들은 학교에 입학하자마자, 모든 학생과 똑같은 환경에
서 하루의 대부분을 보내게 됩니다. 수업이 그 연령의 보통 학생에
맞게 설계되기 때문에 더 똑똑한 어린이들은 충분한 도전을 받지 못

---

[48] 비고츠키는 근접발달영역을 고등정신기능들과 관련하여 설명하고 있습니다. 그래서 미
리 문자에 대한 주의 능력을 습득하고 있다면, 학교에서 그런 핵심적인 기능을 습득해야 할
필요가 사라져버렸다고, 소진해버렸다고 기술하고 있습니다. 선행 학습의 문제점이 똑똑한
학생이 학교에서 전반적으로 크게 더 앞서가지 못하는 현상을 설명하는 데 도움이 되는 것
같습니다. 하지만 그럼에도 똑똑한 학생이 계속 앞서나가는 경우에는 다른 측면의 고등정
신기능이 쉽게 내재화하는 것에서 설명이 될 수 있을 듯합니다. 자신감과 같은 정서적인 고
등정신기능이 그것입니다.(옮긴이 주)

하고 정신적 우월성의 일부를 잃게 됩니다. 이런 설명은 다른 이유들 때문에 흥미롭습니다.

첫째, 얼핏 보기에 비고츠키가 사회적 평등을 이루는 요인으로 학교의 영향력을 다소 과대평가한 것 같습니다. 특권적이지 못한 환경 출신의 어린이들이 학교에서 읽기를 배우게 되고, 그런 의미에서 이미 읽고 쓸 수 있거나 혹은 읽을 수 있는 상태에서 학교에 입학한 어린이들을 따라잡는다는 것은 사실입니다. 그러나 책을 활용하는 따위의 형태에서 환경적 차이들이 계속될 것이라는 점을 고려한다면, 그들이 완벽하게 따라잡을 것이라는 것은 사실과 거리가 있습니다. 또한 어린 나이에는 환경적으로 특권을 지녔다는 것이 읽고 쓰는 능력 이상의 많은 것과 얽혀 있습니다. 그런 환경의 어린이들이 더 많은 지식을 얻고 더 많은 인지적 기술과 초인지적 기술을 배우게 되는 것도 가능합니다. 게다가 학교 다니는 전체 기간 동안 그들은 그들의 지식을 늘리는 수단과 기회를 아마도 더 많이 가질 것이고, 그들의 기술을 향상할 것이고, 또한 더 많은 자신감을 얻게 될 것입니다. 이처럼 강력한 학교의 평균화 효과는 발생하지 않습니다. 사실상 고전적 연구자들과 현대적 연구자들은 그와 반대되는 효과, 마태 효과(Matthew effect)[49]를 사실로 인정하고 있습니다. 이 연구자들에 따르면, 다양한 이유들 때문에 어린이들 사이의 최초의 작은 차이가 학교 다니는 기간 동안 평균화되기보다는 오히려 확대됩니다. 이런 생각에 따르면, 초기의 성공 혹은 실패가 최초의 사소한 차이를 더 확대하는 다양한 결과를 촉발합니다. 예를 들면, 최초의 성공은 동기, 자존감, 노력을 증가시키게 될 것이고, 이것이 역으로 어린이의 미래 수행에 긍정적으로 영향을 주고 또한 교사가 그 어린이에게 높은 기대감을 가지게 할 것이고, 이것이 역으로 교사에게 영향을 미쳐 이 학생에게 더 도전적인 과제 따위를 제공하게 할 것입니다. 반대로 최초의 실패는 반대 방향으로 비슷한 연쇄적 효과를 낳게 될 것입니다. 최종적인 결과는 최초의 차이가 확대되는 것입니다. 불행하게도 비록 평균화 효과와 마태 효과를 지지하는 데 사용된 주장들이 직관적으로 보면 그럴 듯하지만, 사실상 대략 80여 년 이상 연구를 해왔지만 우리는 아직도 어떤 방향으로의 일반적 경향을 보여주는 상당히 견고한 증거를 얻지 못했습니다(Scarborough and Parker 2003). 즉, 우리는 비고츠키가 정교하게 다듬은 근접발달영역이라는 인위적 산물을 설명하는 데 아직도 다양한 가능성을 열어놓아야 합니다.

둘째, 만약에 우리가 학교에 들어갈 때 높은 IQ를 보인 대다수 어린이들이 그들의 특권적 환경 때문에 높은 IQ 점수를 보인 것이라면, 근접발달영역을 창출하는 교수학습을 하라는 비고츠키의 조언은 잠

---

[49] 효과에 대한 명명은 마태복음(25:29)에 있는 재능 있는 자에 대한 우화에서 따왔습니다. "무릇 있는 자는 받아 풍족하게 되지만 없는 자는 그 있는 것마저도 빼앗기리라." '마태 효과'라는 용어는 머튼(1968)이 도입했고 발베르크와 차이(Walberg and Tsai 1983)와 스타노비치(Stanovich 1986)를 통해 교육 분야에 유행하게 되었습니다. 그렇지만, 그 (가능한) 효과와 성경 문구에 대한 언급은 1910년대와 1920년대에 스타치(starch)와 헨몬(Henmon)같은 연구자들에게 이미 알려져 있었고 논의되었습니다(예를 들면, Henmon 1920; Reed 1924).

재적으로 다소 논쟁적일 수 있습니다. 어쨌든 비고츠키의 추론에 따르면, 우리는 똑똑한 어린이들에게 자극적인 수업을 제공하여, 그들을 위한 정신 발달의 새로운 지평을 창출합니다. 그렇게 되면 단정된 학교의 평균화 효과는 사라져버릴 것이기에, 악의적인 비평가들은 근접발달영역을 창출하는 교수학습에 대한 비고츠키의 조언은 본질적으로 사회적 계급에 근거한 어린이들의 인지적 차이를 보전하는 실천을 옹호하는 것으로 압축됩니다. 그것은 소비에트 시기에는 확실히 환영받기 매우 어려운 제안이었을 것입니다.[50]

역사적으로, 이것은 실제 벌어진 일은 아닙니다. 어린이가 학교생활을 하는 동안 IQ 검사를 반복적으로 실시해야 한다는 발상은 그것이 제안된 모든 국가에서 처음부터 반대에 직면했습니다. 개별적인 지능 검사를 실시하는 것은 시간을 소비하는 것이고 전문 지식을 요구합니다. 그래서 이것은 일상적 학교 활동에서는 실천하기가 다소 어렵습니다. 이런 까닭으로 지능 검사를 옹호하는 사람들은 타협적인 방법을 택했습니다. 제안된 하나의 해결책은 어린이들의 정신 발달 수준에 따라 어린이들을 다른 (둔한, 보통의, 똑똑한) 집단으로 편성하고, 그들에게 그 집단의 평균 수준에 맞게 수업을 진행하는 것이었습니다. 그렇지만 연령에서는 큰 차이가 있지만 지적으로는 균등

---

[50] 당연하게도, 학교가 평균화 효과를 내주기를 희망하는 그리고 최초의 부당한 기회 차이를 회복시켜주는 데 최선을 다하기를 요구하는 교육학자들과 정치가들이 많은 국가에 있습니다.

한 어린이들을 함께 모아놓은 것은 한계가 있다는 것은 널리 받아들여졌습니다(Odell 1922; 1930). 하지만 다른 이론들은 지능 검사의 결과에 근거하여 학급을 편성하겠다는 발상에 반대했습니다. 그들이 제시한 이유는 교사의 판단은 존중되어야 하고, 검사 성적은 훈련으로 개선될 수 있으며, 검사가 어떤 집단에게는 공정하지 못하다는 것 등등이었습니다. 역사적으로 살펴보면, 대다수 국가에서 검사 운동을 악용한 교육 체계에 대한 대대적인 공세는 근본적인 지점에서 실패했다고 결론내릴 수 있습니다. 진급은 여전히 주로 연령에 근거하고, 진급과 유급은 우선적으로 교사의 판단에 근거하고, 학교의 성취는 교사가 출제한 검사 문제로 측정되고 있습니다. 학교 학생을 대상으로 한 진부하고 빈번한 지능 검사는 결코 기반을 마련하지 못했고 심리학자들은 근접발달영역이라는 개념에 의해 제시된 이중 검사라는 발상을 잃어버렸습니다. 침묵의 수십 년이 지나고 이 관념이 포이에르스타인(Feurstein)의 작업에서 그리고 비고츠키 지지자들의 작업에서 다시 등장했을 때, 연구자들은 주로 그 측면들 중 하나에만 초점을 맞추었습니다. 일부 연구자들은 개별 어린이를 위한 진단 장치로 이중 검사라는 발상에 초점을 맞추었고, 다른 연구자들은 정신 발달의 원천으로 더 능력 있는 파트너와 협력한다는 발상에 초점을 맞추었습니다(3부 1장 참고).

요약하면, 비고츠키는 어린이의 정신 수준을 고려한 수업이 필요하다는 맥락에서 근접발달영역이라는 개념을 진전시켰습니다.[51] 유익한 교수학습은 어린이를 자극하는 수업입니다. 왜냐하면 어린이의 독립적 수행 수준을 넘어서야 하기 때문입니다. 이런 교수학습이 부족하여 학교에서의 평균화 효과가 나타난다는 비고츠키의 설명은 (그 효과 자체만큼이나) 의심스럽지만, 엄격하게 이야기하면 이 설명은 근접발달영역이라는 개념 그 자체를 평가하는 것과는 관련이 없습니다. 그 개념이 1970년대에 재발견되었을 때, 그것은 새롭고 매우 흥미로운 경험적 연구와 이론적 해석들을 질풍처럼 쏟아냈습니다(3부 1장 비교).

교육과 발달

앞서, 우리는 비고츠키가 교육과 정신 발달의 관계를 다루는 강연과 글에서 근접발달영역이라는 개념을 논의했다고 이야기했습니다.

---

[51] 비고츠키가 가상 놀이(pretend play)는 근접발달영역의 원천일 수 있다고 제안했던 출판물 하나를 우리는 알고 있습니다. 성인의 역할을 하고 놀면서, 어린이는 이를테면 자신의 정신 수준보다 높은 활동을 합니다 ["자신보다 머리 하나가 더 크다."(Vygotsky 1933/1966)]. 이론적인 측면에서 보면 이 제안은 정교하게 다듬어지지 못했습니다. 우리는 어린이의 가상 놀이를 지연된 모방으로 생각할 수 있으며, 비고츠키처럼 어린이들은 그들이 이해할 수 있는 것만 모방할 수 있다고 주장할 수 있습니다. 그러나 교수학습에서 창출되는 발달의 영역이라는 개념과의 차이점은 상당히 큽니다. 놀이에서 어린이는 능동적으로 하고 싶은 역할들을 선택하고 적절한 수행에 대한 도움 혹은 암시를 제공받지 못합니다. 놀이에 대해 생각해 보면 우리는 비공식적인 학습, 비고츠키의 작업에서 거의 강조되지 않았던 영역을 이해하는 데 큰 도움을 얻을 수 있습니다.

우리는 또한 비고츠키가 교수학습은 발달을 이끌어야만 하고, 발달 과정에 활력을 불어넣어야 한다고 주장하는 것을 보았습니다. 이러한 진술은 비고츠키가 '교수학습'과 '발달'이라는 용어로 정확하게 의미 하고자 한 것이 무엇인지 그리고 그가 그것들의 관계를 어떻게 보았 는지에 대한 질문을 제기하게 만듭니다. 이것은 비고츠키가 여러 번, 특히 『생각과 말』(Vygotsky 1934a) 6장에서 다루었던 쟁점이었습니다.[52] 거기서 비고츠키는 교수학습과 발달의 관계에 대한 잘 알려진 세 관점을 논의하면서 자신의 입장을 진술했습니다.

누구보다도 피아제에서 비롯된 첫 번째 관점에 따르면, 교수학습 과 발달은 상호 독립적입니다. 인지 발달은 성숙 과정에 의존하고 교 육과는 관계가 없습니다. 그것이 피아제가 '순수한' 인지 발달을 연 구하는 과정에서 학교에서 교수된 주제를 회피한 까닭이기도 합니다. 그는 어린이 자신의 생각 수준과 관련이 없는 학교 지식에 근거하여 미리 제시된 대답들을 얻게 되는 것을 회피했습니다. 그것이 피아제 가 어린이가 사전 지식을 전혀 가지지 않았던 주제들에 의존한 까닭 이기도 합니다. 이것이 또한 피아제가 어린이들의 자연 발생적 개념 들에 관심을 가지지만 어린이가 사용하는 과학적 개념들에는 관심을 가지지 않았던 까닭이기도 합니다. 이 관점의 뒤에 놓인 가정은 인지

---

[52] 비고츠키(2011) 6장 3절에서 이 내용을 확인할 수 있습니다. 442~449쪽(6-3-4에서 6-3-21까지)의 내용입니다.(옮긴이 주)

와 지식은 독립적이며 서로 관련이 없다는 것입니다. 즉, 인지 혹은 지능을 유전과 성숙에 근거한 사적인 속성으로 간주했습니다. 그렇기 때문에 인지는 그것의 순수한 형태, 즉 수업과 다른 환경적 요인들에 오염되지 않은 형태로 측정되어야만 합니다. 교육과 관련해보면, 이 관점은, 교사는 성숙의 효과 위에 교육 활동을 세울 수 있고 세워야 하지만, 교수학습만으로는 어떤 근본적인 방식에서 인지 발달에 영향을 미칠 수 없다는 것을 함축하고 있습니다.

제임스(James)와 손다이크(Thorndike)에게서 비롯된 두 번째 관점에서는 교수학습과 인지 발달 사이에는 아무런 관계가 있을 수 없다고 이야기했습니다. 왜냐하면 그 둘은 본질적으로 같은 것이기 때문입니다. 교수학습과 인지 발달은 둘 다 연합의 형성에 토대를 두고 있습니다. 교육과 발달은 조건화 과정에 토대를 두고 있습니다. 기껏해야 교사는 성공적인 조건화가 발생할 수 있는 적절한 조건화를 창조한다고 말할 수 있지만, 이런 의미에서 학교는 삶에 근본적인 이점이 없습니다. 우리는 그렇지 않았더라도 펼쳐질 수 없었던 인지 발달에 교육이 활력을 불어넣는다고 말할 수 없습니다. 이 관점은 비고츠키가 초기 시절에 옹호했던 관점과 아주 유사하다는 것은 재미있는 일입니다. 2부 1장에서 우리는 1920년대 초반에 비고츠키가 파블로프의 고전적 조건화 이론에 깊은 인상을 받았다는 것을 그리고 그가 조건화로 학습을 말했다는 것을 보았습니다. 또한 그 시기에 그는 촉진하는 것이 교사의 역할이라고 보았습니다. 정원사가 식물에게 강제로 자라게 할 수 없는 것처럼 교사는 학생들에게 강제로 배우게 할 수 없습니다. 우리가 보게 되겠지만, 1930년대에 비고츠키는 이 관점을 일면적이라고 단정했습니다. 당연하게도 교수학습에는 하한 경계선이 있습니다. 우리는 어린이의 지적 수준과 무관하게 어린이에게 아무것도 가르칠 수 없습니다. 그러나 그 하한 경계선을 넘어선 교수학습은 인지 발달에 근본적인 중요성을 지닙니다.

비고츠키가 코프카(Koffka)에게서 비롯된다고 한 세 번째 관점에서는 발달은 성숙과 교육 둘 다에 토대를 둔다고 주장했습니다. 비고츠키에 따르면, 이 관점에는 여러 가지 이점이 있습니다. 첫째, 코프카는 교수학습과 발달은 다소 관련이 있다고 주장했습니다. 비록 그는 정확하게 어떻게 관련이 있는지는 상술하지 않았지만 말입니다. 둘째, 코프카는 교수학습에 대한 새롭고 전도유망한 관점을 공식화했습니다. 교수학습은 새로운 구조들 혹은 생각의 형태(gestalt)들을 창조해야만 합니다. 이러한 구조들은 내용과 독립되어 있습니다. 이것은 일단 어린이가 어떤 구조를 숙달하게 되면, 지식의 다른 영역에도 그 구조를 적용할 수 있다는 것을 함축하고 있습니다. 그래서 이 관점은, 교수학습은 그 결과로 다른 형태의 구조로 연결될 수 있다는 것을 함축하고 있습니다. 예를 들면, 타자치는 것을 학습하는 것은 어린이에게 그저 타자치는 것을 가르치는 것일 뿐입니다. 어린이가 어떻게 다른 영역에서 이 기술로부터 이익을 얻을 수 있는지 파악하는 것은 어렵습니다. 그렇지만, 추리하는 것을 학습하는 것 혹은 특정한 것을 발견하는 방법을 학습하는 것은 더 많은 것을 산출할 수도 있습니다. 생각의 그런 구조들이 다른 영역에도 적용될 수 있다고 당연하게 상상할 수 있습니다. 셋째, 코프카는 교수학습이 발달을 이끌어 갈 가능성을 열어두었습니다. 왜냐하면 한 영역에서 새로운 구조 하나를 숙달하게 되면 다른 영역에서 미래에 결과를 산출할 수 있기 때문입니다. 본질적인 내용을 지적하면서 코프카는 교육이 형성적 역할을 행하는 (후기 피아제의 관점과 다른 게 없는) 발달에 대한 구조적 관점을 옹호했습니다.

교수학습과 발달의 관계에 대한 코프카의 생각이 비고츠키에게 가장 호소력이 있었습니다. 비고츠키는 성숙과 교수학습의 상호 관계를 상술하지 않은 채 성숙과 교수학습의 영향력에 대한 부가적 모델을 당연한 것으로 받아들였다는 점에서 코프카의 이론이 이원론적이라고 주장했지만, 그럼에도 불구하고 비고츠키가 자신의 관점과 경험적 연구를 위한 출발점으로 삼았던 것은 코프카의 이론이었습니다. 이러한 연구들로부터[53] 비고츠키가 내린 결론은 교수학습과 발달의 관계는 복잡하다는 것이었습니다. 초등학교에서 교수학습의 주요한 결과물은 오소즈나니예(osoznanie, осознание)와 오블라데니예(ovladenie, овладение)입니다.[54] 오소즈나니예는 어떤 것을 의식하

---

[53]비록 비고츠키가 여러 경험적 연구가 그의 지도하에 수행되었다고 언급했지만, 이것들은 상세하게 논의되지 않았습니다. 연구의 결과는 아마도 분실된 듯한, 출판되지 않은 석사 학위 논문에 기술되어 있었습니다.

54 세계적 석학의 해석에 문제가 많습니다. 그것은 2007년까지의 연구 수준이기 때문입니다. 우리가 도달한 지점은 조금 더 나아간 지점입니다. 아래 내용을 보면 확인할 수 있습니다. 그럼에도 불구하고 저자의 표현을 가능하면 그대로 살렸습니다. 그것은 역사이기 때문입니다. 이 내용과 관련된 곳은 비고츠키(2011) 『생각과 말』 6장 2절 23문단입니다. 2013년 여름 방학 때 6장만 번역을 다듬고 약간의 설명을 더하여 세상에 내놓을 계획입니다. 다듬고 있는 자료를 미리 공개하면 이렇습니다.

6-2-23) 이 시점에서 우리는 최초의 개념에 대한 의식적 파악의 부재와 이후의 문제를 해결하는 데 동일한 정도로 이론적, 실제적 측면에서 설득력이 너무도 없는 의식적 파악의 출현이라는 밀접하게 연관된 두 쟁점을 차분하게 생각할 수 있습니다. (피아제처럼) 개념에 대한 의식적 파악의 부재와 그것을 자발적으로 사용하는 능력이 없는 것을, 이 연령대의 어린이가 일반적으로 의식적 파악을 할 수 없다는, 즉 자기중심적이라는 것에 근거하여 설명하는 것은 그 자체로 가당치 않습니다. 이는 우리의 연구가 보여주듯이 바로 이 연령대에서 발달의 핵심인 고등정신기능1)들이 출현하고, 이 고등정신기능들의 근본적인 변별적 자취가 지성(인텔렉투알리자차)과 습득(오블라데니에)(2), 즉 의식적 파악(오소즈나니에)과 의지적 숙달(프로이즈볼노스츠)(3) 바로 그것이기 때문입니다.

1) 고등정신기능 : 고등정신기능이라는 표현을 택했습니다. 한국에서 이 표현이 압도적으로 많이 회자되고 있기 때문입니다. 고등심리기능이라는 표현이 좀 더 원문에 적합한 번역임에는 틀림없습니다. 원문의 낱말은 'психологический'입니다.

2) 지성과 습득 : 저자는 고등정신기능이 인식 주체에게 내재화되었음을 알 수 있는 지표로 지성과 습득을 제시했습니다. 지성과 습득을 한국어로 풀어내는 작업은 많은 연구가 필요합니다. 여기서는 낱말을 낱말로 옮기는 수준으로 번역하여 제시했습니다. 지성을 갖춘 사람이 되었다는 것을 연상하면 될 것 같습니다. 2011년 경기교육청의 지표인 지성도 결과적 모습을 보여주고 있는 듯합니다. 다방면에 걸쳐 지적인 능력을 자연스럽게 펼치는 것을 지성이라고 생각하면 무난할 것 같습니다. 습득은 고등정신기능 각각을 숙달하여 내재화된 것을 의미합니다. 그래서 『생각과 말』에서 숙달로 했던 것을 문맥에 맞게 습득으로 고쳤습니다. 익혀서 가지게 되었다는 의미와 더 잘 어울리기 때문입니다. 모국어를 잘 사용하면 우리는 모국어 습득이 이루어졌다고 하는 일상적 표현을 참고했습니다.

3) 의식적 파악과 의지적 숙달 : 『생각과 말』에서 의식적 파악은 의식 구조의 변화와 신형성체 성립과 연관된다고 설명했고, 의지적 숙달은 행동적 측면으로 발달의 중심 노선과 연관된다고 설명했습니다. 이 둘은 한 과정의 두 측면이라고도 언급했습니다. 의식적 파악은 대상을 명료하게 지각, 통찰하는 것과 연결됩니다. 의지적 숙달은 과제 수행에 의지가 반영되어 행하는 것과 연결됩니다. 의지적 숙달은 우리가 잘 알고 있는 교육학 용어인 자발성의 발현에 가깝습니다. 모스크바 대학에서 강의를 하고 있는 방 교수의 설명에 따르면, 두 낱말 다 많은 의미를 체계화한 (러시아의) 교육학 용어입니다. 둘 다 적절한 번역어를 찾는 것이 연구 과제인 핵심어입니다.(옮긴이 주)

게 되는 것 혹은 의식적 깨달음(프랑스어는 prise de conscience입니다.)으로 번역될 수 있습니다. 어린이는 자신의 행위와 발화를 반성할(reflecting) 수 있습니다. 오블라데니예는 숙달(mastery) 혹은 통제(control)로 번역할 수 있습니다. 어린이가 자신이 하고 있는 것을 의식적으로 깨달을 수 있기 때문에, 어린이는 신중하게(deliberately) 행위나 조작을 수행할 수 있습니다. 달리 표현하면, 어린이의 행위들은 더 이상 환경의 자극에 좌우되지 않습니다. 왜냐하면 어린이가 스스로 자신의 행동을 통제하기 때문입니다. 비고츠키는 어떻게 오소즈나니예와 오블라데니예의 개념에 도달했을까요? 여기서 비고츠키의 추리는 다소 일반적이고 사례들에 근거했습니다. 그가 선호하는 사례는 쓰기를 배우는 사례였습니다. 왜 학교 어린이들은 쓰기를 배우는 것을 어려워할까요? 어떤 의미에서 쓰기는 말하기와 다를까요? 비고츠키는 쓰기는 어려운데 이는 내적 말과 가장 다르기 때문이라고 주장했습니다(2부 2장 참고). 내적 말은 자기 자신에게 하는 말이기 때문에, 가장 많이 생략되고 압축되고 서술적일 수 있습니다. 즉, 사람들은 동사, 명칭, 상세한 설명 등을 빠뜨리기 마련인데, 이는 화자와 청자가 동일인이고 이 모든 세세한 것들을 이미 다 알고 있기 때문입니다. 입말에서 사람은 (내적 말보다) 더 상세해야 합니다. 왜냐하면 청자와 모든 정보를 공유하지 못하고 있기 때문입니다. 마지막으로, 쓰기에서 혹은 비고츠키가 명명한 글말에서 사람은 조금 더 상세해야만 합니다. 왜냐하면 독자는 같은 물리적 환경에 있지 않기 때문입니다. 예를 들면, 사람은 "내가 여기 서 있을 때, 그가 나를 모욕했어."라고 쓸 수는 없습니다. 왜냐하면 '여기'와 '그'라는 낱말은 맥락 밖에서는 특정한 의미가 없기 때문입니다. 그래서 쓰기를 할 때 사람은 내적 말은 말할 것도 없고 정상적인 대화에서도 필요하지 않은 온갖 종류의 세세한 것들을 적어야만 합니다. 그렇게 하기 위해 어린이는 자신이 표현하고자 하는 내용과 독자가 내용을 이해하기 위해 필요한 정확한 정보에 관해 주의 깊게 생각해야만 합니다. 물론 쓰기를 배우면서 어린이들은 기호들에 의해 소리가 전달될 수 있다는 것, 낱말은 음절로 이루어진다는 것 등을 또한 배워야만 합니다. 그 과정에서, 어린이들은 모국어의 구조를 더 의식하게 됩니다. 마지막으로 지속해야 할 동기가 다르다는 점에서 쓰기는 말하기와 다릅니다. 입말은 한 사람이 말하는 것이 다른 사람이 말한 것에 대한 응답인 대화에서 주로 발생합니다. 바꾸어 말하면 입말은 주로 다른 사람의 발화로 동기가 생기고, 그것으로 추동된 자극에 대한 반응입니다. 그에 반해 글말은, 예를 들어 편지를 쓰는 것은 의식적 결정이 필요하고, 즉각적인 이전의 응답으로 제기되지 않은 특별한 동기도 필요합니다.

종합해보면, 어린 어린이들에게 쓰기가 어렵다는 것을 이해할 수 있게 해주는 말하기와 쓰기의 차이가 많습니다. 쓰기는 의식적 통제 혹은 신중한 숙달을 요구하는 기술입니다. 동시에 쓰기를 배울 때, 어린이는 모국어의 속성들을 더 잘 의식하게 됩니다. 그들은 모국어가 어떤 구조를 가지고 있다는 것을 깨닫게 됩니다.

이렇게 보면, 비고츠키는 쓸 수 있게 될 때 발생하는 것은 학교에서 더 일반적인 현상임을 사실로 전제하고 있습니다. 어린이는 신중하게 어떤 기술들을 숙달하는 것을 배우고, 그렇게 하면서 이전에는 부지불식간에 수행했던 과정을 이젠 더 의식하게 됩니다. 쓰기를 배우는 것이 입말을 이해하는 데 역으로 도움을 줍니다. 문법을 배우게 되면 사람은 모국어의 어떤 구조적 속성들을 의식하게 됩니다. 외국어를 배우게 되면 모국어의 독특한 특징을 의식하게 됩니다. 수학을 배우게 되면 산수에 대한 깊은 이해가 가능해집니다. 이런 예는 매우 많습니다. 어린이가 이전에는 자연 발생적으로 이해도 제대로 하지 못하고 했던 것들을 이제는 완벽하게 이해할 수 있게 되고 의식적으로 통제할 수 있게 됩니다. 그렇기 때문에 비고츠키는 학교 수업의 중요한 산물들이 반성(osoznanie)과 숙달(ovladenie)이라고 주장했습니다. 게다가 앞에서 이야기했듯이 한 주제에 대한 이해는 다른 주제에 대한 이해에 영향을 미칩니다. 이렇기 때문에 비고츠키는 형식 도야라는 오랜 교리에[55]어쨌든 약간의 진실이 담겨 있다고, 가르쳐진 주제와 지식을 넘어 교수학습이 인지에 구조적 영향을 미칠 수 있다

[55]그 관념은 어떤 형식 교과들(예를 들면, 라틴어, 수학)을 가르치는 것은 학생들에게 어떤 기술들을 스며들게 해서 그들이 다른 주제를 숙달하는 데 이익이 되게 그 기술들을 사용할 수 있다는 것입니다. 예를 들면, 수학을 배운 것은 분석적 능력을 얻게 할 것이고 이는 다른 영역에서 학생이 더 이익을 얻을 수 있게 할 것입니다(학습의 전이). 비고츠키 시대에 이것은 아주 뜨거운 논쟁을 일으키는 주제였으며 지금도 여전합니다. 예를 들면, 스크라이브너와 콜(Scribner and Cole 1981)과 라버(Lave 1988)의 저작을 참고하십시오.

고 주장했습니다. 교수학습과 인지 발달은 구분되어야만 하고 교수

학습은 다른 식으로는 발생하지 않았을지도 모르는 인지에서의 구조

적 변화를 촉발합니다. 이런 입장이기 때문에 비고츠키는 학교 수업

의 선도적 역할을 강조했고 재구조화하는 효과를 내는 기제를 (반성

과 숙달의 개념으로) 상술했습니다. 경험적 연구 결과는 이런 입장을

강화한다고 비고츠키는 주장했습니다. 그렇지만 상세하게 살펴야 할

가치가 있는 유일한 연구는 비고츠키의 박사 과정 학생인 시프(Shif)

가 수행한 일상적 개념과 과학적 개념의 상호 작용에 대한 연구였습

니다. 이제 이 연구를 살펴보겠습니다.

과학적 개념의 역할

어린이가 학교에 입학할 때 그들은 이미 많은 일상적 개념들, 즉

명백하게 학교 수업의 맥락 밖에서 획득된 개념들을 알고 있습니다.

이런 개념들의 특징은 그것들이 체계적이고 상호 연결된 방식으로 어

린이에게 소개되지 않는다는 것입니다. 어린이들은 서로 다른 개념들

이 어떻게 함께 섞여 있는지를 일반적으로 모르고 있고, 개념들이 지

식의 특정 영역의 모든 본질적 측면을 적절하게 담아내는 것은 보장

받을 수 없습니다. 그렇지만 과학적 개념에 있어서는 이런 것들이 달

라집니다. 이상적으로 교사는 서로 연결된 전체로서 개념들을 가르

치고, 그 개념들은 지식의 그 영역에서 (이것이 가능하고 그럴듯하다고

느껴질 정도로) 가장 최신의 과학적 통찰력을 반영하고 있다고 추정됩니다. 교수학습과 발달의 관계에 대한 그의 일반적 관점과 일치하게, 비고츠키는 과학적 개념들은 어린이의 일상적 개념들 위에 세워지고 어린이의 일상적 개념을 재구조화한다고 믿었습니다. 시프(Shif 1935)의 연구는 이 가설을 검증하려는 시도였습니다. 그렇지만 동시에 그 연구는, 피아제가 연구 결과를 정리하는 방식과 연구 방법론을 설명하고자 제시한 일부 발견들과 해석들을 논박하려는 시도이기도 했습니다. 위에서 보았던 것처럼, 피아제는 어린이의 자연 발생적 개념들을 연구해야만 한다고 주장했습니다. 왜냐하면 그의 관점에 따르면 오직 이 개념들만이 어린이의 진정한 생각을 반영하기 때문입니다. 그의 연구 결과 중 하나에서 피아제(1924)는 '비록 ~ 하지만(although)'과 '~ 때문에(because)'로 끝나는 문장을 어린이들에게 제시하고 그 문장을 완성하도록 어린이에게 요청하여 두 낱말에 대한 어린이의 이해 정도를 조사했습니다.[56] 그래서 피아제는 "비행사가 자신의 비행기를 추락시켰습니다. 왜냐하면 ……." 그리고 "그 소년은 개구쟁이였습니다. 비록 …… 하지만."과 같은 문장들을 제시했습니다. 시프는 이 절차를 재연하기로 결정했지만 더 어린 어린이와 좀 나이 먹은 어린이 둘에게 검사하기로 그리고 일상적 맥락과 과학적 맥락 둘 다에서 이 낱말들에 대한 어린이의 이해 정도를 검사하기로 결정했

[56] 상세한 내용은 비고츠키(2011) 6장 5절에서 확인할 수 있습니다.

습니다. 비고츠키와 마찬가지로 그녀는 과학적 맥락에서 '~ 때문에'와 '비록 ~ 하지만' 같은 낱말들을 체계적으로 소개하는 것이 일상적 맥락에서 이 낱말들을 이해하는 정도에도 영향을 미칠 것이라고 믿었습니다. 그 가설을 검증하기 위해, 피험자들에게 일상적 주제와 과학적 주제에 관한 문장들을 제시하며, 그녀는 초등학교 2학년과 4학년 학생을 인터뷰했습니다. 과학적 주제들은 학교에서 어린이들에게 가르치던 교과, 즉 공민학(civics)에서 추출했습니다. 당시의 공민학은 소비에트 세계관의 설명과 동일한 것이었습니다. 이런 연유로 그녀는 어린이에게 "자본가들은 소비에트 연방 공화국에 대항하여 전쟁을 준비하고 있습니다. 왜냐하면 ……." 그리고 "아직도 신을 믿고 있는 노동자들이 있습니다. 비록 …… 하지만." 같은 문장을 제시했습니다. 그런데 시프는 무엇을 발견했을까요? 우리는 '~ 때문에'로 시작하는 문장 완성과 관련된 결과들에만 초점을 맞추고자 합니다.

2학년 어린이들은 일상적 주제에 대한 '~ 때문에' 문장들의 59%를 그리고 과학적 주제의 문제에 관한 '~ 때문에' 문장들의 80%를 완벽하게 마무리할 수 있었습니다. 그런데 과학적 영역에 대한 어린이들의 대답에 질문을 했을 때, 어린이들은 다소 전형화된 이해를 보여주었습니다. 어린이들은 그들의 대답을 설명했지만, 그들의 설명은 다소 도식적인 방식으로 학교에서 배운 설명을 반복하는 것처럼 보였습니다. 이런 일이 일상적 주제에서는 벌어지지 않았지만, 시프는 어린이들이 일상적 주제에서 빈번하게 동어 반복적인 대답(예를 들면, "비행사가 자신의 비행기를 추락시켰습니다. 왜냐하면 그가 비행기를 추락시켰기 때문입니다.")을 하거나 그들의 대답을 설명하는 데 어려워하고 있다는 것을 발견했습니다. 그녀가 보기에, 이러한 결과들은 이 연령에서 일상적 주제에 대한 대답과 과학적 주제에 대한 대답은 각각이 장점과 약점을 다 지니고 있음을 보여주었습니다. 과학적 영역에서, 어린이들은 다소 정확한 대답을 했고 종종 더 진전된 설명을 할 수 있었습니다. 그렇지만 그들의 대답은 다소 전형적이었습니다. 일상적 삶의 영역에서, 대답들이 덜 전형적이었지만 정확한 대답의 수는 다소 낮았고 어린이들은 그들의 대답을 설명하는 데 훨씬 어려워했습니다.

4학년에서 상황은 전혀 달랐습니다. 시프는 '~ 때문에' 문장에서 일상적 영역에서는 정확한 대답이 81%이고 과학적 영역에서는 정확한 대답이 82%라는 것을 알게 되었습니다. 게다가 시프는 이제 과학적 대답들에서 도식적인 측면이 사라지고 어린이들이 이제는 그 주제 문제를 완벽하게 이해하고 더 이상 단순하게 배운 대답을 그대로 반복하지 않는 것처럼 보인다는 것을 발견했습니다. 이런 결과들을 전체적으로 어떻게 설명할 수 있을까요? 시프가 제공한 대답은 다음과 같습니다. 명백하게, 학교 수업에서 어린이들은 인과적 생각으로 인도됩니다. 이것은 빈번하게 '~ 때문에' 구문을 사용하는 것으로 표출됩니다. 비록 어린이들이 이런 식의 생각을 완전하게 이해할 수 없지만, 그들은 인과적 주장들을 사용하고 인과적 주장들을 설명하는 데 능숙해집니다. 그렇지만 일상적 삶에서, 이런 형태의 추리와 설명은 여전히 뒤처져 있습니다(이런 연유로 이 연령에서 일상적인 '~ 때문에' 문장들에 대한 정확한 대답의 숫자는 2학년에 비해 거의 증가하지 않았습니다.). 그렇지만 몇 년 더 수업을 받게 되면 상황은 극적으로 변합니다. 그들은 과학적 사고에서 인과적 주장들을 완벽하게 이해할 수 있을 뿐만 아니라 이런 생각 방식이 일상적 삶에도 확산됩니다. 이제 어린이들은 일상적 사건들을 일관되게 추리할 수 있습니다. 어린이는 신중하고 의식적인 방식으로 '~ 때문에' 구문을 사용하는 것을 배웠습니다. 이상적으로 말하면, 이제 어린이의 개념들과 추리 방식은 일상적 추리의 강점과 과학적 추리의 강점을 결합할 수 있습니다. 즉, 어린이의 대답들은 구체적이고 잘 이해되고 과학적 논증에 근거하게 됩니다. 이 관점은, 일단 숙달되면 어린이 생각의 다른 영역으로 확산되는 과학적이고 인과적인 추리를 어린이에게 도입함으로써 교수학습이 근접발달영역을 창출한다는 것을 함축하고 있습니다. 동시에, 일상적 삶의 구체적이고 경험적인 지식으로 풍부해질 때만 과학적 이해는 완벽해집니다. 예를 들어 보겠습니다. 어린이의 농부(farmer)에 대한 일상적 개념은 가축을 키우고 옥수수를 재배하는 이국적인 옷을 입고 있는 사람에 대한 것일 듯합니다. 과학적 개념은 농부는 시장 경제에서 활동하는 기업가임을 아마도 강조할 것입니다. 그러나 농부란 무엇이냐에 대한 완벽한 이해는 지식의 두 영역의 요소, 즉 경험적 풍부함과 과학적 정확함을 요구합니다.

과학적 개념들을 사용하는 것에 대한 시프의 연구는 비고츠키가 이 시기에 지도했던 많은 연구 중 하나였습니다. 그 결론과 그 방법론 둘 다를 다양한 근거를 제시하며 비판할 수 있습니다(Van der Veer and Valsiner 1991). 그러나 비고츠키에게 있어 이 연구와 다른 연구들은 다 하나의 근본적인 결론을 가리키고 있을 뿐이었습니다. 교수학습은 근본적으로 인지 발달에 영향을 미칩니다. 교수학습은 어린이에게 과학적인 방식의 생각을 도입함으로써 인지 발달에 영향을 미칩니다. 과학적 방식의 생각을 숙달하면서 어린이들은 어떤 기술과 어떤 형태의 추리를 의식적이고 신중하게 사용할 수 있게 됩니다. 어린이들이 이전에 자동적으로 생각도 없이 수행했던 것들이 이제는 잠재적으로 반성의 범위 내에 놓이게 됩니다. 어린이에게 과학적 사고를 도입함으로써 학교는 지적 발달을 근본적으로 재구조화하는 영향을 미칠 수 있습니다. 교육이 없었더라면 도달할 수 없었을 생각의 수준으로 교육은 어린이를 이끌어갑니다.

결론

삶의 마지막 해에 비고츠키는 다시 한번 더 교육과 발달의 관계라는 쟁점을 다루었습니다. 모스크바 국립교육학연구소와 레닌그라드에 있는 헤르젠 교육학연구소에서 행한 연설에서, 비고츠키는 이 쟁점을 빠뜨리지 않았습니다. 너무도 다른 사회경제적 배경과 인종적 배경을 지닌 엄청난 숫자의 어린이들이 소비에트 학교에 입학했습니다. 심리학자들, 교육학자들, 아동학자들은 이 엄청난 학생의 유입이 일으킨 문제들을 해결하기 위해 노력하는 데 능동적으로 관여했습니다. 세계 각국의 저명한 과학자들은 지능 검사가 교육 체계의 공정함과 효율성을 개선하는 데 사용될 수 있다고 제안했습니다. 명백하게도 비고츠키 역시 학교에서 지능 검사를 사용하는 것에 관한 국제적인 논쟁을 매우 주의 깊게 살피고 있었습니다. 바로 이런 맥락에서 비고츠키는 근접발달영역이라는 개념을 이해했습니다. 이 개념은 비고츠키가 이전 시기에 정교하게 다듬었던 고등문화기능들에 관한 이론의 일반적 지향과 완벽하게 딱 맞아떨어졌습니다. 그 이론은 얼핏 보기에 개인의 지적 능력들로 보이는 것들이 성인 혹은 더 능력 있는 동료들과의 사회적 상호 작용에서 기원했다고 진술하고 있습니다. 이러한 사회적 상호 작용을 통해 어린이들은 지적인 문제들을 해결하고 자신의 행동을 통제하는 데 필요한 특정 문화적 도구들을 숙달하도록 배웁니다. 학교에서의 교수학습은 사회적 상호 작용의 특별하고 특권적인 형태입니다. 교사들은 어린이들에게 특정 영역에 있는 과학적 개념들의 일관된 체계들을 가르침으로써 과학적인 방식의 생각을 어린이들에게 도입합니다. 이런 과학적 개념들은 어린이들의 일상적 개념에 의존하지만, 또한 어린이들의 일상적 개념을 재구조화하고 풍부하게 할 수 있습니다. 이성적이고 과학적인 접근 방식이 어린이의 일상적 생각에 번져나갈 것이고 이런 접근 방식 때문에 어린이는 자신의 행위들을 의식적이고 신중한 방식으로 수행할 수 있습니다. 이것이 의미하는 바는 학교 교수학습은 정상적인 사회적 상호 작용을 넘어서는 어떤 것을 생성한다는 것입니다. 형식적 교수학습은 어린이를 체계적인 과학적 생각의 수준으로 고양하는 데 필요합니다. 근접발달영역에서의 교수학습은 다른 방식으로는 도달할 수 없었을 인지 발달의 새로운 수준을 펼쳐냅니다.

위에서 설명한 것처럼 교육과 발달의 관계에 대한 비고츠키의 관점들은 아주 복잡하고 많은 질문을 쏟아내게 합니다. 그러므로 동시대 연구자들이 그의 관점들의 다른 측면들을 받아들이거나 정교하게 다듬고 있는 것은 매우 자연스러운 일입니다. 예를 들면, 일부 연구자들은 진단 장치로서 반복적인 지능 검사라는 발상을 부활시켰습니다. 이 연구 분야에서 마주하게 될 예상 가능한 질문들이 있습니다. 예를 들면, 표준화된 이중 검사 절차는 어떤 형태를 취해야 할까요? 이중 검사 절차가 실제로 고전적 절차보다 더 나은 진단 정보를 산출할 수 있을까요? 다른 연구자들은 사회적 상호 작용 혹은 협동이 진행되고 이것이 부분적으로 개인적 능력을 창출한다는 발상에 집중했습니다. 예를 들면, 연구자들은 다른 능력을 지닌 학생들이 함께 공부하는 것이 덜 똑똑한 어린이들에게도 이로운 것인지를 연구했습니다. 그렇지 않은 경우, 연구자들은 고전적인 일제식 교수학습과 학생들이 협력적으로 문제를 해결하는 교수학습을 비교하기를 원했습니다. 또 다른 연구자들은 형식적 교수학습이 특정 능력들을 창출한다는 주장에 초점을 맞추었습니다. 이에 근거한 연구는 읽고 쓸 줄 아는 학생의 인지적 능력과 문맹인 학생의 능력을 비교하거나 서구적 형태의 학교에 다니는 어린이의 인지적 능력과 비서구적 학교에 다니는, 혹은 학교에 전혀 다니지 않는 어린이의 인지적 능력을 비교했습니다. 종합해보면, 교육과 발달의 관계에 대한 비고츠키의 설명을 출발점으로 하여 우리가 던질 수 있는 질문은 매우 다양합니다. 이런 질문들이 다 똑같이 생산적이지는 않았으며 비고츠키의 주장 전부가 비판을 견디어낸 것도 아닙니다. 그러나 이것은 매우 명백합니다. 비고츠키가 교육에 관한 저작을 처음 출판한 지 대략 75년의 시간이 경과했지만, 여전히 아주 많은 연구자들에게 영감을 주고 있고 많은 흥미로운 경험적 연구를 자극하고 있습니다. 3부 1장에서 우리는 이런 연구 분야의 주요한 경향에 대해 논하겠습니다.

4.

비교문화적 교육

들어가며

앞 장에서 우리는 비고츠키가 고등지적능력들이 문화적 도구들을 습득하는 것에 의존한다고 주장한 것을 살펴보았습니다. 이러한 문화적 도구들 중에 가장 근본적인 것(예를 들면, 읽고 쓰는 능력, 과학적 개념들)은 학교에서의 수업을 통해 학생에게 넘겨집니다. 이 관점은 형식적 학교 수업을 받은 어린이와 그렇지 못한 어린이 사이에 그리고 다른 문화적 혹은 인종적 배경을 지닌 어린이들 사이에 큰 지적 차이가 있다는 것을 함축하고 있습니다. 만약에 우리가 다양한 인종적 배경을 지닌 어린이들 사이에 혹은 어른들 사이에 큰 지적 차이를 발견하게 된다면, 그 차이는 태생적 능력에서의 차이가 아니라 다른 교육 체계 때문에 생긴 차이입니다(2부 2장 참고). 비고츠키의 관점은 그럴듯하게 보이지만, 그 관점은 그만이 가지고 있던 관점도 아니고 아직도 경험적 근거가 부족했습니다. 이런 까닭으로 비고츠키와 루리야는 교육 체계가 이행 중인 지역에서 사람들의 인지 능력들을 경험적으로 연구하는 것이 가능한지 숙고했습니다. 1920년대 말과 1930년대 초에 그런 지역이 여럿 있었습니다. 왜냐하면 소비에트 연방공화국은 점진적으로 공화국 전역에 형식적인 서구형의 학교 수업을 도입하고 있었기 때문입니다. 그 바탕에는 교육 수준을 서구 기준으로 '고양'하겠다는 목표가, 소비에트 정권이 낡은 것 혹은 위험한 것으로 간주했던 모든 종류의 지역적 관습과 사고방식을 일소하겠다는 의지가 놓여 있었습니다. 그 바탕의 핵심에는 지역적 문화 관습을 경멸하고 공산주의 세계관에 충성하는 새로운 소비에트형 인간을 창조하겠다는 바람이 놓여 있었습니다. 실제로 '문화' 혹은 '문화적 다양성'이라는 관념은 민족주의와 연결되어 있었고, 소비에트 국가는 어떤 경우에도 이를 회피하고자 했습니다(Ageyev 2003).

비고츠키와 루리야가 실행하고자 계획했던 경험적 연구가 이런 형태의 최초의 연구는 아니었습니다(Kurek 2004). 심리학자들과 의료인류학자들은 추바시족(Efimov 1931 비교), 오이로트족(Zaporozhets 1930), 퉁구스족(Bulanov 1930), 우즈베크족(Shishov 1928; Shtilerman 1928; Solov'ev 1929) 같은 중앙아시아의 다양한 소수 민족의 표본들의 지적 능력과 물리적 속성들(예를 들면, 두개골)을 연구했습니다. 비네-시몽 검사 혹은 로솔리모가 개발한 검사 같은 정신 검사를 사용하여, 그들은 러시아인의 평균 점수와 비교했을 때 소수 민족의 구성원들의 평균 IQ 점수가 매우 낮다는 것을 변함

없이 발견했습니다(Kurek 2004, p. 42 비교). 이런 연구들의 대부분은『아동학』잡지에 게재되었고, 비고츠키는 거기 편집진이었으며 자포로제츠(Zaporozhets)는 비고츠키의 학생 중 한 명이었습니다. 이렇듯 비고츠키와 루리야는 인지 능력에 대한 당시의 비교문화 연구들과 그 결과를 잘 알고 있었습니다. 실제로 쿠레크(Kurek 2004)가 서술한 것처럼,『아동학』잡지에 게재된 소수 민족의 인지 능력들을 조사하는 가장 좋은 방법에 관한 비고츠키(1929b) 자신의 논문은 부분적으로 슈털만(Shtilerman 1928)이 이전에 발표한 논문에 대한 논평인 듯합니다. 비고츠키는 자신의 논문에서 슈털만의 이름을 언급하지 않고[57], (슈털만이 했던 것처럼) 서구의 IQ 검사 항목을 지역 문화에 적용하는 것은 바람직하지 않고, 그 문화가 제공하는 문화적 도구들을 가지고 모든 지역 문화를 철저하게 조사해야만 한다고 주장했습니다. 왜냐하면 이 문화는 특정 인지 능력을 창출하기 때문입니다. 마음속에 이런 목적을 지니고 있었기 때문에, 비고츠키는 소비에트 연방공화국의 오지에서 아동학 분야의 제대로 된 연구가 착수되어야 한다고 주장했습니다(Vygotsky 1929b). 그리고 2년 후에 비

---

[57] 쿠레크(Kurek 2004, pp. 241~245)는 이 침묵을 부정적으로 해석했습니다. 비고츠키가 슈털만의 이름을 언급하고 싶어 하지 않았다고 주장했으며, 그 이유는 비고츠키가 슈털만의 여러 발상을 자신의 것으로 제시하고 싶어 했기 때문이라고 했습니다. 여기는 그런 비난을 논의할 장소가 아니지만, 그것은 저에게 너무도 생소한 주장입니다. 좀 더 공감할 수 있는 해석은 비고츠키가 연구자보다는 그의 접근 방법을 비판하는 것을 선호했기 때문이라는 것입니다.

고츠키와 루리야는 이 생각을 실행에 옮기게 됩니다(Van der Veer and Valsiner 1991).

중앙아시아에서의 인지 능력 연구

서로 다른 문화에서는 고등정신과정이 서로 다르고, 고등정신기능은 문화적 변화(특히 학교 체제에서의 변화)의 영향을 받아 변화한다는 자신들의 가설을 검증하기 위해, 비고츠키와 루리야는 우즈베키스탄 사람들을 상대로 한 연구를 고려하게 됩니다. 1931년과 1932년 여름에 루리야는 페르가나 계곡으로 가서 약 10명에서 15명의 협력 연구자들, 학생들, 통역 담당자들과 함께 여러 마을의 거주민들이 생각하는 방식을 연구했습니다(Van der Veer and Valsiner 1991). 이전 연구들과 달리, 그들은 일반적인 IQ 검사를 실시하는 것에 만족하지 않고, 피험자들의 지적 능력을 알아볼 수 있는 다양한 과제와 검사들을 사용했습니다. 그래서 그들은 피험자의 시각적 착시 수용 능력, 색깔과 기하학적 도형들을 분류하는 능력, 대상들을 분류하는 데 추상적 이름을 사용하는 능력, 삼단 논법을 사용하는 능력, 문제 해결 능력, 상상하는 능력, 자기 파악 능력 등을 조사했습니다(Luria 1974; 1976).[58]실험실 조건에서 이렇게 하는 것은 비록 시간을 많이 잡아먹지만 상대적으로 쉬운 작업이었을 것입니다. 그러나 우즈베키스탄 문화를 배경으로 진행하는 것은 아주 힘든 일이었습니다. 루리야 그리고 그와 함께 한 사람들은 먼저 검사용 질문들이 자연스럽고, 평화롭고, 정중하게 보이도록 하기 위해 마을 주민들과 우호적인 관계를 확립했습니다. 참가자들에게 의미 있게 보이는 과제와 질문들을 개발하기 위해 많은 주의를 기울였습니다. 많은 문제들이 '수수께끼'와 유사한 구성 방식으로 제시되었고 우호적인 집단적 대화 속에서 논의되었습니다. 대답을 기록하는 작업이 불필요한 관심을 끌지 않는 방식으로 이루어졌습니다. 그리고 준비된 과제들도 오직 분위기가 무르익었을 때 제시되었습니다. 당연하게도 모든 대화는 우즈베키스탄어로 진행되었고 이슬람교를 믿는 여성 피험자들은 여성 실험자가 그녀의 집을 방문하여 인터뷰해야만 했습니다. 종합해보면, 우즈베키스탄을 두 번 장기간 방문한 것은 인류학적인 현장 답사의 특징을 지니고 있었으며, 자료를 수집하는 과정이 시작되기 전에 피험자와 많은 차를 함께 마셨습니다(Luria 1976, pp. 16~17).

비고츠키와 루리야의 눈에는 우즈베키스탄 사람들이 그들이 마음에 두었던 연구에 아주 적합한 사람들이었습니다. 왜냐하면 잠재적으로 관련된 것으로 추정한 여러 환경들이 이행 중이었기 때문입니다. 소비에트 정부는 정규 학교와 야간 강좌들을 조직했기 때문에 거기에 참석한 피험자들과 참석하지 않는 피험자들을 비교 조사하는 것

---

[58] 공교롭게도 이 책도 제가 다시 번역했습니다. 『비고츠키와 인지 발달의 비밀』이 주제목이고 부제목은 '문화역사적 이론의 탄생'입니다. 2013년도 1월에 살림터 출판사에서 출판했습니다.(옮긴이 주)

이 가능했습니다. 또한 소비에트 당국은 사적인 농업을 폐지하고, 강제적으로 사적인 부농(쿨라크)을 거대한 집단 농장(콜호스)의 일부로 편입하느라 여념이 없었습니다.[59] 이런 상황이었기 때문에, 집단 농장에 편입된 사람들과 편입되지 않은 사람들의 정신 상태를 비교하며 조사할 수 있었습니다. 종합하면, 우즈베키스탄 피험자의 인지 과정에 미친 거대한 사회적 격변의 영향과 학교의 영향, 둘 다를 조사할 수 있는 것으로 보였습니다.

피험자의 인지적 수행을 조사하기 위해, 루리야는 피험자들을 '교육 수준' 혹은 '원시성(primitivism)의 정도'에 따라 다섯 집단으로 나누었습니다. 첫 번째 집단은 집 밖으로 나서본 경험이 거의 없는 오지 마을 출신의 문맹인 여성들로 이루어졌습니다. 두 번째 집단은 마찬가지로 오지 마을 출신의 농부로 구성되었습니다. 세 번째 집단은 단기 과정에 참석했지만 이전에 형식적 교육을 거의 경험하지 못한 여성들로 이루어졌습니다. 네 번째 집단은 집단화된 마을에 사는 능동적인 집단 농장 노동자들로 구성되었습니다. 마지막으로 다섯 번째 집단은 사범 대학에 다니는 여학생들로 편성되었습니다. 루리야는 '원시성'의 정도에 따라 피험자들을 나눈 기준을 어디서도 제시하지 않았지만, 그럼에도 불구하고 그가 마음에 두고 있었던 것은 다

---

[59] 그 전체 과정은 대대적인 기근과 죽음으로 귀결되었습니다(목격자의 설명에 따르면, 주검들이 거리에 널려 있었다고 합니다.). 콩퀘스트(Conquest 1986)는 대략 1400만 명이 이 과정에서 죽었다고 합니다(Medvedev 1974; Van der Veer and Valsiner 1991 비교).

소 명확해보입니다. '원시성'이라는 용어는 추정된 내적 능력들과 결코 묶일 수 없고, 제한된 문화적 도구들의 목록과 연결되어 있습니다(2부 2장 참고). 그래서 읽고 쓸 수 없는 혹은 과학적 개념을 사용할 수 없는 피험자는 '원시적인(primitive)' 혹은 '후진적인(backward)' 자로 간주되곤 했습니다(Van der Veer and Valsiner 1991 비교). 이제 뒤돌아보면, 우리는 대체로 세상과, 거대한 (서구) 문화의 산물과 접촉을 가장 적게 한 피험자들이 비고츠키와 루리야에 의해 가장 원시적인 혹은 후진적인 자들로 간주되었다는 것을 알 수 있습니다. 즉, 그들은 발달적 용어로 문화적 차이를 해석해냈고, 읽고 쓸 수 있는 능력과 이성적, 추상적, 과학적 생각을 인간 생각의 가장 높은 성취로 간주했습니다. 결정적인 질문은 학교생활과 새로운 문화적 도구들에 접근하는 것이 측정할 수 있는 다른 패턴의 생각에 실제로 반영될 수 있느냐는 것입니다(이런 형태의 연구가 지닌 방법론적 문제들에 대해서는 Van der Veer and Valsiner 1991, pp. 251~253을 참고).

분류

루리야와 그의 동료들이 사용한 과제들 중 하나는 비슷한 대상들을 무리 짓는 혹은 분류하는 과제였습니다. 피험자들에게 네 대상의 그림을 제시하고 함께 묶을 수 있는 세 대상을 결정하라고 했습니다. 이것은 심리학에는 너무 잘 알려진 과제이고 실제로 페트로바(1925)

는 루리야가 사용한 이것과 다른 과제들을 어린이를 대상으로 한 그녀의 연구에서 사용했습니다(2부 2장 참고). 페트로바와 마찬가지로, 루리야는 몇몇 피험자들이 구체적인 일상적 맥락에서 빈번하게 함께 볼 수 있는 대상들을 한 집단에 무리 짓는 것을 선호한다는 사실을 발견했습니다. 예를 들면, 루리야(1976, p. 57)는 유리잔, 냄비, 안경, 유리병의 그림을 피험자에게 보여주었습니다. 대화는 다음과 같이 진행되었습니다.

피험자 이 세 개가 어울리네요. 그런데 왜 당신은 여기에 안경을 두셨나요? 정말 이해하기가 어렵네요. 다시 보니 모두가 잘 어울리네요. 만약에 사람이 물건들을 볼 수 없다면 그는 저녁을 먹기 위해 그것들을 제대로 놓을 수 없겠네요.

실험자 그런데 한 친구가 나에게 네 개 중에서 하나는 이 무리에 속하지 않는다고 했어요.

피험자 아마도 그는 그런 식으로 생각하는 사람이겠지요. 그렇지만 나는 이 모든 게 여기 속한다고 생각해요. 당신은 유리잔으로 요리를 할 수 없어요. 거기엔 뭘 채워야 해요. 요리를 하려면 당신은 냄비가 필요하고 더 잘 보려면 안경이 필요하지요. 우리는 이 네 개 다 필요해요. 그게 네 개 모두가 여기 놓여 있는 까닭이지요.

다른 피험자가 다음과 같이 대답했습니다(Luria 1976, pp. 57~58).

피험자 여기에 어울리지 않는 게 뭔지 모르겠어요. 아마도 병이
겠네요, 그렇지요? 유리잔으로 차를 마실 수 있어요. 그건
유용한 거지요. 안경도 유용하지요. 그런데 병에 보드카
가 들어 있다면, 그건 나쁘지요.

실험자 안경이 이 무리에 속하지 않는다고 말할 수도 있지 않나요?

피험자 아니에요. 안경도 분명히 유용한 거예요.

[피험자에게 어떻게 세 대상이 '요리 용기'의 범주에 속하
는지를 자세하게 설명했다.]

실험자 그러니까 안경이 이 무리에 어울리지 않는다고 말하는 게
맞지 않을까요?

피험자 아니에요. 내 생각엔 병이 여기에 속하지 않아요. 그건 해
로운 거예요!

실험자 그렇지만 당신은 한 낱말, 용기라는 낱말을 사용할 수 있
잖아요, 그렇지요?

피험자 제 생각엔 저 병에는 보드카가 들었어요. 그게 제가 그걸
선택할 수 없는 까닭이에요. …… 그래도, 당신이 내가 그
렇게 하길 원한다면, …… 그렇지만, 당신도 알다시피, 네
번째 것(안경)은 유용해요.

다른 피험자들도 유사한 대답을 했습니다. 즉, 루리야가 어떤 추상적 속성(예를 들면, 유리로 만들어진 것들, 주방 용기로 사용될 수 있는 것들)에 따라 대상들을 분류하기를 기대했던 곳에서, 피험자들은 어떤 실천적 맥락에서 그것들이 구체적으로 사용되는 것을 살피는 것을 선호했습니다. 루리야는 다음과 같이 결론 내렸습니다.

(피험자들은) 총칭 용어를 무시하거나 그것들을 중요하지 않은 것으로, 분류하는 일에 본질적이지 않은 것으로 취급했습니다. 명백하게도 다른 심리 과정이, 언어의 일반화 기능에 수반되는 추상적 조작보다는 구체적, 상황적 생각에 전적으로 의존하는 심리 과정이 그들의 무리 짓는 방식을 결정했습니다.

(Luria 1976, p.77)

루리야가 발견한 것은 페트로바(1925)가 발견한 것을 재연한 것일 뿐입니다. 그녀도 또한 일부 어린이들이 추상적 속성들보다는 구체적 속성들 혹은 기능적 사용에 초점을 둔다는 것을 발견했습니다(2부 2장 참고). 루리야의 연구에서 새로운 것은 피험자들이 겪었던 학교생활의 정도에 이 경향성을 연결했다는 것입니다. 문맹인 동포와 달리, 학교생활을 1~2년 한 우즈베키스탄 피험자들은 추상적 분류 기준 혹은 범주적 분류 기준을 활용했습니다(Luria 1976, p.78).

추리

루리야와 그의 동료들은 또 우즈베키스탄 피험자들에게 다음과 같은 형태의 문제를 제시했습니다. "A에서 B까지 가는 데 세 시간 걸리고, B에서 C까지 가는 데 두 시간 걸립니다. A에서 C까지 가는 데 얼마나 걸릴까요?" 여기서 한 번 더, 심지어 연구자들이 A, B, C 대신에 근접한 실제 마을 이름을 사용했을 때조차도, 학교생활을 하지 못했던 피험자들은 그들 자신의 경험에 의존하는 경향을 보였습니다. 즉, 그들은 전제에 제시된 가설적 정보로부터 논리적 결론을 도출하기보다는 구체적 기억 혹은 길의 상태, 피곤한 정도 등에 관한 실천적 고려로 되돌아갔습니다. 게다가 그들은 자신의 일상적 경험과 단호하게 모순된 전제들을 지닌 문제들을 특히 어려워했습니다. 다음의 사례가 좋은 예가 될 것입니다(Luria 1976, p.131).

실험자 여기서 페르가나까지 걸어가는 데 6시간 걸리고, 자전거로 가면 두 배 느리다고 가정해보세요.

피험자 그러면 자전거를 타고 거기까지 가는 데 3시간 걸리지요!

실험자 아니에요. 어떤 선생님이 이 문제를 연습 문제로 냈어요. 자전거가 두 배 느리다고 가정해보세요.

피험자 만약에 자전거를 타고 가는 사람이 잘 탄다면, 그는 페르가나까지 2시간 30분 혹은 3시간 걸려요. 당신이 낸 문제대로라면, 만약에 자전거가 중간에 고장 나서, 늦게 도착

할 수도 있지요. 그래도 2~3시간밖에 늦지 않을 거예요.
[실험자가 문제의 조건들을 반복했다.]

피험자 아마도 그는 8시간 걸릴 겁니다. …… 아마도 자전거가 고
장 난다면, 그는 2시간 늦을 겁니다.

실험자 그런데 만약에 자전거가 고장 나지 않는다면, 그리고 문
제에 있는 대로 간다면 얼마나 걸릴까요?

피험자 만약에 고장이 나지 않으면, 6시간은 아니겠고 3시간 걸
리겠네요.

루리야(1976, p.132)는 그런 대답들은 가설적인 수준이 아니라 구
체적이고 실천적인 수준에서 조작하는 경향을 드러냈다고 결론 내렸
습니다. 그의 관점에서 보면, 문제 풀이를 하는 형식적 조작은 학교생
활을 해 보지 못한 우즈베키스탄 피험자들에게 큰, 때때로 넘어설 수
없는 어려운 일이었습니다. 그렇지만 학교생활을 1~2년 한 피험자
들은 더 이상 가설적 문제들을 어려워하지 않았습니다. 루리야(1976,
p.133)에 따르면, "학교 교육의 결정적 중요성은 새로운 지식을 습득하
는 데 있지 않고, 즉각적인 실천적 경험과 분리된 논증적인 말로 하는
논리적 생각의 형식적 양식과 새로운 동기를 창조하는 데 있습니다."

결론

우즈베키스탄에서 행해진 연구 결과는 비고츠키와 루리야의 예상이 맞았음을 입증했습니다. 명백하게도 서로 다른 문화적 배경을 지닌 피험자들의 생각 방식들에는 거대한 차이가 있었습니다. 문화는 그 구성원들에게 그들의 사고 양식을 결정하는 일련의 문화적 도구들을 제공합니다. 의심할 바 없이, 비고츠키와 루리야는 이러한 결과를 발달적 용어로 해석해냈습니다. 구체적이고 상황적인 생각은 형식 교육을 받지 못한 피험자들을 특징지었던 열등한 형태의 지적 조작으로 보였습니다. 피험자들이 서구형의 학교에서 1~2년 수업을 받고 나면, 그들은 추상적, 이성적, 과학적 생각을 할 수 있었습니다. 비고츠키와 루리야의 눈에는, (서구) 문화에 접근할 수 있었기 때문에, 우즈베키스탄 주민이 '수 세기의 도약(a leap of centuries)'을 이룩했습니다(Luria 1976, p.164).

루리야와 그의 동료들이 발견한 결과는 세계 여러 지역에서 반복적으로 검증되었습니다. 그들이 서구 세계를 떠나면, 피험자들은 위에서 제시된 방식으로 심리학자들이 제시한 문제를 푸는 경향을 보일 것입니다. 즉, 피험자들은 가설적 전제들로부터 추리하지 않으려 하고, 문제를 실천적, 상황적 방식으로 해석하려 할 것입니다. 우리는 또한 진정한 환경을 무시하고 추상적으로 추리하려는 마음이 (서구적) 학교생활을 여러 해 했던 피험자들에게 나타나는 것을 발견합니다. 그러나 우리는 요즘에야 더 나아간 질문을 제기하고 있습니다.

학교생활의 어떤 측면들이 피험자의 생각 방식을 변하게 하는 데 결정적인가요? 모든 형식적 수업이 똑같은 영향을 가지나요? 아니면 루리야가 발견한 결과들은 특정 형태의 학교에서 행해진 특정 형태의 훈련과 연결되는 것이었나요? 과연 인지 변화를 촉발하는 것이 읽고 쓰는 능력 혹은 과학적 방식으로 추리하는 능력을 습득하는 것인가요? 아니면 인지 변화는 읽고 쓰는 형태와 관련된 것인가요? 우리가 그런 인지 변화를 발달적 용어로 해석하는 것이 타당한가요? 이러한 질문들은 중요합니다. 그리고 3부 1장에서 우리는 이 질문들에 대답해볼 것입니다. 그러나 비고츠키와 루리야의 결론이 그런 질문들에 대한 대답들로 조금 부족하다는 것이 입증되더라도, 역사적 관점에서 보면 그들의 관점들은 매우 혁신적이었다는 것을 한 번 더 언급하는 것은 중요합니다. 그들의 동시대인들 다수와 달리, 그들은 다양한 인종 집단들의 생각의 차이를 설명하는 데 태생적, 유전적 차이를 배격했습니다. 실제로 고등심리과정의 문화역사적 이론이 전달하고자 하는 내용은 사고의 고등 양식들은 '사회사의 산물'이라는 것이었습니다. "그것들은 사회적 실천의 기본적인 형태들이 변화되었을 때 쉽게 변화합니다.(Luria 1976, p. 164)"

1부 1장에서 우리는 이미 우즈베키스탄에서 했던 연구 결과가 공식적으로 인정받지 못했다고 지적했습니다. 모스크바에 첫 예비 보고서가 도착한 후에, 당국은 전체 연구 내용을 매우 상세하게 조사하기로 결정했습니다. 앞서 이야기한 것처럼, 소수 민족에 대한 어떤 연구도 어느 정도는 폭탄 같은 면이 있었습니다. 왜냐하면 '민족주의'를 자극할 수 있었기 때문입니다. 또한 당국은 루리야가 집단 농장 출신의 참가자, 어떤 의미에서는 진정한 공산주의자들을 제한적인 구체적 생각을 하는 사람으로 그려낸 사실 때문에 고민을 하지 않을 수 없었습니다. 루리야의 우즈베키스탄 조사 활동을 검토한 담당 위원회의 수장인, 라즈미슬로프(Razmyslov)는 최종 보고서에 다음과 같은 해로운 사례를 남겼습니다(Razmyslov 1934/2000. p. 52).

실험자 부유한 지주가 소를 길러야겠다는 생각을 가졌어요. 그리고 소 떼가 파리들처럼 보이기 시작했어요.

피험자 어떻게 소 떼가 파리들같이 되는 게 가능하지요? 그는 부유한 지주입니다. 그러니 그의 소는 늘 코끼리처럼 커요.

실험자 그의 소 떼가 파리들처럼 된다고 가정해보세요.

피험자 우리는 사회주의를 향해 나아가고 있어요. 소비에트 당국은 지주에게서 모든 재산과 소들도 다 압수하고 파리 한 마리, 즉 파리만 한 소도 남기지 않았어요. 지주의 소는 야위게 자랄 수도 없어요. 만약에 지주가 파리 같은 소 떼를 가지고 있다면, 지주가 당국에 다 몰수당했다는 뜻이겠네요. [실험자는 피험자를 설득할 수 없다고 결론을 내렸다.]

라즈미슬로프는 루리야가 이런 기록들에 근거하여 피험자가 구체적인 상황적 생각을 하고, 추상적인 사고를 할 수 없고, 낮은 지적 수준에서 조작했다는 결론에 도달했다고 논평했습니다. 루리야와 달리 라즈미슬로프(같은 책, p.52)가 이런 기록들에서 읽어낸 것은 '높은 수준으로 발전된 정치의식을 보여주는 건전한 생각'이었습니다. 달리 표현하면, 루리야는 사회주의 건설에 정직하고 열성적으로 참여하고 있는 우즈베키스탄 소수 민족의 구성원을 여전히 수 세기의 도약을 해내야 할 제한적인 구체적 생각을 하는 것으로 특징지었습니다. 다른 고려들을 별개로 한다면, 그것은 당연하게도 정치적으로 매우 현명하지 못한 결론이었습니다. 정치적 테러, 억압된 민족주의, 러시아 국수주의가 혼재되어 폭발 직전에 있는 상황에서, 러시아 공산당은 능동적인 집단 농장 구성원들을 비판하는 내용을 사용할 수 없었습니다. 라즈미슬로프 보고서의 즉각적인 결과로 우즈베키스탄에서 행한 연구의 모든 자료들은 루리야의 개인 서류철로 사라지고 1970년대가 되어서야 다시 등장했습니다. 그리고 심지어 그때도, 비록 40년의 시간이 경과했지만, 그는 자신이 발견한 것 모두를 출판할 수는 없었고, 그의 결론의 날카로움도 많이 무디어져야만 했습니다. 책 서문에 그가 쓴 내용입니다. "오로지 근본적인 경제 재편, 빠른 문맹 퇴치, 이슬람 영향의 제거만이, 세계관의 확장을 넘어 인지 활동의 진정한 혁명을 구현할 수 있었습니다.(Luria 1976, p.vi)" 그것은 확실히 심지어 오늘날에도 길게 이어질 뜨거운 정치적 논쟁을 낳을 결론입니다.

3부

비고츠키 업적의 현재적 수용, 영향, 그리고 관련성

Lev
Semenovich
Vygotsky

1.

동시대 교육 연구

들어가며

이전 장(章)들에서 우리는 교육과 직접적 혹은 간접적으로 관련된 비고츠키의 사상들을 검토했습니다. 비고츠키가 1934년 37세로 요절할 때까지도 이런 사상들의 많은 부분이 충분히 정교하게 다듬어지지 못했습니다. 그의 러시아 동료들과 제자들은 정부 당국의 탄압에도 불구하고 다방면에서 그의 사상을 이어가려 노력했습니다. 1936년 아동학 법령이 공표된 후에는 비고츠키의 저작과 저술을 접하는 것이 어려웠고 과학 문헌에서 그의 저작에 대한 언급을 찾아볼 수 없게 되었습니다. 그럼에도 많은 비고츠키의 동료들과 제자들은 작은 규모로 그의 노선을 따르는 연구를 지속했고 1956년 마침내 금서 조치가 해제되었을 때쯤에는 그들은 소비에트 학문 기관에서 중요한 직책들을 차지할 수 있었습니다. 루리야, 레온티예프, 엘코닌, 자포로제츠 같은 이전 동료들은 느리지만 신중하게 비고츠키의 업적을 홍보

하기 시작했으며, 러시아어와 영어로 그의 저작들을 다시 출판하는 일도 추진했습니다. 이렇게 해서 비고츠키의 다양한 저작들이 러시아어로 세상에 나오게 되었고(Vygotsky 1956; 1960; 1982a; 1982b; 1983a; 1983b; 1984a; 1984b), 영어와 그 외 다른 언어로 처음 출판되었습니다(Vygotsky 1962; 1965). 이런 작업의 결과로, 서로 다른 시기에 서로 다른 국가들에서, 비고츠키에 영감을 받은 연구들이 다양하게 고조되었습니다. 게다가 다른 국가들에서 행해진 연구들은 정치적·언어적 장벽 때문에 많은 경우 서로 간의 연구를 제대로 알지 못했습니다. 예를 들면, 비고츠키의 초기 사상에 대한 러시아의 진전된 연구는 여전히 유럽과 미국에 제대로 알려지지 않고 있습니다. 이는 주로 러시아 과학 잡지에만 연구 결과를 알리는 러시아의 학문 전통 때문입니다. 마찬가지로 러시아의 연구자들은 국제적인 과학 잡지와 책에 접근하는 데 어려움을 겪었고, 비고츠키에 영감을 받은 서구연구자들이 행했던 연구를 어쩌다 불충분하게 접했습니다. 소비에트연방이 해체된 후에는 자연스럽게 이 모든 상황이 개선되었고 지금은 대체로 과학적 생각들을 자유롭게 교환하는 것이 오직 경제적 요인 때문에 방해를 받고 있을 뿐입니다. 그렇지만 이런 역사적 상황이남긴 흔적은 우리에게 여전히 남아 있습니다. 그래서 사람들은 국적에 근거하여 신(新)비고츠키주의 연구의 다양한 줄기들을 구별할 수있습니다. 정교화를 위해 선택한 특정 주제들에 근거하여 비고츠키에 영감을 받은 연구 안에서 더 나아간 구분을 행할 수 있습니다. 간단하게 예를 들어보겠습니다. 일부 연구자들은 매개(중재)라는 개념에 초점을 맞추고 있고, 다른 연구자들은 과학적 개념에, 또 다른 연구자들은 근접발달영역에 초점을 맞추고 있습니다. 그 결과 신비고츠키주의자들이 행한 연구와 관련된 서적은 수백 권이나 되고 어지러울 정도로 다양합니다. 당연하게도 이 책의 남은 부분에서 저는 이 연구의 일부조차도 논의할 수 없습니다.[60] 대신에, 저는 이전 장(章)들에서 제시했던 몇 개밖에 되지 않는 비고츠키의 주요 주제와 개념과 명백하게 연결된 연구들을 선별해서 논의하고자 합니다.

----

[60] 다른 질문은 어떤 연구들이 합당하게 새로운 비고츠키주의자들의 연구들로 간주될 수 있느냐는 것입니다. 명백하게도, 선명한 경계선을 긋는 것이 불가능하지만 비고츠키가 자신의 이름을 언급하는 매우 많은 논문들을 혐오할 것이라고 저는 확신합니다. 이런 측면에서보면, 비고츠키는 피아제를 대체했습니다. 피아제의 연구와 사상은 1970년대에 교육계에서매우 유행했습니다. 이후 내용에서 저는 이 쟁점을 공식적으로 다루는 어떤 시도(예를 들면, 비고츠키주의자들의 연구에 대한 최소한의 기준을 설정하는 것)도 회피할 것이고 오직개인적으로 진정한 비고츠키주의자가 행한 연구라고 판단한 연구들만을 포함할 것입니다.

[61] 비고츠키가 어린이 발달에서 협동이 하는 역할에 대해 부정적이었다는 것을 『생각과 말』 2장에서 확인할 수 있습니다. 거기서 피아제를 비판하면서 협동이 심리적인 강제임을 부각했습니다. 비고츠키가 강조한 것은 협동이 아니라 협력(collaboration)이었습니다. 노동자의 나라에서 노동이라는 표현이 들어가지 않았다면 그게 이상한 것이 아닐까요? 자본가의 나라에서 노동이라는 표현을 사용하지 못하게 하는 것도 매우 당연한 것 아닐까요? 또한 『생각과 말』을 번역하면서 상호 작용(interaction)이라는 물리학의 용어를 사용한 경우를 한 번도 보지 못했습니다. 그는 반사를 예로 들면서 그러한 개념이 너무 많은 영역으로 확산되어 사용된 것의 폐해를 지적했습니다. 마찬가지로 상호 작용도 영미 학자들이 사용한 용어일 뿐입니다. 너무 단순하게 표현한 용어입니다. 지나치게 일반화한 용어입니다. 양자와 전자의 상호 작용이나 태양과 지구의 상호 작용이라는 표현과, 인간 사이의 상호 작용이라는 표현은 결이 매우 다릅니다. 인간의 발달이라는 현상을 너무 단순하게 파악하고 있는 문제를 안고 있습니다. 저의 소견으로는, 그는 사회적 상황, 공동체에서의 교류, 생생한 경험이나 체험을 인간 발달과 연결하여 사용하고 있습니다.

그런 주제 중 하나가 근접발달영역입니다. 우리가 이미 2부 3장에서 보았듯이, 근접발달영역이라는 개념은 많은 관념들과 얽혀 있습니다. 첫 번째 관념은 인지 기능들은 더 능력 있는 파트너와 협동(cooperation) 혹은 사회적 상호 작용(social interaction)을 하면서 발달한다는 것입니다.[61] 그 관념은 그것만으로도 대답을 요구하는 수많은 질문을 촉발합니다. 명백하고 확실하게 비고츠키는 어린이의 지적 능력은 다소 적절한, 유익한 혹은 도움이 되는 협동을 통해 발달한다고 말했습니다. 여기서 제기될 첫 번째 질문은 무엇이 협동을 유익하게 만드느냐는 것입니다. 나아가 우리는 누가 더 능력 있는 파트너냐고 질문할 수도 있습니다. 예를 들어 부모와 교사에 대해 생각해본다면, 그들에게는 차이가 있을까요, 즉 '좋은' 부모는 좋은 교사와 다르게 자식을 가르칠까요? 마지막으로 우리는 비고츠키가 정말 옳았는지도 물을 수 있습니다. 어떤 관점에서 보았을 때 부모나 교사가 '좋은' 사람이냐 아니냐에 따라 어린이의 인지 발달에 차이를 만들 수 있을까요? 우선 부모의 교수 전략을 분석한 몇몇의 연구를 살펴보도록 하겠습니다.

비계 설정

1970년대 말에 브루너(Bruner)와 우드(Wood)는 부모가 자신의 아이와 함께 문제를 풀 때 부모가 일시적으로 지원하는 활동을 기술하기 위해 '비계 설정(scaffolding)'이라는 개념을 도입했습니다.[62] 부모가 일정한 상호 작용이 항상 일어날 수 있는 어떤 '구성 방식(format)', 즉 표준적인 상황을 만들 수 있습니다(Bruner 1983). 여기서 구성 방식이란, 부모가 자식의 주의를 과제의 중요한 측면에 돌리게 하고, 과제를 쉽게 다룰 수 있도록 잘게 나누는 등의 이어지는 다양한 활동을 말합니다. 이것은 "어린이의 참여를 쉽고 성공적으로 만들기 위해 상황을 '조립'하고, 이어서 점진적으로 부모의 역할을 줄이고, 어린이가 과제를 충분히 다룰 수 있을 만큼 숙련되었을 때 어린이에게 역할을 넘겨주는" 과정입니다(Bruner 1983, p.60). 이런 일반 전략은 어린이의 발화와 행위를 신중하게 모니터링하고 그들의 수준에 맞게 부모의 요구를 조정하는 작업을 필요로 합니다. 지속된 연구를 통해 우드(1980; Wood, Bruner and Rose 1976; Wood, Wood and Middleton 1978)와 그의 동료들은 개별 지도를 위한 부모의 간섭이 왜 어린이의 과제 해결 능력의 수준과 반비례 관계로 관련되어야 하는지를 탐구했습니다. 그들은 엄마에게 자신의 3~4세쯤 된 어린이

---

[62] 매우 흥미롭게도 비고츠키와 루리야(1930b, p. 202)는 보행 발달을 기술하기 위해 딱 한 번 비계 설정이라는 개념을 사용했습니다. 그들이 설명한 것처럼, 걷기를 배우는 어린이는 여전히 의자, 탁자 따위를 잡고 있습니다. 이런 의미에서 그의 보행은 어느 정도 동안 비계 설정 속에 있습니다. 어린이가 충분히 강한 근육을 지니게 되고 적절한 운동 조정을 할 수 있게 되면, 어린이는 이런 비계 설정을 그만두고 독립적으로 걷게 됩니다. 이처럼, 비고츠키와 루리야는 내적 과정으로 대체되어야 할 일시적 외적 지지로서 비계 설정이라는 생각을 도입했습니다. 불행하게도, 골로드(Golod)와 녹스(Knox)가 번역한 매우 잘된 영문 번역본(Vygotsky and Luria 1993, p. 207)에는 '비계 설정 속에(in scaffolding)'라는 표현이 '나무들에(to the woods)'로 번역되었는데, 이게 저에겐 의미 전달이 잘 되지 않습니다.

에게 구성 과제를 해결하는 방법을 가르치라고 요청했으며 이어서 엄마의 간섭을 구체성 혹은 명확성이 증가하는 정도에 따라 분류했습니다. 예를 들면, "이제 무엇을 할 거니?"와 같은 상술되지 않은 말로 하는 격려는 가장 명확하지 않은 형태의 간섭으로 분류되었습니다. 엄마가 과제의 일부를 실질적으로 해주는 실연은 가장 명확한 형태의 교수로 분류되었습니다. 이 둘 사이에 구체성 혹은 명확성이 증가하는 정도에 따라 세 수준을 설정했습니다(예를 들면, "작은 블록을 잡아라.", "저 위에 있는 블록을 잡아서 여기에 놓아라."). 우드와 그의 동료들은 이상적인 개별 지도 전략은, 어린이가 실수를 한 후에 좀 더 명확한 수준에서, 그리고 어린이가 훌륭하게 수행했을 때 덜 명확한 수준에서 간섭하는 것이라는 가설을 세웠습니다. 그래서 간섭을 하면서, 부모는 어린이의 수행에 따라 명확성의 정도를 조절했습니다. 흥미로운 일은, 그런 개별 지도 전략이 실제로 효과적으로 작동한 것으로 보였다는 것입니다. 이 응급 상황 대처 규칙을 따른 부모의 경향과 구성 과제를 행할 수 있는 차후의 어린이 능력의 상관관계는 매우 높았습니다. 게다가 이 전략을 따랐던 엄마는 다른 사람의 아이를 지도하는 데도 성공적이었습니다(Wood 1980, pp. 286~287). 우드가 행한 연구는, 비고츠키가 사실로 상정한 타인의 규제에서 자기 규제로의 이행(2부 2장과 2부 3장을 참고)을 그리고 특정 교수 전략의 효율성을 보여주었다는 점에서 경험적으로 매우 중요합니다. 우드(1980, p. 295)가 결론 내렸던 것처럼, 효과적인 교사 역할을 한 부모는 "비고츠키가 어린이의 근접발달영역이라고 명명했던 곳에서" 자식을 지도했습니다(McNaughton and Leyland 1999; Pratt 외 1999 비교).

민감성

우드가 발견한 것은, 비고츠키가 근접발달영역에 대해 이야기할 때 염두에 두었던 어린이보다 훨씬 더 어린 어린이들에게 부모가 교수 전략을 실시했다는 점에서도 중요합니다. 실제로 어떤 연구자는, 신생아를 포함하여 매우 어린 어린이들에게 의미와 문화의 세계로 이끌 수 있는 모든 기법들을 자유자재로 사용할 수 있다는 것을 보여주었습니다. 부모는 높은 억양의 말로 이야기하여 어린이의 주의를 끕니다. 또한 그들은 과장된 몸짓으로 환경의 두드러진 측면을 지적합니다. 나아가 그들은 복합적인 과제를 더 쉬운 과제로 나눕니다. 다른 것들도 이렇게 활용합니다. 종합해보면, 개인의 인지 (심리 내적) 과정들은, 성인 혹은 그들 문화의 더 능력 있는 동료와 지속적인 상호 작용 속에서 그리고 상호 작용을 (심리 간 과정을) 통해 출현한다는, 비고츠키의 주장을 확인시켜주는 매우 많은 자료들이 모아졌습니다(Butterworth and Grover 1999; Dunn 1988; Kaye 1982; Light 1979; Schaffer 1984; Stern 1985 비교).

흥미롭게도 부모의 실천에서 개별 지도 전략은, 상호 작용하는 동안 함께 발생하는 정서적 과정과도 분리될 수 없는 듯합니다. 어린이는 그들이 받게 되는 모든 인지적 지원을 필요로 할 뿐만 아니라 격려와 칭찬을 통해서도 혜택을 받습니다(Kozulin 2003). 게다가 부모와의 안정적인 감정적 유대에 의해 생긴 어린이의 자신감은 독립적으로 환경을 탐구하고 조사하게 합니다. 애착 이론에 따르면, 안정적인 유대는 부모가 아이의 행동을 신중하게 모니터링하고 즉각적으로 아이의 신호에 반응할 때 발달합니다. 달리 표현하면, 부모가 감정적으로 민감할 때 안정적인 유대가 발달합니다(Ainsworth 1967). 다른 곳(Van der Veer and Van Ijzendoorn 1988, p. 224)에서, 저는 기본적인 민감한 반응 과정이 정서적 영역과 인지적 영역에서 매우 공통적이라고 주장했습니다(Meins 1999 비교). 두 영역에서 어린이의 현재의 능력, 신호 혹은 마음 상태를 주의 깊게 모니터링하는 것은 필수적입니다. 두 영역에서 부모는 공통된 이해에 도달하기 위해 어린이의 관점에 적응해야만 합니다(비대칭 조건). 마지막으로, 두 영역에서 보호자는 어린이가 어떤 것을 할 준비가 되어 있다고 느낄 때 어린이에게 그것을 해보도록 요구합니다(긴급 대응 규칙). 이 관점에 따르면, 성인과 어린이의 관계는 어린이의 능동적인 역할과 종종 보이는 창조적인 역할에도 불구하고 비대칭적 관계로 간주됩니다. 거기서 바로 성인이 책임 부담을 지게 됩니다. 천천히 그리고 신중하게 유아를 문화적 세계로 인도하고 결과적으로 어린이의 인지 발달을 가능하게 만드는 것은 바로 부모입니다.

이와 같이 현재까지의 연구는, 어린이의 인지 과정은 성인 혹은 더 능력 있는 동료와의 사회적 상호 작용을 통해 발달한다는 비고츠키의 관점을 기본적으로 굳건히 확증했습니다. 동시에, 진행되는 전체 그림이 믿을 수 없을 만큼 복잡하다는 것을 증명했습니다. 사회적 상호 작용은 무한한 종류의 형태를 취할 수 있고 어린이가 태어날 때부터 사춘기까지 지속됩니다. 근본적으로 비대칭인 이런 관계에서, 어린이는 자기가 속한 사회의 문화적 도구들을 접하게 됩니다. 그렇지만 어린이 발달에는 그저 인지만이 관여하는 것이 아닙니다. 더 많은 것이 관여합니다. 애착 이론가들은 한 명 이상의 성인과 안정적인 정서적 관계를 맺는 것이 적절한 인지 발달이 발생할 수 있는 최소한의 전제 조건이라는 것을 보여주었습니다. 그런 측면에서, 비고츠키의 이론이 인지 발달(의 격려)을 강조한 것은 매우 합리적이고 성인과 어린이의 정서적 관계에 대한 최근의 연구들로부터도 지지받을 수 있습니다.

교실에서 가르치기: 갈페린의 연구 성과

엄마와 어린이가 함께 혹은 그들의 정서적 관계를 활용하여 문제를 해결하는 적절한 개별 지도 전략을 탐구하는 것도 하나의 일이지만, 교실에서의 수업을 위한 효과적인 교수 전략을 정의하는 것은 매우 다른 쟁점입니다. 이 영역에서도, 많은 교육 사상가들은 비고츠키의 이런저런 개념에 영감을 받았고 당연히 그들은 그가 이룩한 성과의 다른 측면들에도 집중했습니다. 이런 사상가 중에서 중요한 인물이 표트르 갈페린(Pyotr Gal'perin 1902~1988)입니다. 그는 레온티예프와 루리야와 함께 협력 연구를 했습니다. 이 맥락에서 가장 중요한 것은 그의 소위 정신 작용의 단계적 형성에 관한 이론(Theory of the stepwise formation of mental acts)입니다. 이것은 내재화 과정에 관한 비고츠키의 개념을 정교하게 하는 것과 강력한 교수 방법을 제공하는 것을 목표로 합니다. 2부 2장에서 우리가 보았던 것처럼, 비고츠키는 내적 정신 과정은 외적 과정에서 기원하고 외적 과정에 의해 조형된다고 주장했습니다. 갈페린은 이 일반 개념을 받아들였지만 여전히 명료하게 정리되어야 할 비고츠키 이론의 여러 쟁점을 지적했습니다. 첫째, 외적 지원에서 내적 지원으로의 이행이 정확히 어떻게 발생하는지 충분히 명료하게 그려내지 못했습니다. 둘째, 어떤 요인들이 외적 과정에서 내적 과정으로의 이행을 촉진하는지 명확하지 않았습니다. 셋째, 비고츠키의 연구와 레온티예프의 연구(예를 들면, 2부 2장에서 기술된 금지된 색깔 과제)는 종종 단면적인 연구였습니다. 그래서 이 정도 연구 성과로는 외적 과정에서 내적 과정으로의 이행을 개인 내부(in vivo)에서 추적하는 것이 불가능했습니다. 넷째, 비고츠키는 내적 과정의 형성을 탐구할 수 있는 체계적인 방법을 개발하는 데 성공하지 못했습니다(Haenen 1996, p. 121). 갈페린의 정신 작용의 단계적 형성에 관한 이론은, 비고츠키의 다른 개념, 즉 내적 말(inner speech)의 기원과 기능을 사용하여 이 쟁점들을 다루려는 시도였습니다.

최종적인 형태의 갈페린의 이론에 따르면, 어떤 기술(skill)을 적절하게 숙달하기 위해서는 어린이가 많은 단계를 거치도록 인도되어야만 합니다. 첫째, 어린이는 수중의 과제에 상당히 익숙해져야만 하고 그 후에 과제를 해결할 수 있게 하는 조작들에 안내되어야만 합니다. 둘째, 어린이는 크게 말하면서, 우선 물질적인 혹은 물질화된 방식으로 이 조작들을 실행해야만 합니다. 예를 들면, 덧셈을 배울 때 어린이는 먼저 장난감 소들을 더하고 빼면서 "소 두 마리 더하기 소 한 마리는 소 세 마리입니다."라고 말하면서 덧셈과 뺄셈을 연습해야만 합니다. 셋째, 이 물질적 단계의 뒤를 잇는 단계에서 어린이는 물질적 자료를 다루는 것을 줄이도록 격려받지만 그 과정에서 말 사용을 지속하도록 독려받습니다. 어린이는 처음에는 크게 말할 수 있지만 점차적으로 자신에게 속삭이는 방식으로 전환하도록 격려받고 최종적으로는 내적 말로 대체하도록 독려받습니다. 물질적 자료를 다루며 말을 사용하는 것보다 순수하게 말에만 의존하는 방식의 더 큰 이점은, 당연하게도 말은 일반적으로 더 많은 것에 적용될 수 있다는 것입니다(예를 들면, "소 두 마리 더하기 소 한 마리는 소 세 마리입니다."는, 단지 피험자가 다루었던 장난감 소만이 아니라 모든 소에 유용합니다). 비슷하게 '이 더하기 일은 삼'이라는 문장은 (단지 소만이 아니라) 모든 대상에 유용하고, 이렇게 계산하는 것은 구체적 조작보다 훨씬 더 빠릅니다. 마지막으로, 충분한 연습 후에는 계산이 훨씬 부드럽게 이루어지게 될 것이고, 내적 말은 축약될 것이고, 어린이는 순수한 사고의 단계 혹은 갈페린이 표현한 정신 행위의 단계에 도달하게 될 것입니다.

누구라도 쉽게 확인할 수 있듯이, 이 이론은 이전에 논의했던 비고츠키의 여러 개념을 결합한 것입니다. 예를 들면, 어린이 발달에서 외적 매개는 내적 매개를 앞선다는 개념이, 내적 말은 외적 말과 자기중심적 말에서 기원하고 스스로를 규제하는 기능을 한다는 개념과 결합되어 있습니다. 게다가 갈페린과 그의 동료들이 이 이론을 구체적 교수 프로그램(예를 들면, 수학 개념의 교수)에 시행했을 때, 그들은 과학적 개념이라는 것에도 연결했습니다. 이렇듯 갈페린의 이론은 비고츠키의 원래 제안보다 훨씬 더 구체적이고 훨씬 정교하게 다듬어졌습니다. 그는 또한 러시아와 세계 여러 나라의 과학적 저작 (Haenen 1996; Rahmani 1973; Van der Veer 2000)에서 격렬한 논쟁이 펼쳐졌던, 수업의 몇몇 기법(예를 들면, 학습자를 엄격하게 인도해야 한다고, 학습자가 실수를 회피하도록 노력해야 한다고, 자료를 조작할 필요가 있다고 강조한 것)도 도입했습니다. 갈페린의 교수 프로그램에 따라 수업을 받은 어린이들이 다른 어린이보다 더 좋은 수행을 보여주었느냐는 실천과 관련된 질문에 대해 아직까지 확정적으로 답변할 수 없습니다. 갈페린과 그의 동료들은 놀라운 결과(예를 들면, 교과에 대한 깊은 이해, 높은 전이 효과)를 얻었다고 주장했지만, 역동적 평가의 사례와 마찬가지로 이런 주장은 신중한 경험적 연구를 통해 다시 실시되고 평가되어야 할 필요가 있습니다. 그러나 갈페린의 이론이 매우 흥미롭다고, 정신 작용의 단계적 형성에 관한 그의 방법론이 지식의 확고한 영역에 대한 교훈적 접근법이라 할 만한 의미 있는 후보자 중 하나라고 분명하게 말할 수 있습니다(Arievitch and Stetsenko 2000). 갈페린이 제공한 것은 교수와 발달의 관계에 대한 일반 개념이라기보다는 비고츠키의 여러 개념들을 구체적으로 정교하게 다듬은 것이었습니다. 그러나 이 작업은 이것만으로도 결코 작은 업적이라 할 수 없습니다.

교실에서 가르치기 : 과학적 개념들

갈페린의 접근법도 흥미롭지만, 다른 연구자들은 비고츠키와 그의 제자들의 저작에서 다른 선도적인 것들을 찾고자 했습니다(Daniels 2001; Kozulin 외. 2003; Moll 1990 참고). 예를 들면, 헤저가드와 차이클린(Marianne Hedegaard and Seth Chaiklin 2005)은 러시아 연구자인 옐코닌(비고츠키의 제자)과 다비도프에 의해 정교하게 다듬어진 개념에서 영감을 받았습니다. 옐코닌과 다비도프는, 어떤 과목에서 관련 없는 것처럼 보이는 부분들을 연결하는, 그래서 교육에서 일찍이 가르쳐야 하는 추상 모델에 의해 지식 영역(예를 들면 수학, 역사)에서의 필수적 관계가 파악될 수 있다고 주장했습니다. 예를 들면, 진화에서 작용하는 힘들을 설명하는 모델은 생물학에 실린 많은 현상들을 설명할 수 있습니다. 그런 모델들의 도움을 받아 어린이는 학교 교과에서 자신들의 삶에서 아직 직면하지 못한 현상들을 관념적으로 이해할 수 있습니다. 엘코닌과 다비도프[63]의 개념은 러시아 안팎의 많은 교실에서 검증을 받아 전도유망한 결과를 낳았습니다. 헤저가드와 차이클린(2005)은 많은 어린이들이 교육 제도에서 좋은 성취를 내지 못하는, 뉴욕시 할렘가에 있는 푸에르토리코 공동체에 이 접근법을 적용해보기로 결정했습니다. 어떻게 이 어린이들이 학문적 성취에 이르도록 동기를 부여하고 성취를 향상할 수 있을까요? 저자들은 방과 후 프로그램을 통해 소규모의 교수 실험을 해보기로 결정했습니다. 8세에서 12세 사이인 15명의 학생을 일주일에 2번 정도씩 37번이나 만났습니다. 그들은 '꼬마 과학자 클럽'에 가입했습니다. 거기서 세 가지 조사 주제에 집중했습니다. 그것들은 20세기 초 푸에르토리코의 삶의 조건, 같은 시기 뉴욕에 거주하는 푸에르토리코 이주민의 생활 조건, 현재 할렘가 동쪽에 있는 푸에르토리코 공동체의 생활 조건이었습니다. 여기에는, 어린이들은 이 주제들에 대한 지역적, 일상적 지식을 가지고 있을 것이고, 그 주제를 더 알고 싶다는 동기를 더 쉽게 부여받을 것이라는 발상이 전제되어 있습니다. 그렇다면 그들 자신의 배경과 상황을 풍부하게 이해할 수 있을 것입니다. 저자들이 주장한 것처럼, "학생이 교실 활동을 넘어서는 지식과 기술을 배우기를 원하는 교사는 학생의 개인적, 일상적 지식에 관여하

---

[63] 다비도프의 책도 곧 국내에 출판될 예정입니다. 『비고츠키와 발달 중심 교수학습』(가제)이 그것입니다. 이 책을 출판한 솔빛길에서 그 일을 할 것입니다.(옮긴이 주)

고, 그 지식에 근거하고, 그 지식을 계발시켜야만 합니다.(Hedegaard and Chaiklin 2005, p. 66)" 헤저가드와 차이클린은 가족, 공동체, 자원, 그리고 생활 조건 사이의 기본적 관계를 묘사하고 어린이들에게 과학적 방식으로 생각(예를 들면, 우리는 무엇을 알고자 하는가? 어떻게 우리는 그것을 알 수 있을까? 우리는 어떤 결과를 발견했는가? 이런 결과들이 의미하는 바는 무엇인가? 등등)하도록 안내하는 핵심 모델을 소개했습니다. 핵심 모델과 과학적 접근법으로 무장한 후에 어린이들은 자신들의 조사 주제를 탐구하기 시작했습니다. 헤저가드와 차이클린이 발견한 것은 세 가지로 요약될 수 있습니다. 먼저, 어린이들은 교실 토론에서 결정적인 관계들에 대한 점증하는 이해 능력을 보여주었습니다. 다음으로, 어린이들은 모델을 사용하는 데 유능하다는 것을 입증했습니다. 마지막으로, 그들은 자신들의 지역 공동체 및 자신과 지역 공동체의 관계에 대한 이해 능력과 이 관계를 파악하는 능력에서 새로운 경지에 도달했습니다. 이런 변화는 정규 교육 체제에 잘 적응하지 못하던 어린이 집단에게는 그것만으로도 놀라운 성취입니다. 헤저가드와 차이클린의 연구는 대규모로 적용되어 전통적인 결과 측정 방식으로 재확인해야 할 가치가 있습니다(Van der Veer 2006 비교).

헤저가드와 차이클린의 교수 실험은 지난 수십 년 동안 행해졌던, 비고츠키에 영감을 받은 수십 가지의 탐구 활동 중 하나일 뿐입니다. 그리고 이것을 위에서 기술한 갈페린의 접근법과 비교한다면, 우리는 현란하도록 다양한 연구들을 만나볼 수 있습니다. 어떤 연구자들은 물질적 자료 조작과 이어지는 '말로 표현하는' 것의 필요성을 강조하고, 다른 연구자들은 어린이의 생각 과정을 인도해주는 추상적 모델과 차트를 활용하고, 또 다른 연구자들은 빈번한 교실 토론에 초점을 맞추고 있습니다. 연구자의 취향에 따라 이루 헤아릴 수 없이 다양하게 진행되고 있습니다. 어쨌든 매우 분명하게 비고츠키에 영감을 받은 교육 이론들의 안내를 받으며 연구들이 다양한 방향으로 분화하고 있습니다.

학교에서 삶으로 : 문해 교육(읽고 쓰는 교육)

우리가 이미 앞에서 보았듯이, 비고츠키와 루리야는 읽고 쓰는 능력을 습득하는 데 엄청난 중요성을 부여했습니다. 읽고 쓰는 능력을 지닌다는 것은, 어린이 삶에서 이전에 행해진 다양한 활동에 의해 갖추어진 어린이의 기호 발달에서 중요한 진척이 있었음을 보여줍니다(Vygotsky 1929/1935). 대화를 하면서 어린이는 의미를 전달하기 위해 적절한 몸짓을 사용하는 방법을 배웁니다. 상징 놀이(symbolic play)를 하면서, 어린이는 대상들을 마치 그것들이 다른 대상이나 사람인 것처럼 활용하는 것을 배웁니다. 그림을 그리면서 그들은 그림의 의미로 대상을 지칭하는 방법을 배웁니다. 비고츠키의 분석에 따르면, 이 모든 능력은 매우 복합적인 기호 발달의 한 부분이 됩니다. 어린이가 배운 것은 다른 어떤 것을 지칭하기 위해 관습적인 도구나 기호(예를 들면, 몸짓, 대상, 그림)를 사용하는 방법입니다. 쓰기를 배우는 것은 오직 이전에 발달한 것을 토대로 해야만 가능하고 이전에 발달한 것의 정점을 이룹니다. 쓰기 활동에 명확하게 속하는 일은 어린이가 낱말의 소리 구조를 분석하고 철자로 그것들을 전달해야만 한다는 것입니다. 게다가 다른 사람에게 내용을 전달하기 위해 글을 쓰는 것은 어린이에게 다소 특별한 과제입니다. 2부 3장에서 우리가 보았다시피, 비고츠키는 읽고 쓰는 능력이 통찰력 혹은 반성 능력과 의식적 통제 혹은 의도적 통제를 낳는다고 결론지었습니다.

비고츠키의 추론은 감탄을 자아낼 만큼 흥미롭지만, 그가 제시한 증거는 다소 모호하거나 일화적인 것이었습니다. 우즈베키스탄 원정 (2부 4장)은 이 문제를 해결할 수 없었습니다. 왜냐하면 그것은 여러 방법론적 문제로 골머리를 썩였기 때문입니다. 우리가 살펴보았듯이, 루리야의 피험자들은 새로운 사회 구조에 참여하는 방식, 학교생활을 한 정도, 읽고 쓰는 능력의 차이가 다양했습니다. 루리야는 이런 요인들을 독립적으로 조정하는 일이 가능하지 않았기 때문에 읽고 쓰는 능력의 효과만을 측정할 수 없었습니다. 그렇지만 제가 보기에 학교생활의 효과와 읽고 쓰는 능력의 효과를 구별하는 것은 중요합니다. 흔히들 서구 학교에서의 어떤 활동들(예를 들면, 다른 관점에서 주제를 토론하는 것, 교과의 학습 자료를 통상적인 맥락 밖에서 제시하는 것)이, 루리야가 그의 우즈베키스탄 피험자들의 일부에서 발견했던 추상적·가설적으로 생각하는 능력을 이끌어낸다고 주장했습니다. 이처럼 비고츠키가 읽고 쓰는 능력 때문에 기인한다고 한 인지적 효과들은 실제로 학교에서 하고 있는 어떤 실천 때문인 듯합니다.

운이 좋다면 이런 효과들을 좀 더 세분할 수 있는 예외적인 상황이 펼쳐질 수 있습니다. 약 25년 전, 스크라이브너와 콜(Scribner and Cole 1981)은 비고츠키의 문화역사적 이론에 영감을 받은, 정확하게 바로 이 쟁점을 다룬 포괄적인 연구의 결과물을 출판했습니다. 그들은 서아프리카의 소규모 인종인 바이 부족이 자신들의 음절 문자 체계를 개발했던 라이베리아에서 연구를 수행했습니다(Leroy 1927 비교). 중요한 사실은 바이 문자를 학교에서 가르친 것이 아니라 집에서 가르쳤다는 것과 주로 친족끼리 편지를 주고받기 위해 사용했다는 것입니다. 바이 부족의 일부는 영어를 사용하는 학교에 다녔습니다. 다른 사람들은 율법 학교(madrassah)를 다녔습니다. 거기서 그들은 다른 것과 함께 코란을 암송하는 것도 배웠습니다. 그러나 나머지 사람들은 학교에 다니지 않았고 문맹인 채 살아갔습니다. 스크라이브너와 콜은 바이 부족 참가자들에게 (루리아가 사용한 방법과 다를 게 없지만 좀 더 정교하고 좀 더 치밀한) 여러 다양한 검사를 실시하여, 학교 제도와 읽고 쓰는 능력이 가지각색인 집단들에서 드러난 인지적 효과를 측정했습니다. 발견한 것을 일반화하면, 참가자들은 자신들이 경험했던 것과 비슷한 과제들에서 두드러진 성과를 보였습니다. 예를 들면, 읽고 쓸 줄 아는 바이 사람은 편지 쓰는 데 필요한 능력을 이용하는 과제(예를 들면, 외부 사람에게 게임의 규칙을 설명하기)

를 잘 수행했습니다. 마찬가지로 율법 학교를 다니는 학생들은 점점 늘어나는 회상 과제에 능숙했습니다. 그리고 영어 학교에 다니는 피험자들은 말로 표현 혹은 설명하는 모든 종류의 과제에 유능했습니다(Scribner and Cole 1981, pp. 242~255). 스크라이브너와 콜은 읽고 쓰는 능력이 차이를 만들지만, (의미를 담고 풀어내는 기술인) 그 능력보다 더 많이, 서로 다른 경험이 중요한 인지적 차이를 산출했다는 것을 보여줄 수 있었습니다. 게다가 학교는 가장 최고의 인지적 효과를 만들어냈습니다. 이는 학교에서의 어떤 경험(예를 들면, 모둠에서 주제에 대해 논쟁하기, 다른 사람에게 그의 관점을 설명하도록 요청하기)이 인지 발달에 중요한 것 같다는 사실을 의미합니다.

라이베리아 연구는 다른 문화적 배경을 지닌 사람의 인지적 수행('고등심리기능들')에서 주목할 만한 차이가 있다는 것을 설득력 있게 보여주었다는 점에서 비고츠키와 루리야의 발견을 확인해주었습니다. 하지만 읽고 쓰는 능력만의 인지적 효과는 학교 안팎에서 경험한 다른 활동들의 효과와 비교해볼 때 그다지 대단하지 않았다는 사실도 보여주었습니다. 이러한 발견은 본질적으로 비고츠키 생각의 참뜻과 양립할 수 있습니다. 분명히 해야 할 것은 그가 읽고 쓰는 것(특히 철자)을 배우는 것이 중요하다고 했을 때 그는 의미를 담고 풀어내는 기술에 대해 생각한 것이 아니라, 마치 대수학을 배우는 것이 어린이가 산술에 대해 깊이 생각하지 않고도 언제나 산술에 쉽게 적용할 수 있는 원리들을 자각하게 만드는 것처럼, 이 기술이 어린이가 자신이 사용하는 언어에 관해 생각하고 그 언어를 이해할 수 있도록 이끌게 될 것이라는 사실에 관해 생각했다는 것입니다(Vygotsky 1934a).[64] (제가 보기에) 비고츠키가 보지 못한 것은, 엄밀한 의미에서 읽고 쓰는 능력은 인지가 기능하는 데 명백하게 영향을 미치지 못한다는 사실, 즉 편협한 기교적 기술로 읽고 쓰는 능력(과 기본적인 산술 능력)을 가르치면 읽고 쓰는 능력이 중요한 인지적 변화를 견인할 수 없다는 사실입니다. 코줄린(Kozulin 2003)은 스크라이브너와 콜의 발견이 매개체가 어떤 특정 조건에서 일반적인 변형력을 지닌 생각의 도구가 되느냐는 질문을 제기했다고 주장했습니다. 그들은 또한 서구 학교에서 읽고 쓰는 능력, 기본적인 산술 능력 따위를 숙달하는 것 말고, 어떤 경험이 발견된 인지적 효과를 생산하느냐는 질문과 형식적 학교 수업이 일반적인 방식의 비형식적 사회화보다 우월하냐(아니면 열등하냐)는 질문을 제기했습니다.

형식적 학교 교육과 비형식적 학교 교육

비고츠키는 어린이가 교수학습을 필요로 하고, 최선의 교수학습은 학교에서 제공되고, 학교에서 획득한 학문적 지식이 어린이의 생각에 구석구석 스며들고, 학문적 지식이 학교 밖 생활과 관련된다는

---

[64] "글말은 정말 말의 대수학(algebra)입니다.(Vygotsky 1934a, p. 209)"

사실을 의심하지 않았습니다. 그렇지만 후속 연구는 이런 믿음에 의혹을 제기했습니다. 예를 들면, 후속 연구는 학교에 다니는 어린이와 다니지 않는 어린이에서 커다란 인지적 차이를 발견하는 것이 매우 어렵다는 것을 입증했습니다. 많은 연구 후에, 스크라이브너와 콜(1981, p. 252)은 "우리는 읽고 쓰는 능력과 학교 교육을 우리가 연구했던 인지 기술들을 향상할 수 있는 유일무이한 수단으로 간주하는 것에 주의해야 한다."라고 결론지었습니다. 예를 들면, 그들은 부가적인 잠재적 관련 요인으로 도시 거주를 제안했습니다. 또 다른 지점은 전이의 문제입니다. 비고츠키의 예상과 반대로, 학교에서 배운 기술은 일상생활에 적용되지 않을 수도 있습니다.[65] 스크라이브너와 콜의 연구에서 얻은 놀라운 결과 중 하나는 학습이 전이된 사례를 발견하는 것이 매우 어렵다는 것이었습니다. 즉, 사람들이 일상생활의 과제에 학교에서 배운 학문적 지식을 일상적으로 일반화하지 못하는 것처럼 보인다는 것이었습니다. 이와 같이 학교를 다닌 피험자와 학교를 다니지 않는 피험자의 차이가, (a) 인지 기술이 학교 밖에서도 획득될 수 있고, (b) 학교 지식에서 일상생활로의 전이가 부족하

---

[65] 비고츠키가 학교에서 배운 기술은 일상생활에 다 적용될 수 있다고 예상했다는 주장을 저는 처음 접합니다. 저자는 비고츠키가 그렇게 예상한 내용이 담긴 자료의 출처를 명시하지 않았습니다. 그래서 합리적인 검토를 할 수가 없습니다. 하지만 상식적으로, 경험적으로 알고 있는 것처럼, 일부는 일상생활에 적용되고 일부는 적용되지 않습니다. 그 내용도 그 사람이 무슨 일을 하느냐에 따라 다르겠지요.(옮긴이 주)

기 때문에 희석될 수 있습니다. 이 두 경우가 라브(Jean Lave 1988; Lave and Wenger 1991)와 로고프(Barbara Rogoff 1990; 2003)의 저작에서 논의되었습니다.

라브는 스크라이브너와 콜의 라이베리아 연구(2부 4장 참고)에 연구자로 참여했고 그 연구가 끝날 때까지 함께 했습니다. 그녀의 일차적 목적은 상황적으로 특정 인지 활동의 형태를 취하는 일상적 인지를 연구하는 것이었습니다. 라브는 일상적 삶에서 산술을 사용하는 것을 연구했고 널리 받아들여지던 가정과 모순된 결과를 발견했습니다. 연구 결과에 따르면, 성인은 일상생활에서 학교에서 배운 알고리즘을 일상적으로 적용하지 않았고, 이 사실에 관한 한 성공적 학습자나 실패한 학습자나 다른 게 없었습니다. 오히려 그들은 그들 자신의 상황에 따른 특정 규칙을 만들어냈습니다. 게다가 라브는 일상적 산술은 학교 산술보다 열등하지 않고 단지 질적으로 다를 뿐이라는 것을 발견했습니다.

라브(1988, p. 65)는 브라질 코코넛 점원의 사례를 인용했습니다. 그는 학교에서 어떤 수에 십을 곱할 때 어떤 숫자의 오른쪽에 영을 하나 놓으면 된다는 것을 배웠지만 그 자신의 일상적 계산 방식을 발명했습니다.

고객 코코넛 하나에 얼마인가요?
점원 35.

고객 10개 주세요. 그럼 얼마인가요?

점원 (잠시 멈추었다가) 세 개에 105고, 세 개 더하면 210이 되겠고, (잠시 멈추었다가) 네 개 더 샀으니, 그건 …… (잠시 멈추었다가) …… 그럼 350이겠네요.

이런 결과로 인해 라브는 이분법적으로 과학적 생각과 일상적 생각을 나누는 것을 거부했습니다. 그녀가 생각한 이분법은 레비브륄에 의해 만들어진 원시적 생각과 서구적 생각의 구분 방식(Lave 1988, p. 78)으로 거슬러 올라가는 것이고 우리가 보았듯이 비고츠키에 의해 공유된 것입니다.[66]

라브와 마찬가지로 로고프는 인지는 다양한 형태를 취할 수 있는, 사회적으로 특정 상황에 따른 활동이라고 강조했습니다. 그녀의 관점에 따르면, 사회화하는 행위인 말로 하는 교수가 행하는 역할은 지나치게 중요시되었습니다. 어린이는 종종 관찰로, 엿들어서, 그녀가 '유도된 참여'라고 지칭한 것으로 배웁니다.

----

[66] 불행하게도 저자가 생각하는 '우리'에 저는 포함되지 않았으면 합니다. 만약에 이분법적 사고에 빠진 분이라면 다른 사람이 변증법적 유물론에 따라 대립물의 투쟁과 통일의 법칙에 따라 설명하는 것을 이분법적으로 볼 가능성이 높습니다. 제가 보기에 저자 혹은 라브가 그런 것 같습니다. 이분법은 둘 사이의 연관 관계를 고민하지 않습니다. 『생각과 말』은 생각과 말의 내적 연관 관계와 그 변화하는 양상을 분석하고 종합한 책입니다. 대립물의 연관 관계를 고민하기 위해 일차적으로 대립물을 구분 정립한 것을 이분법적이라고 지칭하는 것은 철학적 식견이 부족하다는 자기 고백에 다름 아닙니다.(옮긴이 주)

유도된 참여(guided participation)는 통상적인 문제 풀이 활동에서 협력(collaboration)과 공유된 이해(shared understanding)와 얽혀 있습니다. 다른 사람과의 상호 작용은 관련된 활동에 어린이의 참여를 유도해서, 어린이가 새로운 상황을 이해하여 적응하도록 도와서, 어린이의 문제 풀이 시도를 구조화해서, 책임감을 가지고 문제 풀이에 관여하게 지지해서 어린이의 발달을 지원합니다. 이런 식으로 발달을 유도하는 것은 암묵적·직관적 형태의 의사소통과 어린이의 학습 환경을 디지털 기기로 꾸며주는 것을 포함합니다. 이것은 종종 어린이에게 교수하는 것을 계획하지 않을 수도 있고, 접촉 혹은 대화를 수반하지 않을 수도 있습니다. 좋은 사례는 그들 문화에서 가치를 두고 있는 일상적 활동들에 어린이가 점차 능숙하고 적절하게 참여하도록 유도하는 통상적인 준비와 관여입니다.

(Rogoff 1990, p. 191)

여기서 로고프는 명백하게 어린이의 인지적 변화를 일으키는 중요한 행위자로 학교 교수를 설정하는 발상에서 벗어나 있습니다. 그녀는 학교는 다양한 일상적 맥락에 적용될 수 있는 추상적이고 이성적인 언어 기반의 지식을 제공하는 곳이라는 발상을 도제(apprenticeship)라는 비유로 대체했습니다. 어린이는 종종 좀 더 유능한 동반자가 유도한 활동에 참여하여 그것을 관찰하면서 배웁니다. 이런 활동을 하면서 어린이는 문화적으로 관련된 정보와 기술을 점유함과 동시에 창조적으로 그 정보와 기술을 변형할 수 있습니다(Lave and Wenger 1991; Wenger 1998 비교).

라브와 로고프의 통찰력은 우리가 교육과 인지 발달에 관한 비고츠키의 생각을 평가하는 데 관련이 있습니다. 일상적 생각에 대한 그들의 비교문화적 연구에 근거하여 두 사람은 비고츠키의 신념들에 의혹을 제기하게 되었습니다. 먼저, 과학적 개념과 일상적 개념이 서로 풍부해지는 것이 쉽게 발생하지 않을 수도 있습니다. 즉, 학교에서 가르친 추상적이고 이성적인 형태의 생각은 쉽게 다른 맥락들로 확산되지 않습니다. 둘째, 일상적 개념을 필연적으로 열등하다고 간주할 필요가 없습니다. 모든 형태의 생각은 특정 문화적 실천에서 발달하고 그러한 실천에 적합합니다. 셋째, 많은 사회에서 중요한 지식과 기술은 일차적으로 학교에서 말로 전수되지 않고 공유된 활동을 관찰하거나 공유된 활동에 참여함으로써 전수됩니다. 이와 같은 생각이 사실로 판명된다면, 이러한 주장은 인지 발달을 위한 읽고 쓰는 능력과 학교 교육의 중요성을 강조한 비고츠키의 입장을 다소 훼손할 수 있습니다. 그렇지만 그것들은 인지 발달은 크게 보면 더 유능한 사회적 타자에 의해 유도되어 문화적 도구를 숙달하는 과정이라는 비고츠키의 좀 더 일반적인 입장과 전적으로 일치합니다.

지능에 대한 역동적 평가

우리가 보았던 것처럼, 근접발달영역의 개념은 우리가 어린이의 학습 잠재력을 결정할 수 있다는 발상과도 얽혀 있습니다. 비고츠키는 이중 검사 절차를 통해 어린이의 어떤 영역에서의 미래 수행 능력을 좀 더 정확하게 예측할 수 있다고 주장했습니다. 당연하게도, 우리는 이 주장이 진실인지를 질문할 수 있고, 이중 평가 절차가 정말로 일반적 지능 평가보다 학교에서 얻을 결과를 더 잘 예견할 수 있는지 연구할 수 있습니다. 나아가 비고츠키는 어린이에게 암시(hint)와 상기시키는 말(prompt)을 제공하는 것, 해결의 일부를 알려주는 것 등을 이야기했습니다. 그렇지만 그는 정확하게 이것을 어떻게 해야 하는지 구체적으로 명시하지 않았습니다. 질문하고자 하는 것은 우리가 지원을 제공하는 데 있어서 개별 어린이가 다른 어린이보다 더 많은 지원을 받지 않았다는 것을 보증할 수 있는 표준적인 방법을 고안할 수 있느냐는 것입니다. 즉, 어린이의 학습 잠재력을 나타내는 지표로서의 어떤 기준에 도달하기 위해, (어린이가) 받아야 하는 도움의 양을 얼마나 제공해야 하는지 결정할 수 있느냐는 것입니다. 다른 질문은, 검사에 참여하는 것이 어린이의 진정한 잠재력을 탐구하고 진단하기 위한 수단이냐 아니면 하나의 학습 국면이냐는 것입니다. 즉, 제공된 '암시'와 '상기시키는 말'을 어린이의 IQ를 높이는 교수의 형태로 간주할 수 있느냐는 것입니다. 그런데 어린이들이 이런 지원을 받을 때 필연적으로 더 잘 수행할 수 있을까요? 혹은 일부 어린이에게는 그렇지 않을 수도 있지 않을까요? 이런 쟁점과 다른 쟁점들이 역동적 평가라는 신생 분야에서 이제 탐구되고 있고, 다른 접근법의 윤곽과 일부 예비적 대답들이 점차 나오고 있습니다. 그리고 렌코와 스턴버그(1998; Sternberg and Grigorenko 2002)는 최근에 역동적 평가에 관한 많은 문헌을 재검토했습니다. 그들의 최종 결론은, 역동적 평가 영역은 전도유망하지만 많은 연구가 경험적 연구의 엄격한 기준을 여전히 충족하지 못했다는 것입니다. 신중하게 재확인하는 연구는 이 분야의 연구자들이 진척했던 주장들의 진정한 가치를 결정하는 데 필요합니다. 관련 연구에 대한 인상을 제공하기 위해 저는 간략하게 세 가지 다른 접근법을 논의하겠습니다.

상기시키는 말에 등급을 매긴 접근법

'상기시키는 말'에 등급을 매긴 접근법(the graduated-prompts approach)은 캄피온과 브라운에 의해 개발되었고(Campione 1989; Campione and Brown 1987) 비록 그것의 실제적 절차가 다르기는 하지만 비고츠키의 여러 개념을 결합했습니다. 비고츠키와 달리, 이 저자들은 '암시'와 '상기시키는 말'을 제공하지 않았으며 대신 공동으로 참여한 시험에서 얻은 점수가 어린이의 개별적 시험 점수를 얼마나 많이 넘어설 수 있는지를 규명했습니다. 그 대신, 그들은 어린이가 특정 문제를 해결하기 위해 요구했던 '암시'와 '상기시키는 말'이 얼마나 많았는지를 측정했습니다. 여기서 추정된 것은 더 잠재력이 있는 어린이들은 간섭으로 더 많은 이득을 챙기고 지원을 덜 필요로 할 것이라는 것입니다. 흥미롭게도 그들은 또한 학습 전이라는 쟁점에 초점을 맞추었습니다. 즉, 그들은 어린이가 새로 습득한 기술들을 그들이 전에 본 적이 없는 문제에 적용할 수 있는지를 점검했습니다(2부 3장과 2부 4장을 참고). 그들이 행한 전체 절차는 다음과 같습니다. (a) 어린이가 혼자서 얼마나 잘 수행하는지를 확정했습니다. (b) 어린이가 혼자서 문제를 풀 수 있을 때까지(예를 들면, 지원 없이 연속된 두 문제를 풀 때까지), 어린이는 일반적인 것에서 특수한 것(위에서 기술된 우드의 절차와 비교해볼 것)까지 미리 결정된 암시를 받았습니다. (c) 어린이는 유사한 문제들과 다소 다른 (가까운 전이) 혹은 매우 다른 (멀리 떨어진 전이) 문제들, 둘 다를 개별적으로 다시 풀었습니다. (d) 비슷한 문제와 다른 문제를 풀면서 어린이는 암시를 받았습니다. 브라운과 캄피온은 어린이가 받은 '상기시키는 말'의 수를 확정하고 비슷한 문제와 (매우) 다른 문제를 해결한 어린이의 능력도 확정했습니다. 이것들이 추정되는 어린이의 학습 잠재력을 반영하는 개인별 점수로 결합되었습니다. 브라운과 캄피온은 다양한 어린이 집단(정신 지체 어린이, 신체적 장애 어린이, 경미한 정신 장애 어린이)과 다양한 과제(예를 들면, 빈칸 채우기, 읽기)로 작업했습니다. 지속된 연구 과정에서 그들은 높은 IQ 점수를 가진 어린이가 비슷한 문제와 전이 문제를 숙달하는 데 도움을 덜 요구한다는 것을 발견했는데, 이는 매우 놀라운 발견은 아닙니다. 예상하지 못했던 것은, 상대적으로 나이 많은 어린이가 어린 어린이보다 지도(coaching)를 덜 요구한다는 것입니다. 이를 통해 추정해보면, 경험 자체로부터 이득을 얻는 능력은 어린이가 나이를 먹으면서 발달합니다. 브라운과 캄피온 그리고 그들의 패러다임을 채택한 다른 연구자들은 그들의 측정이 전통적인 IQ 점수보다 예견하는 데 더 유효하다는 것을 발견했습니다. 즉, 해결한 전이 문제의 수와 필요한 지원의 양을 측정하는 것이, 전통적인 정적인 IQ 점수를 측정하는 것보다 학교에(혹은 새로운 문제들에) 잘 적응할 어린이에 대해 더 많은 정보를 제공합니다. 게다가 그들은 자신들의 절차에 근거해서 부족한 학생들의 집단을 다시 구별할 수 있다는 것도 알게 되었습니다. 학습 장애 어린이는 경미한 정신 장애 어린이보다 지원을 훨씬 덜 필요로 했습니다. 이것은 우리가 역동적 평가에 관한 문헌에서 반복적으로 마주했던 중요한 진단적 발견입니다. 전통적인 정적인 IQ 측정과 달리, 새로운 절차를 통해 '암시'와 '상기시키는 말'의 형태로 행해지는 교수에서 이득을 얻을 수 있는 사람과 얻을 수 없는 사람을 구별할 수 있게 되었습니다. 이러한 발견은 우리에게 페트로바(1925)와 비고츠키가 도입한 '원시적' 어린이와 '정신박약' 어린이의 구분과 그들에 대한 다른 진단을 기억나게 합니다. 이렇게 아직도 해결되어야 할 것이 많이 남아 있지만(Grigorenko and Sternberg 1998, pp. 38~39 비교), 브라운과 캄피온의 전통에 따라 작업하는 연구자들의 발견은 이 접근법이 예견적 가치와 진단적 가치 둘 다를 가지고 있다는 것을 시사하고 있습니다. 이에 더하여, 그것은 학습의 전이라는 핵심적 쟁점을 다루고 있습니다.

부도프의 작업

비고츠키와 마찬가지로, 부도프(Budoff)는 전통적인 정적인 IQ 검사는 다양한 장애 어린이 집단의 능력을 과소평가했다는 가정으로부터 출발했습니다. 적절한 교육을 받지 못한 어린이, 다른 문화에 속하는 어린이, 학습 장애 어린이는 전통적인 평가 접근법에 따라 공정하지 못하게 분류될 위험에 놓여 있습니다. 부도프는 많은 전통적인 검사(예를 들면, 레이븐의 점진적인 모형(Raven's Progressive Matrices))를 조절하여 부도프의 학습 잠재력 측정법(Budoff's Measures of Learning Potential: 예를 들면, (Budoff 1987a; 1987b))을 만들었습니다. 전형적인 절차를 살펴보면, 어린이는 먼저 개별적으로 검사를 받습니다 (사전 검사). 이어서 어린이가 지도를 받고 문제를 풀도록 격려받는 연습 단계(training stage)가 진행됩니다. 우드, 그리고 브라운과 캄피온의 작업에서처럼 실패 후에 점점 더 구체적인 지원이 제공됩니다. 마지막으로, 어린이는 다시 전통적인 방식으로 개별적으로 검사를 받습니다(사후 검사). 사전 검사와 사후 검사의 점수에 근거하여 부도프와 그의 동료들은 장애 어린이를 (a) 처음에 도움 없이도 잘 수행한 어린이(고득점한 어린이, high scorer), (b) 처음에 낮은 점수였지만 연습 후에 상당히 진척한 어린이(이익을 본 어린이, gainer), (c) 처음에도 낮은 점수였고 연습으로 개선되지 않은 어린이(이익을 보지 못한 어린이, non-gainer) 이렇게 세 집단으로 구분했습니다. 이 절차는 그들이 받은 도움의 양이 아니라 검사에서 얻은 점수로 어린이를 특징지었다는 점에서 브라운과 캄피온의 작업 절차와는 다릅니다. 그 절차는 개별적인 사후 검사로 끝났다는 점에서 비고츠키가 제안했던 것과도 다릅니다. 부도프와 그의 동료들은 이익을 본 어린이는 이익을 보지 못한 어린이보다 학교에서 더 잘한다는 것을, 역동적 평가 점수는 전통적인 IQ 점수보다 학업 성취를 잘 예견한다는 것을 발견했습니다. 부도프는 이익을 본 어린이는 교육에서 불리한 (문화적으로 박탈된) 어린이이지만, 이익을 보지 못한 어린이는 정신적으로 장애를 지닌(생물학적으로 장애를 가진) 것일 수 있다고 밝혔으며, 한 번 더 위에서 언급했던 '원시적인' 어린이와 '정신 박약' 어린이의 구분을 언급했습니다. 부도프는 또한 다른 특징에 근거하여 이익을 본 어린이와 이익을 보지 못한 어린이를 구별하려 했지만(예를 들면, 한 집단은 다른 집단보다 더 동기화된 것 같다.), 이러한 결과는 해석하기가 다소 어렵습니다. 스턴버그와 그리고렌코(1998, p. 33)는 부도프의 측정법은 "적절한 교육 배치를 수행하기 위한, 미래의 수행을 예견하기 위한, 낮은 IQ의 어린이들을 변별하기 위한, 제약된 특정 목적을 위한 꽤 강력한 도구"라고 결론 내렸습니다. 지금까지 모아진 경험적 결과는, 부도프의 측정법이 진단적 가치와 예견적 가치를 지니고 있고 빈약한 수행 능력을 보인 어린이 집단에게는 전통적인 IQ 검사보다 타당할 수 있다는 것을 보여주었습니다.

포이에르스타인의 작업

포이에르스타인(Feuerstein)은 1940년대와 1950년대에 이스라엘에서 자신의 발상을 발전시키기 시작했습니다. 수십 년 전 소비에트 연방과 마찬가지로, 이스라엘 교육 제도는 (어린이와 성인 둘 다에서) 서로 다른 문화를 겪었던 많은 사람들로 심각한 상황에 처했습니다. 이스라엘의 경우에 그들은 주로 북아프리카 국가 출신의 유태인과 홀로코스트 생존자였습니다. 보통의 정적인 IQ 검사를 실시했더니, 이들 피험자 중 다수가 비참한 점수를 받았고 검사 점수에만 근거하면 그들은 특수 교육을 위한 학교에 배정되어야 했습니다. 그렇지만 수십 년 전 비고츠키와 같이, 포이에르스타인은 이들이 어떤 도움으로도 해결될 수 없는 수준이라는 것을 믿지 않았습니다. 도리어 그는 그들의 빈약한 수행 능력은 문화적 박탈 때문이라 판단하고, 그들의 무력한 상황을 인식하고 그들의 결핍을 조사하고 치료했습니다. 비네와 마찬가지로, 그는 근본적으로 지능은 고정된, 주로 타고난 속성이 아니고, 훈련을 통해 개선될 수 있다고 확신했습니다. 지적인 기능을 위한 필수적인 고등인지기술은 숙련된 교사나 심리학자, 소위 중재자(mediator)에 의해 어린이에게 전해질 수 있습니다.[67] 여러 해 동안 포이에르스타인은 교육적 환경에서 사용된 평가 기구(LPAD)와 중재

---

[67] Mediator: 중재자가 아닌 매개자로 번역하고 싶었으나, 한국에서 이미 중재자라는 표현이 정착되어 있어서 중재자라는 표현을 사용했습니다.(옮긴이 주)

프로그램(IP, Intervention Program)을 개발했습니다. 학습 잠재력 측정 장치(LPAD, Learning Potential Assessment Device)는 본질적 으로 기존의 정적 검사들(예를 들면, Raven's Progressive Matrices) 을 조정하여 만든 검사 장치(test battery)입니다(부도프의 측정법과 비교). 이 검사 장치는 최초에는 낮은 성취를 보이는 어린이(특히 위에서 언급한 이민자 어린이)를 위한 검사 장치였지만, 나중에는 정상적인 성취를 보이는 어린이에게도 사용되었습니다. 검사들(혹은 검사의 일부)은 포이에르스타인이 중재 학습 경험(MLE, mediated learning experience)이라고 명명한 것을 향상하기 위하여 설계된 유연한, 개별화된, 상호 작용적 과정에서 집행되었습니다. 이 과정 동안 심리학자는 인지적 결점을 샅샅이 찾아내고 이 개별 어린이를 위한 적당한 교수 방법, 암시, 상기시키는 말을 발견합니다. 그렇지만 심리학자의 역할은 중립적인 조사자의 역할과 다릅니다. 즉, 그는 어린이를 지원하고 격려하고, 전체 환경은 공감적인 임상 면접에 더 가깝습니다. 목표는 어린이를 지지하고 가르치는 것이고, 어린이의 인지적 수정 능력(modifiability)을, 즉 어린이가 심리학자의 지도를 통해 어느 정도까지 이익을 볼 수 있는지를 평가하는 것입니다.[68] 이런 평가에 근거하여 도구적 심화(IE, Instrumental Enrichment) 프로그램이라고

---

[68] Modifiability: 국립특수교육원 홈페이지에는 '변화 가능력'이라고 번역되어 있습니다. 좀 더 낱말의 의미에 충실하게 번역하고자 '수정 능력'이라고 표현했습니다.(옮긴이 주)

명명된 중재 프로그램에 참가하는 것이 필요하다고 여겨질 수도 있습니다. 이 프로그램의 목표는 어린이에게 다양한 환경에 유연하게 적용할 수 있는 생각 기술들을 가르치는 것입니다. IE 자료는 비교, 범주화, 삼단 논법의 사용 같은 영역을 포괄합니다. 이것들은 내용에 제약받지 않고, 과정 지향적이고, 체계적으로 조직화되도록 설계되어 있습니다(Kozulin 2003). 많이 사용되는 것은 도해(graph)와 도표(chart) 같은 상징적 장치로 만들어졌으며(갈페린의 작업과 비교), 똑같은 원리들이 다른 양식들에서 사용되는 다른 도구들에서 다시 출현합니다. 본질적으로 IE 프로그램은 비고츠키가 생각한 과학적 개념을 학습한 결과인 초인지적 기술들(자각과 통제)을 성취하고자 합니다.[69] 이것은 다양한 맥락에 적용될 수 있는, 명백하게 다른 '스스로 발견하게 하는 방식(heuristic)'으로 가르침으로써 그렇게 됩니다. 이런 결과로 이 프로그램을 이수한 학생은 학교에서 제공된 많은 문제들을 당당하게 직면할 수 있게 되었습니다.

포이에르스타인의 작업은 매우 흥미롭습니다. 그와 그의 동료들

---

[69] 초인지적 기술: 저자는 자각(awareness)과 통제(control)를 제시했습니다. 『생각과 말』 6장 [6-2-23]에서 비고츠키가 언급한 것을 이야기하고 있는 것 같습니다. 저는 그 부분을 의식적 파악(осознание)과 의지적 숙달(произвольность)로 번역했습니다. 최근 깨달은 것입니다. 고등정신기능의 내재화는 대립물의 전화가 이루어진 것이고, 변증법적 지양이 이루어진 것입니다. 즉, 질적으로 다른 고등정신기능을 지니게 되었다는 것입니다. 질적으로 다른 양태를 띠게 된다고 했을 때, 가장 두드러진 현상으로 의식적 파악과 의지적 숙달을 지적하고 있습니다.(옮긴이 주)

은 중요한 성과가 있었다고 주장했고, 도덕적 견지에서 보아도 그들의 작업은 정말 칭찬받을 만합니다. 그렇지만 고루한 방법론자의 관점에서 보면 누구라도 경고성 발언을 약간 할 수밖에 없습니다. 예를 들면, 포이에르스타인과 그의 동료들은 LPAD(의 일부)를 경험한 어린이는 그들의 성적을 향상했다는 것을, 즉 그가 사전 검사보다 사후 검사에서 더 높은 성적을 얻었다는 것을 발견했습니다. 그렇지만 실제로 그러한 결과는 매우 극적인 것은 아닙니다. 사람들이 지능 검사를 사용하기 시작한 이래로 연구자들은 검사 점수는 연습과 민감하게 연동된다는 것을 입증했습니다. 또한 그런 결과에 대한 더 진전된 분석은 검사 효과를 배제할 필요가 있음을, 가능했던 효과가 중재자라는 사람 때문인지 아니면 방법 그 자체 때문인지를 결정할 필요가 있음을 제기했습니다. 또한 포이에르스타인과 그의 동료들은 가장 높은 이익을 본 어린이들은 처음에 가장 낮은 점수를 받았던 어린이들로 판명되었고, 이것은 자신들의 방법이 문화적 결핍을 개선하는 데 아주 효과적이라는 것을 시사한다는 것을 발견했습니다. 그러나 그것은 먼저 그런 향상된 점수가 전적으로 혹은 부분적으로 회귀 효과 때문이 아니라는 것을 입증해야만 합니다(2부 3장, 주 17번과 비교). 포이에르스타인과 그의 팀은 어린이의 지적 기능에서 변화를 성취하는 데 관심을 두고 있었으며, 학교에서의 성취가 이 설명에 대한 궁극적인 판단의 잣대여야만 한다고 믿지 않았습니다. 따라서 그들은 포이에르스타인 검사 장치의 예견적 타당성을 평가하기 위한 기준으로 학교 결과를 사용하는 데 반대하는 유보 조건을 표현했습니다. 그럼에도 불구하고 일부 연구자들은 정확하게 그렇게 사용하고 있습니다. 쇼체트(Shochet: Grigorenko and Sternberg 1998, p.23)는 LPAD에서 더 많은 이익을 본 어린이가 이후에 학교에서 더 좋은 수행을 보여주었다고 보고했습니다. 이런 사실은 부도프의 측정법과 마찬가지로 LPAD가 이익을 본 어린이와 이익을 보지 못한 어린이(혹은 포이에르스타인의 표현을 따르면, 높은 인지적 수정 능력을 지닌 어린이와 낮은 인지적 수정 능력을 지닌 어린이)를 구분할 수 있다는 것과 이 구분이 학급 배치를 결정하는 데 관련될 수 있다는 것을 의미합니다. 불행하게도 쇼체트의 연구는 방법론적 문제가 있었습니다. 그래서 우리는 강력하게 그 결과가 옳다고 주장할 수 없게 되었습니다(Grigorenko and Sternberg 1998, p.23).

이렇게 활용할 수 있는 경험적 연구는 많은 방법론적 단점을 드러냈습니다. 그러므로 우리는 포이에르스타인의 접근법의 성공에 대해 어떤 결정적인 결론을 아직까지도 내릴 수 없습니다. 그렇지만 이것은 사회과학 분야의 대다수 연구에도 적용되는 이야기이고, 이런 진지한 방법론적 언급 때문에 우리가 포이에르스타인의 접근법의 잠재적 가치를 모른 체할 필요는 없습니다. 지속적인 상당한 노력으로 부족한 학습자가 더 자신감을 가질 수 있게, 인지적 문제들을 더 잘 다룰 수 있게, 전통적 측정에서 더 높은 점수를 얻을 수 있게 할 수 있다는 것은 사실인 듯합니다. 당국에서 이런 학생을 돕기 위해 시간과 돈을 투자할 준비가 되어 있느냐는 것은 교육 정책 혹은 교육 정치의 문제입니다. 우리가 아무리 박하게 평가한다 해도, (역동적 검사를 했던 다른 연구자들처럼) 포이에르스타인이 전통적인 정적인 평가는 전체 이야기를 해줄 수 없고 그런 검사에 근거하여 어린이의 미래를 결정하는 것이 공정하지 못하다는 것을 보여주었다고 말할 수 있습니다.[70] 그는 또한 일부 어린이가 다른 어린이보다 지도에 더 잘 반응할 수 있다는 것을, 그리고 본질적으로 이것은 진단적 가치를 지녔다는 것을 발견했습니다. 마지막으로, 그의 도구적 심화(IE) 프로그램은 어린이에게 일반적인 생각의 기술들을 스며들게 할 수 있는 좋은 프로그램인 것 같다는 것을 지적하지 않을 수 없습니다.

역동적 검사 분야는 지난 25년 동안 꾸준히 성장했으며 미래에도 전망이 확실히 좋을 듯합니다. 그 역사가 아직 충분히 탐구되지는 않았지만, 앞서 우리는 비고츠키가 일반적으로 역동적 검사 접근법의 설립자로 간주되고 있음을 보았습니다. 그의 목표는 어린이가 수행할 수 있는 하한 경계선과 상한 경계선을 결정함으로써 개별 어린이

---

[70] 서구 사회에서 가능한 한 많은 국민이 소위 고등 교육(예를 들면, 대학 교육)을 향유하기를 바란다는 가정은 다른 기호나 능력을 지닌 개별 어린이들의 이해관계와 상치될 수 있습니다. 제가 의미하고자 하는 것은, 만약에 우리가 배타적으로 추상적인 인지 기술만을 교수하는 데 초점을 맞춘다면, 손을 사용하는 기술에 관심이 있거나 손을 사용하는 데 뛰어난 어린이들이 학교에서 실패자로 전락하는 것을 쉽게 볼 수 있다는 것입니다. 폴리테크닉 학교의 몇몇(2부 1장 참고)은 서로 다른 학습 경로가 학습 수준에서의 차이가 아니라 흥미에서의 차이로 보인다는 점에서 선호될 수 있을 것입니다.

에게 가장 도전적인 교수를 제공하는 것이었습니다. 개별 어린이에 대한 초점이 아마도 그것이 구현되는 데 시간이 걸리기 때문에 현대에 행해지는 연구에서는 다소 희석되었습니다.[71] 대신에 많은 역동적 평가 연구자는, 이민자 어린이, 학습 부진 어린이 등과 같이 처음에 빈약한 수행 능력을 보이는 어린이로 변별된 집단들에 초점을 맞추고 있습니다. 이 어린이들을 검사하면서 그들은 일부 어린이가 다른 어린이보다 연구자의 암시나 상기시키는 말에 더 잘 반응하는 것을 발견했고, 비고츠키의 저작에도 제시되었던 대조군을, 부연하면 이익을 본 어린이(gainer)와 이익을 보지 못한 어린이(non-gainer), 수정할 수 있는(modifiable) 어린이와 수정할 수 없는(non-modifiable) 어린이, 문화적으로 박탈당한(culturally deprived) 어린이와 유기체적으로 손상당한(organically impaired) 어린이, 종합하면 가르치는 것에 더 잘 반응하는 어린이와 덜 반응하는 어린이로 구분하는 이분법을 도입했습니다. 비고츠키는 문화적으로 박탈당한 어린이가 학교 교육(특히, 읽고 쓰는 능력의 습득)으로 이익을 볼 수 있다고 제시했지만, 그런 어린이를 지원하기 위한 어떤 특별한 측정법을 논의하

---

[71] 그렇지만 교실에서 컴퓨터를 대중적으로 활용할 수 있기 때문에, 이제 몇몇 영역에서 어린이의 독립적 수행과 협력적 수행을 지속적으로 측정하는 것이, 그리고 적절하게 과제의 수준을 조정하는 것이 원리상 가능하게 되었습니다. 이런 진전 때문에 어린이에게 제공된 과제가 늘 그 어린이의 근접발달영역 내에 있게 하는 것이 가능해질 수도 있을 것입니다. 여기서 지적 프로그램의 내용이 많은 것을 결정하겠지만, 제가 보기에 컴퓨터는 결코 교사를 대체할 수 없습니다.

지 않았습니다. 포이에르스타인과 다른 연구자들은 이 어린이들이 생각의 기술들을 발전시킬 수 있는 심화 프로그램을 개발했습니다. 생각의 기술들은 비고츠키가 학교 교육의 결과물로 간주했던 의식적 파악(osoznanie, осознание)과 습득(ovladenie, овладение)으로 어린이들을 결국에는 인도하게 될 것입니다[72]. 모든 학생의 생각을 향상하기 위하여 개발된 심화 프로그램(포이에르스타인과 비교)은 역동적 평가를 진단 장치로 사용하는 것과 하등 관계가 없었지만, 이 프로그램은 교수가[73] 발달을 선도해야만 한다는 비고츠키의 일반적 발상과 연결되어 있습니다. 그런 의미에서 그것들은 갈페린의 작업과 비교될 수 있습니다. 갈페린도 우리가 행하고 있는 교수보다 신중한 교수(careful teaching)가 상당히 향상된 결과를 끌어낼 수 있음을 증명하려 했습니다.

---

[72] 비고츠키는 [6-2-23] 마지막 문장에서, 고등정신기능을 변별하게 하는 것은 지성(интеллектуализация)과 습득(овладение), 즉 의식적 파악(осознание)과 의지적 숙달(произвольность)이라고 했습니다. 제가 파악하기에는, 지성과 습득이 결과적 측면을 강조하고 있다면 의식적 파악과 의지적 숙달은 과정적 측면을 강조하고 있습니다. 그렇게 보면 의식적 파악과 습득을 연결시켜 제시한 저자의 표현은 좀 어색합니다.(옮긴이 주)

[73] 저자는 교수(teaching)라고 표현했지만, 비고츠키가 사용한 낱말은 교수학습(обучение)이라 번역하는 것이 적절합니다. 즉, 교수학습이 발달을 선도한다고 표현해야 합니다. 왜냐하면 러시아어에는 한국어처럼 교수(учение)라는 낱말과 학습(изучение)이라는 낱말이 따로 존재하기 때문입니다. 하지만 저자의 의도를 존중하여 본문에는 교수라고 했습니다.(옮긴이 주)

결론

앞에서 우리는 비고츠키와 그의 제자들에게서 영감을 받은 많은 연구 사례를 살펴보았습니다. 거기서 공통된 것은, 인지 발달이 그 문화의 다른 구성원들의 안내 혹은 지도를 받으며 문화적 도구들을 숙달하는 과정이라는 개념을 따르고 있다는 것입니다. 어떤 의미에서 그런 정식화는, 그것이 어린이의 역할은 창조적이지 않고, 문화 전수는 한 방향으로의 진행임을 시사했다고 오해될 소지가 있습니다. 그러나 우리는 어린이들이 종종 그들이 수용한 문화적 메시지를 창조적으로 변화시키고 그들 자신의 의미 세계를 창조한다는 것을 알고 있습니다. 부모와 교사가 이것을 깨닫지 못할 수도 있지만, 어린이로부터 배워야 할 것은 많습니다. 이런 까닭으로 근대의 연구자들은 문화에 적응하는 과정에서 어린이들의 능동적이고 창조적인 역할을 강조했습니다(Valsiner 2000). 그럼에도 불구하고 (현존하는 문화적 도구들을 상당히 변화시킬 수 있다는 측면을 보지 않고) 문화적 도구들을 습득하는 것에만 초점을 두는 것은 이해할 만한 일입니다. 왜냐하면 어린이가 여전이 성인이 당연하다고 받아들이는 모든 문화적 지식과 기술을 습득해야만 한다는 점에서 성인과 어린이의 관계는 비대칭적이기 때문입니다.

인지 발달은 같은 문화에 속하는 다른 구성원의 안내를 받으며 문화적 도구들을 숙달하는 과정을 포함한다는 공통된 확신에서 이론적 지향들이 다양한 방향으로 갈라져나갔습니다. 일부 연구자들은 사회적 타자의 안내에 초점을 맞추었습니다. 사회적 타자는 어린이가 문화적 도구들을 숙달할 때 도움을 주는 다른 사람입니다. 그리고 이 사람은 다소 적절하게 행위를 할 수 있습니다. 여기서 우리는 비계 설정, 민감성, 도제와 같은 개념에 직면할 수 있습니다. 다른 연구자들은 이런저런 문화적 도구와 같은 개념에 초점을 맞추었습니다. 어떤 문화적 도구가 가장 효과적일까요? 무엇이 비고츠키가 선호했던 문화적 도구의 힘일까요? 여기서 우리는 문해의 인지적 효과들에 대한 연구와 과학적 개념, 모형 등의 개념을 사용한 다수의 연구들을 위치시킬 수 있습니다. 당연하게도 많은 연구들은 혼합적인 성격을 띠고 있고, 종종 (매개하는 사람의 지도하는 방식 때문인지 아니면 그의 인격 때문인지 모르겠지만) 매개하는 사람의 효과와 매개하는 도구의 효과가 환자에 대한 치료사의 효과와 치료의 효과처럼 구분될 수가 없습니다. 여전히 또 다른 연구들은 어린이와 문화적 도구의 적절성 혹은 어린이와 교수 방법의 적절성을 다룹니다. 여기에 우리는 많은 역동적 평가와 문화적 심화 프로그램을 위치시킬 수 있습니다. 이 분야에서 연구자들은, 어떤 기준에 따라 받아들여질 수 있는 수행 수준에 어린이가 도달할 수 있도록 하기 위해, 특정 어린이 집단을 지원할 수단들을 개발하고 있습니다.

비록 비고츠키의 교육적 개념을 탐구하고 있는 어떤 분야에서도 어떤 명확한 대답에 도달하지는 못했지만, 그리고 비록 많은 연구들이 재연되어야 할 필요가 있지만, 우리는 적어도 아주 간단한 결론에 이르렀습니다. 비고츠키주의자들에게 영감을 받은 다양한 연구 분야의 성과는 감탄할 만큼 신선한 인상을 주었다는 것을 부정할 수 없습니다. 다른 하위 분야들(예를 들면, 역동적 평가, 문화심리학)이 발아되었고 비고츠키의 교육 개념을 다루는 수백 편의 논문들이 쏟아져나왔습니다. 누구도 부정할 수 없듯이, 1930년대에 살았던 러시아 사상가는 지금도 교육학자들의 심금을 울리고 있습니다. 그의 사상을 되살리려는 그들의 협력적 노력은 우리 종사자들에게 혜택을 줄 것이고, 궁극적으로 새로운 각 세대의 연구자들이 비고츠키를 새롭게 해석할 필요가 있는 고전적 사상가로 분류하도록 이끌 것입니다. 마치 톨스토이가 새로운 세대의 독자들에게 영감을 제공할 수 있도록 우리가 톨스토이를 새롭게 재해석하는 것처럼 말입니다.

2.

결론

비고츠키는 1920년대 말과 1930년대 초에 교수학습과 발달의 관계에 관한 생각을 발전시켰습니다. 그 당시는 전 세계에서 소위 '진보적'인 새로운 교육 형태를 구현하려는 열정적인 실험들이 펼쳐지던 시기였습니다. 이러한 흐름 중 몇몇은 19세기에 이미 시작되었습니다. 다른 것들은 좀 더 최근에 시작되었습니다. 가장 유명한 교육 실험으로 다음과 같은 것을 언급할 수 있습니다. 배들리(John Badley, 1865~1967)는 1893년에 영국에서 지금도 현존하는 비데일즈 학교(Bedales School)를 설립했습니다. 몇 년 후인 1896년 실용주의 철학자 존 듀이(John Dewey, 1859~1952)는 시카고 대학에 있는 실험학교(Laboratory School)에 자신의 교육 철학을 적용하기 시작했습니다. 1907년 몬테소리(Maria Montessori, 1870~1952)는 어린이집(Casa dei Bambini)에서 처음 그녀의 교육 사상을 펼쳤고 1920년대와 1930년대에 걸쳐 그녀의 사상은 세계로 활기차게 퍼져나갔습니다. 1918년 몬테소리와 갈라선 후에, 파크허스트(Helen Parkhurst, 1857~1973)는 그녀의 돌턴 플랜(Dalton Plan) 체계를 개발했고 돌턴 학교(Dalton School)를 설립했습니다. 독일 예나 대학의 교육학자 피터슨(Peter Petersen, 1854~1952)은 1924년부터 실험 학교에서 예나 플랜(Jena Plan) 개념을 발전시켰습니다. 오스트리아의 건축가이자 괴테 연구 학자인 슈타이너(Rudolf Steiner, 1861~1925)는 인지학적인 발도르프 학교(Waldorf school) 개념을 발전시켰습니다. 독일의 교육자 케르셴슈타이너(Georg Kerschensteiner, 1854~1932)는 노동 학교(Arbeitsschule)라는 개념을 제안했습니다. 이러한 학교 개혁가들은 매우 다른 철학을 그리고 때때로 서로 모순된 철학을 고수했지만, 우리는 이들 대다수가 공유했던 몇 개의 발상을 공유할 수 있습니다. 당연하게도 그들은 모두 오래된 학교 방식을 혐오했습니다. 화석화된 질문에 이미 주어진 대답을 강요하는 전통적인 학교는 어린이를 부당하게 수동적으로 만드는 기관으로 보였습니다. 전통적인 학교에서 다루는 지식은 추상적이고 어떤 실천적 관련성도 없는 것이었습니다. 새로운 학교들은 어린이가 독립적으로 그리고 자신의 속도에 맞추어 학교 안팎의 새로운 지식을 획득할 수 있는 유일무이한 인간임을 강조했습니다.[74] 학교를 사회로 혹은 사회를 학교로 연결하려는 노력도 행해졌습니다. 실제 상황 속에서 수학, 생물학, 물리학, 화학 같은 교과의 실천적 관련성을 발견하기 위해 교사들은, 학생들과 함께 공장들을 방문했고 자연 속을 거닐며 탐구하며 체험했습니다. 종종, 추상적 학습에 대한 일면적 강조는 어린이가 목공, 요리, 혹은 정원 가꾸기 같은 손을 사용하는 과제를 해결하게 하여 예방했습니다. 새로운 학교들은 어린이 지향적이고, 민주적이었으며, 일상적 삶의 구체적 문제와 관련된 활동을 했습니다. 이런 실험들 중

---

74 어린이를 독립적인 학습자로 간주하는 실천은 이렇게 교육학에서 구성주의 분파가 태동하기 전에 시작되고 있었습니다. 현실적으로 전통적인 학교에 대한 반동으로 나온 실천에서 그러한 개념은 형성되기 시작했습니다. 수동적인 어린이가 아님을 보이기 위해 독립적인 어린이를 내세운 것은 지나친 좌편향이었습니다. 능동적인 어린이가 실천을 통해 검증된 가장 적절한 어린이에 대한 개념입니다. 이러한 개념 형성에 비고츠키가 지대한 공헌을 했다는 것은 강조할 필요도 없습니다.(옮긴이 주)

75 한국의 혁신 학교도 이러한 측면이 강합니다. 하지만 100년 전과 다른 역사적 조건을 고려해야 합니다.(옮긴이 주)
(1) 주체인 인간의 수명이 곧 100살로 늘어날 것입니다. 정말 충격적인 현대 의학과 사회적 삶의 개선이 이루어졌습니다. 학교에서 교육을 받는 시간은 같은데 사회 속에서 생활해야 할 시간이 3배로 늘어났습니다. 이는 구호뿐인 평생 교육 강화로 해결될 문제가 아닙니다. 학교 교육의 역할에 대한 강조점이 변해야 하는 근본적인 조건입니다.
(2) 지식의 폭발적 증가를 목도하고 있습니다. 학교에서 배운 것과 늙어 죽을 때 접하던 지식의 양과 질이 크게 달라지지 않던 시기와 1~2년이면 인류가 지금까지 누적한 지식의 양과 질을 만들어내는 지식 혁명의 시대를 살고 있는 현재는 질적으로 다른 시기입니다. 이러한 지식의 폭발적 증가는 학교 교육의 역할에 대한 혁명적 변화를 강요하고 있습니다. 학교 교육 과정의 양과 질이 실질적으로 늘어가고 있는 것은 이러한 대처가 수공업적으로, 단순하게, 일면적으로 이루어지고 있기 때문에 발생하는 현상입니다. 지식 혁명의 시대에 지식을 능동적으로, 체계적으로, 창조적으로 활용할 수 있는 인간을 육성하는 교육을 하는 것은 초미의 당면 과제입니다.
이런 조건에서 자본의 무한 경쟁 상황은 각국의 교육을 창의성을 강조하는 방향으로 몰아가고 있지만, 인간 발달은 제한된 시간에 가속을 이루어낼 수 없습니다. 더욱이 아동기에는 더더욱 불가능합니다. 가장 튼튼한 기초를 체계적으로 쌓는 것이 가장 올바른 창조(창의) 능력을 지닌 인격(인성)체로 변할 가능성을 높일 수 있는 유일한 방안입니다. 이런 측면 때문에 하나를 배우면 열을 아는 아이로 변화시키는 방법의 마지막 지점까지 나아간 비고츠키 학파의 연구 성과가 최근 한 세대 동안 이 분야에서 세계적으로 패러다임으로 군림하고 있습니다.

에 많은 것들이 살아남지 못했지만, 그것들은 서구 교육에 의미심장한 흔적을 남겼으며, 오늘날 '새로운' 그리고 '최첨단'으로 제시되거나 여겨지는 교육 사상의 실천 중에 많은 것은 (예를 들면, 미국에서의 Sudbury Valley School) 본질적으로 19세기 말과 20세기 초의 것들을 반복하는 것입니다.[75]

자연스럽게, 이런 진보적 교육 사상의 파고는 소비에트 연방을 지나치지 않았습니다. 예를 들면, 철학자 블론스키(Pavel Blonsky)는 '행함으로써 배우기(learning by doing)'라는 듀이의 교육 철학에 강하게 영향을 받았고 노동 학교 형태를 제안했습니다(Kozulin 1987). 이런 학교들의 목표는 어린이들에게 동시대 산업 문화를 접하게 하는 것이었습니다. 어린이들은 과학의 원리를 숙달하기 위해 구체적인 실제 삶과 연결된 프로젝트들을 수행하면서 작업했습니다. 어린이들을 공장이나 기업 같은 어린이들의 직접적인 주위 환경에 친숙하게 하면서 교육이 이루어졌습니다. 다른 진보적 접근법들과 마찬가지로, 이상적인 것은 인격의 전면적(all-sided) 혹은 폴리테크닉(polytechnic) 발달이었습니다(2부 1장 참고). 처음에는 블론스키의 제안이 크룹스카야 같은 교육 제도 내의 지도층에게 우호적으로 받아들여졌고, 그러한 교육 방안을 도입하려는 시도가 행해졌습니다. 그렇지만 1920년 소비에트 연방의 절망적인 경제적 조건과 사회적 조건은 진보적 학교에서의 많은 실험들을 좌절시켰고 1930년대 초에는 이데올로기 지형이 이미 변해버렸습니다(Kozulin 1984). 그때에는 모든 진보적 교육 조치들이 '좌파적 일탈(leftist deviation)'로 비판받았습니다. 다른 법령은 진보적 학교들을 폐지하도록 명령했고 1930년대 말이면 그 어떤 흔적도 남지 않게 되었습니다. 소비에트 교육은 다시 전통적인 교육으로 돌아갔습니다. 코줄린은 진보적 교육과 전제주의적 소비에트 체제는 결국 화해할 수 없는 것이었다고 주장했습니다.

진보주의는 교육에서 민주주의의 원리에 근거했지만, 당의 지도력은 프롤레타리아 독재를 선포했습니다. 그리고 진보주의는 점점 중앙 집권적 체계를 갖추게 된 모든 학교에 화석화된 교육 과정을 요구하는 소비에트 공립 교육에서 환영받을 수 없는 실험적 기획에 전념했습니다.

(Kozulin 1984, pp.133~134)

의심할 바 없이 비고츠키는 교육제도에서 벌어진 이런 새로운 전개 과정을 잘 알고 있었습니다. 그는 블론스키에게 배운 학생이었고 (1부 1장 참고), 교육위원회의 지도자들과 친밀하게 지내고 있었고, 그는 모든 수준의 교육에서 직접 가르치고 있었습니다. 근접발달영역에 대해 글을 쓸 때 그는 자신의 개념은 사회적 개념인 반면 몬테소리의 개념은 생물학적 개념이라고 주장하면서, 몬테소리가 도입한 '민감기(sensitive period)'라는 개념(Droogleever Fortuyn 1924 비교)과 자신의 개념을 비교했습니다(Vygotsky 1934a, pp. 222~223).

다른 곳에서 그는 몬테소리의 쓰기 교수법을 포괄적으로 논의했습니다(Vygotsky 1929/1935, pp. 90~94). 이와 같이 비고츠키가 소비에트 연방 안과 밖에서 진행되었던 교육 실험들에 대해 알고 있었다는 것은 자명해보입니다. 그런데 우리가 이러한 주장을 당연하다고 받아들인다면, 왜 비고츠키는 스스로 교육 개혁을 위한 계획을 공식화하지 않았느냐는 질문을 제기하지 않을 수 없습니다. 우리 시대에 가장 영향력 있는 교육학자인 비고츠키가 그의 생애 동안 새로운 학교에 대한 구체적인 생각을 제안하지 않았다는 것은 매우 이상한 일 아닐까요? 제가 보기에는 이 질문에 세 가지 대답이 있을 수 있습니다. 첫째, 위에서 대략적으로 언급했던 정치적 상황을 지적해야 합니다. 1930년대 초에, 전통적인 방식에서 이탈한 어떤 교육 계획도 '좌파적 일탈'로 간주되었고 심지어 레닌의 미망인인 크룹스카야마저도 진보적 교육의 쟁점에 대한 그녀의 견해를 철회하도록 강요받았습니다(Bauer 1952). 둘째, 비고츠키는 직업적 교육자나 교육 전문가가 아니었다는 것입니다. 그는 심리학과 아동학(Pedology)을 가르쳤고, 그의 동료들과 제자들이 수행한 교육 연구를 지도했고, 임상적 상담가로 근무했습니다. 셋째, 아마도 가장 중요한 이유는 비고츠키가 학교 조직, 교육 과정 개발 등에 관한 구체적인 발상을 진척하기를 원하지 않았다는 것입니다. 어떤 의미에서는, 오히려 그가 하고자 했던 것은 사람이 된다는 것이 무엇인지에 대한 이론을 개발하는 것이었습니다. 무엇이 우리를 다른 동물과 다른 존재로 만드는가? 인간 발달은 어떻게 진행되는가? 무엇이 우리를 의식적인 인간으로 만드는가? 이런 것이 비고츠키를 괴롭혔던 근본적인 질문이었고 그가 고등정신기능의 문화역사적 이론으로 대답하고자 했던 것이었습니다 (2부 2장 참고). 루리야(1935, p.224)가 비고츠키의 추도사에 적었던 것처럼, 비고츠키의 목표는 '인간에 대한 심리학, 인간 심리의 복잡한 법칙을 밝히는 과학을 창조'하는 것이었습니다. 이런 근본적인 목표가 그의 사상이 지닌 일반적 성격도 설명해줍니다. 비고츠키가 가난, 성, 사회 계급, 부족한 주택, 나쁜 교육 시설, 교실의 야단법석 따위의 구체적 상황을 언급하는 일은 거의 없었습니다. 반대로 그는 부모의 문화를 습득하는 어린이를 이야기했습니다. 호전적인 공산주의 시대에 비고츠키 사상의 이런 일반적 성격이 그에게 불리하게 작용했다는 것은 놀랄 일이 아닙니다. 우리가 1부 1장에서 보았듯이, 소비에트 당국의 비판은 비고츠키가 사회 계급과 노동 같은 쟁점을 강조하지 않았다는 것이었습니다. 마르크스주의 심리학에서 "주체는 결코 '인간 일반'일 수 없으며 오직 특정 사회 계급의 대표자일 뿐입니다 (Borovsky 1929, p. 182)." 앞서 개괄했듯이 이러한 비판이 보지 못한 혹은 보려 하지 않았던 것은 비고츠키 이론이 다방면에 미칠 중요성과 해방적 성격을 지녔다는 것이었습니다.

아마도 발달하는 어린이에 대한 '일반적' 관점을 창조했다는 바로 그 사실이 현재 그가 누리고 있는 인기의 다른 원인(들어가는 글과 비교)이고 비고츠키에 영감을 받은 연구들이 매우 다양한 성격을 지닌 까닭입니다. 아마도 실제의 구체적 사례 하나하나를 다루려 하는 폐쇄적인 이론들은 우리에게 선택의 여지를 거의 남기지 않을 것입니다. 이런 이론들은 통째로 받아들이거나 폐기해야만 합니다. 비고츠키 이론들에 담긴 일반적 성격과 미완의 내용, 바로 이것이 현재에도 그의 이론이 맹위를 떨치고 있는 요인인 듯합니다. 그리고 비고츠키 전통에 바탕하여 연구하는 현재의 심리학자들과 교육학자들은 슈베르트의 미완성 교향곡을 완성하려는 작곡가들과 비교될 수 있습니다. 비고츠키 사상이 지닌 강점은 그의 사상이 미래를 향해 열려 있다는 것입니다.

참고 문헌

Abel'skaya. R., and Neopikhonova, Y.S. (1932), 'Problema razvitiya v nemet-
skoy psikhologii i ee vliyanie na sovetskuyu pedologiyu i psikhologiyu'. *Ped-
ologiya*, 4, 27~36.

Ageyev. V.S. (2003), 'Vygotsky in the mirror of cultural interpretations', in
A. Kozulin, B. Gindis, V.S. Ageyev and S.M. Miller (eds), *Vygotsky's Edu-
cational Theory in Cultural Context*. Cambridge: Cambridge University Press,
pp. 432~449.

Aikhenvald, Y.I. (1910), *Etyudy o Zapadnykh Pisatelyakh*. Moscow: Kostry.

Aikhenvald, Y.I. (1922), *Pokhvala Prazdnosti*. Moscow: Kostry.

Ainsworth, M.D. (1967). *Infancy in Uganda: Infant Care and the Growth of Love*.
Baltimore: Johns Hopkins.

Arievitch, I.M., and Stetsenko, A.P. (2000), 'The quality of cultural tools and
cognitive development: Gal'perin's contribution and its implications'. *Hu-
man Development*, 43, 69~92.

Balamore, U., and Wozniak, R.H. (1999), 'Speech-action coordination in
young children', in P. Lloyd and C. Fernyhough (eds), *Lev Vygotsky: Critical*

Assessments. Vol. 2. Thought and Language. London: Routledge, pp. 168~182.

Barash, D.P. (1986), *The Hare and the Tortoise: Culture, Biology and Human Nature.* Harmondsworth: Penguin.

Bauer, R.A. (1952), *The New Man in Soviet Psychology.* Cambridge, MA: Harvard University Press.

Benjamin, W. (1935/1972), 'Probleme der Sprachsoziologie: Ein Sammelreferat', in H. Tiedemann-Bartels (ed.), *Walter Benjamin. Gesammelte Schriften. Bd. III Kritiken und Rezensionen.* Frankfurt am Main: Suhrkamp Verlag, pp. 452~480.

Binet, A. (1911/1973), *Les Idées Modernes sur les Enfants.* Paris: Flammarion.

Binet, A., and Simon, T. (1905). 'Méthodes nouvelles pour le diagnostic du niveau intellectuel des anormaux'. *L'Année Psychologique,* 11, 191-244.

Bishop, O. (1924), 'What is measured by intelligence tests?'. *Journal of Educational Research,* 9, 29~38./

Blonsky, P.P. (1919/1979), 'Trudovaya shkola', in P.P. Blonsky, *Izbrannye Pedagogicheskie i Psikhologicheskie Sochineniya. Vol. 1.* Moscow: Pedagogika, pp. 86~164.

Boring, E.G. (1950), *A History of Experimental Psychology.* New York: Appleton-Century-Crofts.

Borovsky, V.M. (1929) 'Psychology in the U.S.S.R'. *Journal of General Psychology,* 2, 177~186./

Brill, R.G. (1984), *International Congress on Education of the Deaf: An Analytical History 1878-1980.* Washington, DC: Gallaudet College Press.

Brooks, S.S. (1922), 'Some uses for intelligence tests'. *Journal of Educational Research,* 5, 217~238.

Bruner, J. (1983), *Child's Talk: Learning to Use Language.* New York: Norton &

Company.

Bruner, J. (1984), 'Vygotsky's zone of proximal development: The hidden agenda', in B. Rogoff and J.V. Wertsch (eds), *Children's Learning in the 'Zone of Proximal Development'*. San Francisco, CA: Jossey Bass, pp. 93~97.

Budoff, M. (1987a), 'The validity of learning potential', in C.S. Lidz (ed.), *Dynamic Testing*. New York: Guilford Press, pp. 52~81.

Budoff, M. (1987b), 'Measures for assessing learning potential', in C.S. Lidz (ed.), *Dynamic Testing*. New York: Guilford Press, pp. 173~195.

Bulanov, I. (1930), 'Materialy po izucheniyu povedeniya rebenkatungusa'. *Pedologiya*, 1, 54~64.

Burks, B.S. (1928), *A Summary of Literature on the Determiners of the Intelligence Quotient and the Educational Quotient*. Bloomington, IL: The Public School Publishing Co.

Burt, C. (1927), *Mental and Scholastic Tests*. London: P.S. King and Son.

Butterworth, G., and Grover, L. (1999), 'The origins of referential communication in human infancy', in P. Lloyd and C. Fernyhough (eds), *Lev Vygotsky: Critical Assessments. Vol. 2. Thought and Language*. London: Routledge, pp. 3~22.

Campione, J.C. (1989), 'Assisted testing: A taxonomy of approaches and an outline of strengths and weaknesses'. *Journal of Learning Disabilities*, 22, 151~165.

Campione, J.C., and Brown, A. (1987), 'Linking dynamic testing with school achievement', in C.S. Lidz (ed.), *Dynamic Testing*. New York: Guilford Press, pp. 82~115.

Chaiklin, S. (2003), 'The zone of proximal development in Vygotsky's analysis of learning and instruction', in A. Kozulin, B. Gindis, V.S. Ageev and

S.M. Miller (eds), *Vygotsky's Educational Theory in Cultural Context*. Cambridge: Cambridge University Press, pp. 65~82.

Chamberlain, L. (2006), *The Philosophy Steamer: Lenin and the Exile of the Intelligentsia*. London: Atlantic Books.

Cole, M. (1996), *Cultural Psychology: A Once and Future Discipline*. Cambridge, MA: The Belknap Press of Harvard University Press.

Cole, M. (2000), 'Struggling with complexity: The handbook of child psychology at the millennium'. *Human Development*, 43(6), 369~375.

Cole, M., and Cole, S. (1996), *The Development of Children* (3rd edn). New York: W.H. Freeman and Company.

Conquest, R. (1986), *The Harvest of Sorrow: Soviet Collectivization and the Terror-Famine*. Alberta: University of Alberta Press.

Coy, G.L. (1930), 'A study of various factors which influence the use of the accomplishment quotient as a measure of teaching efficiency'. *Journal of Educational Research*, 21, 29~42.

Daniels, H. (2001), *Vygotsky and Pedagogy*. New York: Routledge Falmer.

De Waal, F (2001), *The Ape and Shushi Master: Cultural Reflections of a Primatologist*. New York: Basic Books.

Droogleever Fortuyn, A.B. (1924), 'Sensitive periods'. *The Call of Education*, 1, 104~112.

Dunn, J. (1988), *The Beginnings of Social Understanding*. Oxford: Blackwell.

Efimov, V. (1931), 'Review of F.P. Petrov, Opyt issledovaniya intellektual'nogo razvitiya chuvashskikh detcy po metodu Binet-Simon'. *Pedologiya*, 7~8, 127~128.

Engels, F. (1925), *Dialektik der Natur*. Berlin: Dietz Verlag.

Evans-Pritchard, E.E. (1934), 'Lévy-Bruhl's theory of primitive mentality'.

Bulletin of the Faculty of Arts, 2. Cairo: Egyptian University.

Feigenberg, I.M. (ed.) (1996), *L.S. Vygotsky: Nachalo Puti*. Jerusalem: Jerusalem Publishing Centre.

Feofanov, M.P. (1932), 'Teoriya kul'turnogo razvitiya v pedologii kak elektricheskaya kontseptsiya, imeyushchaya v osnovnom idealicheskie korni'. *Pedologiya*, 1/2, 21~34.

Fordyce, C. (1921), 'Intelligence tests in classifying children in the elementary school'. *Journal of Educational Research*, 4, 40~43.

Gilbert, M. (1979), *The Jews of Russia*. Jerusalem: Bernstein.

Gornfeld, A.G. (1916), 'O tolkovanii khudozhestvennogo proizvedeniya'. *Voprosy Teorii i Psikhologii Tvorchestva*, 7, 1~30.

Gornfeld, A.G. (1923), 'D.N. Ovsyankino-Kulikovskiy i sovremennaya literaturnaya kritika'. *Voprosy teorii i Psikhologii Tvorchestva*, 8, 1~10.

Gould, S.J. (1981), *The Mismeasure of Man*. Harmondsworth: Penguin.

Grigorenko, E.L., and Sternberg, R.J. (1998), 'Dynamic testing'. *Psychological Bulletin*, 124, 75~111.

Haenen, J. (1996), *Piotr Gal'perin: Psychologist in Vygotsky's Footsteps*. Commack, NY: Nova Science Publishers.

Hagbloom, S.J., Warnick, R., Warnick, J.E., Jones, V.K., Yarbrough, G.L., Russell, T.M., Borecky, C.M., McGahhey, R., Powell, J.L., Beavers, J., and Monte, E. (2002), 'The 100 most eminent psychologists of the 20th century'. *Review of General Psychology*, 6, 139~152.

Hanfmann, E., and Kasanin, J. (1937), 'A method for the study of concept formation'. *Journal of Psychology*, 3, 521~540.

Hanfmann, E., and Kasanin, J. (1942), 'Conceptual thinking in schizophrenia'. *Journal of Nervous and Mental Diseases*, Monograph 67. New York: NMDM.

Hedegaard, M., and Chaiklin, S. (2005), *Radical-Local Teaching and Learning: A Cultural-Historical Approach*. Aarhus: Aarhus University Press.

Henmon, V.A.C. (1920), 'Improvement in school subjects throughout the school year'. *Journal of Educational Research*, 1, 81~95.

Hines, H.C. (1924), *A Guide to Educational Measurements*. Boston: Houghton Mifflin.

Jahoda, G. (1999), *Images of Savages: Ancient Roots of Modern Prejudice in Western Culture*. London: Routledge.

James, W. (1920), *Talks to Teachers*. London: Longmans, Green and Co.

Janet, P. (1928), *L'évolution de la Mémoire et de la Notion du Temps*. Paris: Chahine.

Joravsky, D. (1989), *Russian Psychology: A Critical History*. Oxford: Blackwell.

Kallom, A.W. (1922), 'Intelligence tests and the classroom teacher'. *Journal of Educational Research*, 5, 389~399.

Kasanin, J., and Hanfmann, F. (1938), 'An experimental study of concept formation in schizophrenia'. *American Journal of Psychiatry*, 95, 35~52.

Kaye, K. (1982), *The Mental and Social Life of Babies: How Parents Create Persons*. Chicago: University of Chicago Press.

Köhler, W. (1921). *Intelligenzprüfungen an Menschenaffen*. Berlin: Julius Springer.

Kornilov, K.N. (1928), 'The comparative value of research methods in psychology and pedology in light of Marxism'. *Psikhologiya*, 1, 5~27.

Kozulin, A. (1984), *Psychology in Utopia: Toward a Social History of Soviet Psychology*. Cambridge, MA: MIT Press.

Kozulin, A. (1990), *Vygotsky's Psychology: A Biography of Ideas*. New York: Harvester Wheatsheaf.

Kozulin, A. (2003), 'Psychological tools and mediated learning', in A. Kozulin, B. Gindis, V.S. Ageyev and S.M. Miller (eds), *Vygotsky's Educational The-*

ory in Cultural Context. Cambridge: Cambridge University Press, pp. 15~38.

Kozulin, A., Gindis, B., Ageyev, V.S., and Miller. S.M. (eds) (2003), *Vygotsky's Educational Theory in Cultural Context*. Cambridge: Cambridge University Press.

Kozyrev, A.V., and Turko, P.A. (1936), "'Pedagogicheskaya shkola" professora L.S. Vygotskogo'. *Vysshaya Shkola*, 2, 44~57.

Kurek, N. (2004), *Istoriya likvidatsii pedologii i psikhotekhniki*. St. Peterburg: Aleteyya.

Lashley, K.S. (1950), 'In search of the engram'. *Society of Experimental Biology*. Symposium 4, 454~482.

Lave, J. (1988), *Cognition in Practice*. Cambridge: Cambridge University Press.

Lave, J., and Wenger, E. (1991), *Situated Learning: Legitimate Peripheral Participation*. Cambridge: Cambridge University Press.

Leontiev, A.N. (1931), *Razvitie pamyati: Eksperimental'noe issledovanie vysshikh psikhologicheskikh funktsiy*. Moscow-Leningrad: Uchpedgiz.

Leontiev, A.N. (1932), 'Studies on the cultural development of the child (Ⅲ): The development of voluntary attention in the child'. *Pedagogical Seminary and Journal of Genetic Psychology*, 40, 52~83.

Leroy, O. (1927), *La Raison Primitive: Essai de Réfutation de la Théorie du Prélogisme*. Paris: Librairie Orientaliste Paul Geuthner.

Lévy-Bruhl, L. (1910/1922), *Les Functions Mentales dans les Sociétés Inférieures*. Paris: Alcan.

Lévy-Bruhl, L. (1922/1976), *La Mentalité Primitive*. Paris: Retz.

Lévy-Bruhl, L. (1949), *Les Carnets de Lucien Lévy-Bruhl*. Paris: PUF.

Lévy-Bruhl, L. (1966), *How Natives Think*. New York: Washington Square Press.

Lévy-Bruhl, L. (1975), *The Notebooks on Primitive Mentality*. Oxford: Blackwell.

Light, P.H. (1979), *The Development of Social Sensitivity*. Cambridge: Cambridge University Press.

Lloyd, P., and Fernyhough, C. (eds) (1999), *Lev Vygotsky: Critical Assessments* (4 volumes). London: Routledge.

Luria, A.R. (1928a), 'Psychology in Russia'. *Pedagogical Seminary and Journal of Genetic Psychology*, 35, 347~355.

Luria, A.R. (1928b), 'The problem of the cultural development of the child (I)'. *Pedagogical Seminary and Journal of Genetic Psychology*, 35, 493~506.

Luria, A.R. (1932a), 'Psychological expedition to Central Asia'. *Pedagogical Seminary and Journal of Genetic Psychology*, 40, 241~242.

Luria, A.R. (1932b), *The Nature of Human Conflicts: or Emotion, Conflict and Will*. New York: Liveright Publishers.

Luria, A.R. (1934), 'The second psychological expedition to Central Asia'. *Pedagogical Seminary and Journal of Genetic Psychology*, 44, 255~259.

Luria, A.R. (1935), 'Professor L.S. Vygotsky (1896~1934)'. *Pedagogical Seminary and Journal of Genetic Psychology*, 46, 224~226.

Luria, A.R. (1973), *The Working Brain: An Introduction to Neuropsychology*. New York: Basic Books.

Luria, A.R. (1974), *Ob istoricheskom razvitii poznavatel'nykh protsessov*. Moscow: Nauka.

Luria, A.R. (1976), *Cognitive Development: Its Cultural and Social Foundations*. Cambridge, MA: Harvard University Press.

Luria, A.R. (1979), *The Making of Mind*. Cambridge, MA: Harvard University Press.

Luria, A.R. (1982), *Etapy proydennego put'i*. Moscow: Izdatel'stvo Moskovskogo

Universiteta.

Luria, E.A. (1994), *Moi otets*. Moscow: Gnosis.

Mateer, F. (1918), 'The diagnostic fallibility of intelligence ratios'. *Pedagogical Seminary and Journal of Genetic Psychology*, 25, 369~392.

McCrory, J.R. (1932), 'The reliability of the accomplishment quotient'. *Journal of Educational Research*, 25, 27~39.

McLeish, J. (1975), *Soviet Psychology: History, Theory, Content*. London: Methuen & Co

McNaughton, S., and Leyland, J. (1999), 'The shifting focus of maternal tutoring across different difficulty levels on a problem-solving task', in P. Lloyd and C. Fernyhough (eds), *Lev Vygotsky: Critical Assessments. Vol. 3. The Zone of Proximal Development*. London: Routledge, pp. 132~142.

Medvedev, R.A. (1974), *K sudu istorii: Genezis i posledstviya Stalinizma*. New York: Alfred A. Knopf.

Meins, E. (1999), 'Security of attachment and maternal tutoring strategies: Interaction within the zone of proximal development'. in P. Lloyd and C. Fernyhough (eds), *Lev Vygotsky: Critical Assessments. Vol. 3. The Zone of Proximal Development*. London: Routledge, pp. 113~131.

Melk-Koch, M. (1989), *Auf der Suche nach der Menschlichen Gesellschaft: Richard Thurnwald*. Berlin : Reimer.

Merton, R. (1968), 'The Matthew effect in science'. *Science*, 159(3810), 56~63

Meumann, E. (1914), *Vorlesungen zur Einfuhrung in die Experimentelle Padagogik*. Bd. 2. Leipzig: Engelmann.

Moll, L.C. (ed) (1990), *Vygotsky and Education: Instructional Implications and Applications of Sociohistorical Psychology*. Cambridge: Cambridge University Press.

Münsterberg, H. (1920), *Psychology and the Teacher*. New York: D. Appleton and

Company.

Odell, C.W. (1922), *The Use of Intelligence Tests as a Basis of School Organization and Instruction*. Urbana, IL: University of Illinois.

Odell, C.W. (1930), *Educational Measurement in High School*. New York: The Century Co.

Peterson, J. (1926/1969), *Early Conceptions and Tests of Intelligence*. Westport, CT: Greenwood Press.

Petrova, A. (1925). 'Deti-primitivy: Psikhogicheskij analiz', in M. Gurevich (ed.), *Voprosy Pedologii i Detskoj Psikhonevrologii*. Moscow: Zhizn' i Znanie, pp. 60~92.

Piaget, J. (1924), *Le Jugement at le Raisonnement chez l'Enfant*. Neuchatel: Delachaux et Niestlé.

Pinkus, B. (1988), *The Jews of the Soviet Union: The History of a National Minority*. Cambridge: Cambridge University Press.

Popenoe, H. (1927), 'A report of certain significant deficiencies of the accomplishment quotient'. *Journal of Educational Research*, 16. 40~47.

Potebnya, A.A. (1926/1989), 'Mysl i yazyk', in A.A. Potebnya, *Slovo i mif*. Moscow: Pravda, pp. 17~200.

Potebnya, A.A. (1989), *Slovo i mif*. Moscow: Izdatel'stvo Pravda.

Pratt, M.W., Kerig, P., Cowan, P.A., and Pape Cowan, C. (1999), 'Mothers and fathers teaching 3-year-olds: Authoritative parenting and adult scaffolding of young children's learning', in P. Lloyd and C. Fernyhough (eds), *Lev Vygotsky: Critical Assessments. Vol. 3. The Zone of Proximal Development*. London : Routledge, pp. 143~162.

Raeff, M. (1990). *Russia Abroad: A Cultural History of the Russian Emigration*, 1919~1939. Oxford: Oxford University Press.

Rahmani, L. (1973), *Soviet Psychology: Philosophical, Theoretical, and Experimental Issues*. New York: International Universities Press, Inc.

Razmyslov, P. (1934), 'O "kul'turno-istoricheskoy teorii psikhologii" Vygotskogo i Luriya'. *Kniga i Proletarskaya Revolyutsiya*, 4, 78~86.

Razmyslov, P. (1934/2000), 'On Vygotsky's and Luria's "culturalhistorical theory of psychology"'. *Journal of Russian and East European Psychology*, 38, 45~58.

Reed, H.B. (1924), 'The effect of training on individual differences'. *Journal of Experimental Psychology*, 7, 186~200.

Rogoff, B. (1990), *Apprenticeship in Thinking: Cognitive Development in Social Contexts*. New York: Oxford University Press.

Rogoff, B. (2003), *The Cultural Nature of Human Development*. Oxford: Oxford University Press.

Rossolimo, G.J. (1926), *Das Psychologische Profil*. Halle: Marhold.

Rudik, P.A. (1932), 'Bourgeois influences in the psychological measurements of the intellect'. *Psikhologiya*, 3, 3~7.

Rudneva, E.I. (1937), *Pedologicheskie isvrashcheniya Vygotskogo*. Moscow: Gosudarstvennoe Uchebno-Pedagogicheskoe Izdatel'stvo.

Sacks, O. (1982), *Awakenings*. London: Picador.

Sacks, O. (1985), *The Man who Mistook his Wife for a Hat*. London: Picador.

Sacks, O. (1989), *Seeing Voices: A Journey into the World of the Deaf*. Berkeley, CA: University of California Press.

Sacks, O. (1995), *An Anthropologist on Mars: Seven Paradoxical Tales*. New York: Alfred A. Knopf.

Scarborough, H.S., and Parker, J.D. (2003), 'Matthew effects in children with learning disabilities: Development of reading, IQ, and psychosocial problems from grade 2 to grade 8'. *Annals of dyslexia*, 53, 1~12.

Schaffer, H.R. (1984), *The Child's Entry into a Social World*. New York: Academic Press.

Schniermann, A.L. (1928), 'Present-day tendencies in Russian psychology'. *Journal of General Psychology*, 1, 397~404.

Scribner, S., and Cole, M. (1981), *The Psychology of Literacy*. Cambridge, MA: Harvard University Press.

Senelick, L. (1982), *Gordon Craig's Moscow Hamlet: A Reconstruction*. Westport, CT: Greenwood Press.

Shif, Z.I. (1935), *Razvitie nauchnykh ponyatiy u shkol'nika*. Moscow-Leningrad: Gosudarstvennoe Uchebno-Pedagogicheskoe Izdatel'stvo.

Shishov, A. (1928), 'Mal'chiki-uzbeki. Antropometricheskie issledovania'. *Meditsinskaya Mysl'Uzbekistana*, 4, 16~27.

Shpet, G.G. (1927/1989), 'Vvedenie v etnicheskuyu psikhologiyu', in G.G. Shpet, *Sochineniya*. Moscow: Pravda, pp. 475~574.

Shpet, G.G. (1989), *Sochineniya*. Moscow: Izdatel'stvo Pravda.

Shtilerman, A. (1928), 'Materialy psikhologicheskogo issledovania uzbekskikh shkol'nikov st. gor. Tashkenta po pereredaktirovannomu kratkomu Rossolimo'. *Meditsinskaya Mysl' Uzbekistana*, 4, 42~52.

Solov'ev, V.K. (1929), 'Godichnyy opyt ispytaniya obshchey odarennosti uzbekov i metodicheskiy analiz serii VSU RKKA'. *Psikhotekhnika is Psikhofiziologiya Truda*, 2~3, 151~167.

Stanovich, K.E. (1986), 'Matthew effects in reading: some consequences of individual differences in the acquisition of literacy'. *Reading Research Quarterly*, 21, 360~407.

Stern, D.N. (1985). *The Interpersonal World of the Infant*. New York: Basic Books.

Stern, W. (1920), *Die Intelligenz der Kinder und Jugendlichen und die Methoden ihrer Untersuchung*. Leipzig: Barth.

Sternberg, R.J., and Grigorenko, E.L. (2002), *Dynamic Testing: The Nature and Measurement of Learning Potential*. Cambridge: Cambridge University Press.

Stevens, J.A. (1982). 'Children of the revolution: Soviet Russia's homeless children (bezprizorniki) in the 1920s', *Russian History/Histoire Russe*, 9 (2~3), 242~264.

Strakhov, I.V. (1930), 'Against formalism in psychology'. *Psikhologiya*, 2, 145~187.

Talankin, A.A. (1931), 'O povorote na psikhologicheskom fronte'. *Sovetskaya Psikhonevrologiya*, 2~3, 8~23.

Terman, L.M. (1920), 'The use of intelligence tests in the grading of school children'. *Journal of Educational Research*. 1, 20~32.

Terman, L.M. (1921), *The Intelligence of School Children*. London: George G. Harrap & Co.

Terman, L.M., Dickson, V.E., Sutherland, A.H., Franzen, R.H., Tupper, C.R., and Fernald, G. (1923), *Intelligence Tests and School Reorganization*. Yonkers-on-Hudson, NY: World Book Company.

Thurnwald, R. (1922), 'Psychologie des primitiven Menschen', in G. Kafka (ed.), *Handbuch der vergleichenden Psychologie. Vol. I*. Munich: Verlag von Ernst Reinhardt, pp. 147~320.

Thurnward, R. (1928), 'Varianten und Frühformen des Denkens und der Gestaltung: Prae-Logik?'. *Zeitschrift für Völkerpsychologie und Soziologie*, 4, 324~330.

Thurnwald, R. (1938), 'Der kulturelle Hintergrund primitiven Denkens', in H. Piéron and I. Meyerson (eds), *Onziéme congrès international de psychologie*.

Agen: Imprimerie Moderne, pp. 184~195.

Torgerson, T.L. (1922), 'The efficiency quotient as a measure of achievement'. *Journal of Educational Research*, 6, 25~32.

Torgerson, T.L. (1926), 'Is classification by mental ages and intelligence quotients worth while?'. *Journal of Educational Research*, 13 (3), 171~180.

Valsiner, J. (1988), *Developmental Psychology in the Soviet Union*. Brighton: Harvester Press.

Valsiner, J. (2000), *Culture and Human Development*. London: SAGE Publications.

Valsiner, J., and Van der Veer, R. (1993), 'The encoding of distance: The concept of the zone of proximal development and its interpretations', in R.R. Cocking and K.A. Renninger (eds), *The Development and Meaning of Psychological Distance*. Hillsdale, NJ: Erlbaum, pp. 35~62.

Valsiner, J., and Van der Veer, R. (2000), *The Social Mind: Construction of the Idea*. Cambridge: Cambridge University Press.

Van der Veer, R. (1994), 'The forbidden colors game: An argument in favor of internalization?', in R. Van der Veer, M.H. van IJzendoorn and J. Valsiner (eds), *Reconstructing the Mind: Replicability in Research on Human Development*. Norwood, NJ: Ablex Publishing Corporation, pp. 233~254.

Van der Veer, R. (1996a), 'The concept of culture in Vygotsky's thinking'. *Culture & Psychology*, 2, 247~263.

Van der Veer, R. (1996b), 'On some historical roots and present-day doubts: A reply to Nicolopoulou and Weintraub'. *Culture & Psychology*, 2, 457~463.

Van der Veer, R. (2000), 'Some reflections concerning Galperin's theory'. *Human Development*, 43, 99~102.

Van der Veer, R. (2003), 'Primitive mentality reconsidered'. *Culture & Psychol-*

ogy, 9, 179~184.

Van der Veer, R. (2004), 'The making of a developmental psychologist', in J. Valsiner (ed.), *Heinz Werner and Developmental Science*. New York: Kluwer Academic Publishers, pp. 75~105.

Van der Veer, R. (2006), 'A radical approach to teaching and learning. Review of M. Hedegaard & S. Chaiklin, Radical-local teaching and learning'. *British Journal of Educational Studies*, 56, 265~267.

Van der Veer, R. (2007), 'Vygotsky in context: 1900~1935', in H. Daniels, M. Cole and J.V. Wertsch (eds), *The Cambridge Companion to Vygotsky*. New York: Cambridge University Press, pp. 21~49.

Van der Veer, R., and Valsiner, J. (1991), *Understanding Vygotsky: A Quest for Synthesis*. Oxford: Blackwell.

Van der Veer, R. and Valsiner, J.(1994), *The Vygotsky Reader*, oxford : Blackwell.

Van der Veer, R., and Van Ijzendoorn, M.H. (1988), 'Early childhood attachment and later problem solving: A Vygotskian perspective', in J. Valsiner (ed.), *Child Development within Culturally Structured Environments: Parental and Adult-child interaction. Vol. 1.* Norwood, NJ: Ablex Publishing Corporation, pp. 215~246.

Vedenov, A.A. (1932), 'Regarding the subject matter of psychology', *Psikhologiya*, 3, 43~58.

Vygodskaya, G.L., and Lifanova, T.M. (1996), *Lev Semenovich Vygotskiy: Zhizn, deyate'nost', shtrikhi k portretu*. Moscow: Smysl.

Vygotski, L.S. (1929), 'The problem of the cultural development of the child (Ⅱ)', *Pedagogical Seminary and Journal of Genetic Psychology*, 36, 415~434.

Vygotsky, L.S. (1916a), '"Peterburg" Andreya Belogo'. *Letopis'*, 12, 327~328.

Vygotsky, L.S. (1916b). 'Literaturnye zametki. "Peterburg". Roman Andreya

Belogo'. *Novyj put'*, 47, 27~32.

Vygotsky, L.S. (1917). 'Avodim Khoin'. *Novyj put'*, 11~12, 8~10.

Vygotsky, L.S. (1923a), 'Evrejskij teatr. Sil'va. "A mensh zol men zajn"'. *Nash Ponedel'nik*, 30, 3.

Vygotsky, L.S. (1923b), 'Evrejskij teatr. Koldun'ya. "Dos ferblonzele sheifele"', *Nash Ponedel'nik*, 33, 3.

Vygotsky, L.S. (1923c), 'Evrejskij teatr. Bar Kokhba. "Der eshiva bokher"'. *Nash Ponedel'nik*, 34, 3.

Vygotsky, L.S. (1923d), '10 dnej, kotorye potryasli mir'. *Polesskaya Pravda*, 1081, 23 December.

Vygotsky, L.S. (1925), 'Principles of social education for deaf and dumb children in Russia', in *International Conference on the Education of the Deaf*. London: William H. Taylor and Sons, pp. 227~237.

Vygotsky, L.S. (1925/1971), *The Psychology of Art*. Cambridge, MA: MIT Press.

Vygotsky, L.S. (1926), *Pedagogicheskaya Psikhologiya: Kratkij Kurs*. Moscow: Izdatel'stvo Rabotnik Prosveshcheniya.

Vygotsky, L.S. (1929a), 'K voprosu ob intellekte antropidov v svjazi s rabotami V. Kolera'. *Estvestvoznanie i Marksizm*, 2, 131~153.

Vygotsky, L.S. (1929b), 'K voprosu o plane nauchno-issledovatel'skoy raboty po pedologii natsional'nykh men'shinstv'. *Pedologiya*, 3, 367~377.

Vygotsky, L.S. (1929/1935), 'Predistoriya pis'mennoy rechi', in L.S. Vygotsky, *Umstvennoe razvitie detey v protsesse obucheniya*. Moscow-Leningrad: Uchpedgiz, pp. 73~95.

Vygotsky, L.S. (1930), 'Strukturnaya psikhologiya', in L. Vygotsky, S. Gellershteyn, B. Fingert and M. Shirvindt (eds). *Osnovnye techeniya sovremennoy psikhologii*. Moscow: Gosudarstvennoe Izdatel'stvo, pp. 84~125.

Vygotsky, L.S. (1930/1960), 'Povedenie zhivotnykh i cheloveka', in L.S. Vygotsky, *Razvitie Vysshikh Psikhicheskikh Funktsij*. Moscow Izdatel'stvo Pedagogicheskikh Nauk, pp. 397~457.

Vygotsky, L.S. (1930/1997), 'On psychological systems', in R.W. Rieber and J. Wollock (eds), *The Collected Works of L.S. Vygotsky. Vol. 3. Problems of the Theory and History of Psychology*. New York: Plenum Press, pp. 91~107.

Vygotsky, L.S. (1931/1983), 'Istoriya razvitiya vysshikh psikhicheskikh funktsij', in L.S. Vygotsky, *Sobranie Sochinenij. Tom 3. Problemy Razvitijya Psikhiki*. Moscow: Pedagogika, pp. 5~328.

Vygotsky, L.S. (1933/1935a), 'Problema obucheniya i umstvennogo razvitiya v shkol'nom vozraste', in L.S. Vygotsky, *Umstvennoe razvitie detey v protsesse obucheniya*. Moscow-Leningrad: Uchpedgiz, pp. 3~19.

Vygotsky, L.S. (1933/1935b), 'Obuchenie i razvitie v shkol'nom vozraste', in L.S. Vygotsky, *Umstvennoe razvitie detey v protsesse obucheniya*. Moscow-Leningrad: Uchpedgiz, pp. 20~32.

Vygotsky, L.S. (1933/1935c), 'O pedologicheskom analize pedagogicheskogo protsessa', in L.S. Vygotsky, *Umstvennoe razvitie detey v protsesse obucheniya*. Moscow-Leningrad: Uchpedgiz, pp. 116~134.

Vygotsky, L.S. (1933/1935d), 'Razvitie zhiteyskikh i nauchnykh ponyatiy v shkol'nom vozraste', in L.S. Vygotsky, *Umstvennoe razvitie detey v protsesse obucheniya*. Moscow-Leningrad: Uchpedgiz, pp. 96~115.

Vygotsky, L.S. (1933/1935e), 'Dinamika umstvennogo razvitiya shkol'nika v svyazi s obucheniem', in L.S. Vygotsky, *Umstvennoe razvitie detey v protsesse obucheniya*. Moscow-Leningrad: Uchpedgiz, pp. 33~52.

Vygotsky, L.S. (1933/1966), 'Igra i ee rol' v psikhicheskom razvitii rebenka'. *Voprosy Psikhologii*, 6, 62~76.

Vygotsky, L.S. (1933/1984), 'Problema vozrasta', in L.S. Vygotsky, *Sobranie Sochinenyy. Tom 4. Detskaya Psikhologiya*. Moscow: Pedagogika, pp. 244~268.

Vygotsky, L.S. (1934a), *Myshlenie i rech: Psikhologicheskie issledovaniya*. Moscow: Gosudarstvennoe Sotsial'no-Ekonomicheskoe Izdatel'stvo.

Vygotsky, L.S. (1934b), 'Thought in schizophrenia', *Archives of Neurology and Psychiatry*, 31, 1063~1077.

Vygotsky, L.S. (1934/1977), 'Psychology and the theory of the localization of mental functions', in R.W. Rieber and J. Wollock (eds), *The Collected Works of L.S. Vygotsky. Vol. 3. Problems of the Theory and History of Psychology*. New York: Plenum Press, pp. 139~144./

Vygotsky, L.S. (1935), *Osnovy pedologii*, Leningrad: Izdanie Instituta.

Vygotsky, L.S. (1956), *Izbrannye Psikhologicheskie Issledovaniya*. Moscow: Izdatel'stvo APN RSFSR.

Vygotsky, L.S. (1960), *Razvitie Vysshikh Psikhicheskikh Funktsij*. Moscow: Izdatel'stvo APN RSFSR.

Vygotsky, L.S. (1982a), *Sobranie Sochineni. Tom Pervyj. Voprosy Teorii i Istorii Psikhologii*. Moscow: Pedagogika.

Vygotsky, L.S. (1982b), *Sobranie Sochineni. Tom Vtorojj. Problemy Obshchej Psikhologii*. Moscow: Pedagogika.

Vygotsky, L.S. (1983a), *Sobranie Sochineni. Tom Tretij. Problemy Razvitiya Psikhiki*. Moscow: Pedagogika.

Vygotsky, L.S. (1983b), *Sobranie Sochineni. Tom Chetvertyj. Detskaya Psikhologiya*. Moscow: Pedagogika.

Vygotsky, L.S. (1984a), *Sobranie Sochineni. Tom Pjatyj. Osnovy Defektologii*. Moscow: Pedagogika.

Vygotsky, L.S. (1984b), *Sobranie Sochineni. Tom Shestoj. Nauchnoe Nasledstvo.*

Moscow: Pedagogika.

Vygotsky, L.S. (1962), *Thought and Language*. Cambridge, MA: MIT Press.

Vygotsky, L.S. (1965), 'Psychology and localization of functions'. *Neuropsychologia*, 3, 381~386.

Vygotsky, L.S. (1986), *Psikhologiya iskusstva* (3rd edn). Moscow: Iskusstvo.

Vygotsky, L.S. (1987), *Psikhologiya iskusstva*. Moscow: Pedagogika.

Vygotsky, L.S., and Luria, A.R. (1930a), 'The function and fate of egocentric speech', in *Ninth International Congress of Psychology. Proceedings and Papers. New Haven, September 1~7, 1929*. Princeton: Psychological Review Company, pp. 464~465.

Vygotsky, L.S., and Luria, A.R. (1930b), *Etyudy po Istorii Povedeniya; Obez'yana, Primitiv, Rebenok*. Moscow-Leningrad: Gosudarstvennoe Izdatel'stvo.

Vygotsky, L.S., and Luria, A.R. (1993), *Studies on the History of Behavior: Ape, Primitive, Child*. Hillsdale, NJ: Lawrence Erlbaum Associates.

Walberg, H.J., and Tsai, S. (1983), 'Matthew effects in education'. *American Educational Research Journal*, 20, 359~373.

Wells, F.L. (1927), *Mental Tests in Clinical Practice*. Yonkers-on Hudson, NY: World Book Company.

Wenger, E. (1998), *Communities of Practice: Learning, Meaning, and Identity*. New York: Cambridge University Press.

Werner, H. (1924), *Die Ursprünge der Lyrik: eine entwicklungspsychologische Untersuchung*. München: Reinhardt.

Werner, H. (1926), *Einführung in die Entwicklungspsychologie*. Leipzig: Barth.

Werner, H. (1931), 'Raum und Zeit in den Urformen der Künste'. *Zeitschrift für Aesthetik und allgemeine Kunstwissenschaft. Beiheft*, 25, 68~86.//

Wertsch, J.V. (1981), 'Adult-child interaction as a source of self-regulation in child', in S.R. Yussen (ed.), *The Development of Reflection*. New York: Academic Press.

Wertsch, J.V. (1985), *Vygotsky and the Social Formation of Mind*. Cambridge, MA: Harvard University Press.

Wilson, F.T. (1926), 'Some achievements of pupils of the same mental ages but different intelligence quotients', *Journal of Educational Research*, 14, 43~53.

Wilson, W.R. (1928), 'The misleading accomplishment quotient'. *Journal of Educational Research*, 17, 1~10.

Wood, D. (1980), 'Teaching the young child: Some relationships between social interaction, language and thought', in D.R. Olson(ed.), *The Social Foundations of Language and Thought*. New York: Norton, pp. 280~296.

Wood. D., Bruner, J.S., and Ross, G. (1976), 'The role of tutoring in problem solving'. *Journal of Child Psychology and Psychiatry*, 17, 89~100.

Wood. D., Wood, H., and Middleton, D. (1978), 'An experimental evaluation of four face-to-face strategies'. *International Journal of Behavioral Development*, 1, 131~147.

Wozniak, R.H. (1999), 'Verbal regulation of motor behavior: Soviet research and non-Soviet replications', in P. Lloyd and C. Fernyhough (eds), *Lev Vygotsky: Critical Assessments. Vol. 2. Thought and Language*. London: Routledge, pp. 123~167.

Wygotski, L.S. (1929), 'Die genetischen Wurzeln des Denkens und der Sparche'. *Unter dem Banner des Marxismus*, 3, 450~470.

Yaroshevsky, M.G. (1987), 'Posleslovie', in L.S. Vygotsky, *Psikhologiya iskusstva*. Moscow: Pedagogika, pp. 292~323.

Yaroshevsky, M.G. (1989), *Lev Vygotsky*. Moscow: Progress Publishers.

Yaroshevsky, M.G. (1993), *L.S. Vygotsky: V poiskakh novoy psikhologii*. St. Peterburg: Izdatel'stvo Fonda Istorii Nauki.

Yerkes, R.M. (1916), *The Mental Life of Monkeys and Apes*. New York: Holt.

Yerkes, R.M. (1925), *Almost Human*. New York: Century.

Yerkes, R.M., and Learned, E.W. (1925), *Chimpanzee Intelligence and its Vocal Expression*. Baltimore: Williams & Wilkins Company.

Yerkes, R.M., and Yerkes, A.W. (1929), *The Great Apes: A Study of Anthropoid Life*. New Heaven: Yale University Press.

Zaporozhets, A.V. (1930), 'Umstvennoe razvitie i psikhicheskie osobennosti oyrotskikh detey'. *Pedologiya*, 2, 222~235.

Zivin, G. (ed.) (1979), *The Development of Self-Regulation Through Private Speech*. New York: John Wiley.

레프 비고츠키

1판 1쇄 발행 2013년 6월 5일

원작 Lev Vygotsky
지은이 René Van deer Veer
옮긴이 배희철

발행인 도영
디자인 구화정 page9
마케팅 김영란
편집 및 교정교열 김미숙

발행처 솔빛길 등록 2012-000052
주소 서울시 마포구 와우산로 12, 113(상수동, 제이캐슬레지던스)
전화 02) 909-5517
FAX 02)6013-9348, 0505)300-9348
이메일 anemone70@hanmail.net

ISBN 978-89-98120-03-0 93370